혼례디첩의 독자가 되어주셔서
금스홉니다 늘 힝복흐시길
하수진 드림

혼례대첩

①

일러두기

◇ 이 책은 하수진 작가의 드라마 대본 집필 형식을 존중하여 최대한 원본에 따라 편집하였습니다.

◇ 대사는 글말이 아닌 입말임을 감안하여, 한글맞춤법과 다른 부분이 있더라도 작가가 의도한 것이라면 고치지 않고 그대로 두었습니다. 지문은 한글맞춤법에 따라 표기했습니다.

◇ 대사와 지문에 쓰인 쉼표, 느낌표, 물음표, 마침표 등의 구두점과 문장의 행갈이 방식 또한 작가의 집필 방식을 따랐습니다.

◇ 장면을 나타내는 'Scene'의 경우, 표준국어대사전에는 '신'으로 등재되어 있지만 이 책에서는 현장에서 쓰이는 방식에 따라 '씬'으로 표기했습니다.

◇ 이 책에는 작가의 최종 대본을 실었습니다. 방송되지 않은 부분이 포함되어 있거나 방영된 장면과 다를 수 있습니다.

혼례대첩

하 수 진 대 본 집

1

오브제

용어 정리

씬(scene)　　　　장면. 같은 장소, 같은 시간 안에서 이루어지는 일련의 행동
　　　　　　　　　이나 대사가 한 신을 구성한다.

몽타주(montage)　따로따로 촬영한 화면을 붙여서 새로운 장면이나 의미를 만
　　　　　　　　　들어내는 편집 기법.

C.U.(close-up)　　클로즈업. 피사체의 일부를 근접 촬영하여 화면에 크게 나타
　　　　　　　　　내는 일.

E(effect)　　　　효과음. 화면 밖에서 들려오는 소리나 대사.

INS(insert)　　　인서트. 화면의 특정 동작이나 상황을 강조하기 위해 삽입하
　　　　　　　　　는 화면.

NA(narration)　　내레이션. 등장인물 사이에 오가는 대사가 아닌 독백이나 시
　　　　　　　　　청자를 향한 설명.

CUT TO　　　　장면 전환. 같은 장소 안에서 시간이 경과될 때나 여러 장소
　　　　　　　　　의 상황을 동시에 오가며 보여줄 때 주로 쓰인다.

차
례

작가의 말

이 이야기는 10년 전 「7인의 신부」 영화 시나리오로 먼저 완성되었습니다. 쓰는 내내 즐거웠고, 제작사도 좋아해 준 대본이었지만, 다행인지 불행인지 영화로 만들어지지 못했고 대본은 잠자는 공주처럼 컴퓨터 파일 안에 갇혀 오랫동안 잠들어 있었습니다. 저는 그동안 영화에서 드라마로 매체를 바꿔 글을 쓰게 되었습니다. 하지만 「7인의 신부」를 잊은 적은 없었던 것 같습니다. 결국 잠자던 「7인의 신부」는 「혼례대첩」으로 제목을 바꿔 드라마로 만들어졌습니다.

우리 극 중 인물인 순구가 화록의 소설을 평하는 대사가 있습니다. "화록의 글은 일어날 수 없는 일이 예상을 깨고 번번이 일어나지만, 그 또한 정합성이 있어 마음에 호쾌함이 일고, 실로 오랜만에 현실의 근심이 풀려…" 이 대사는 저의 마음이기도 합니다. 제가 다소 허황하지만 따뜻한 이야기를 좋아하고, 마지막은 꼭 해피엔딩인 이야기를 쓰는 것도 이런 마음 때문입니다.

（「혼례대첩」이 오래 기억되는 드라마가 되면 좋겠지만) 저의 목표는 드라마를 보는 동안 시청자들이 현실의 근심을 잊고 즐거우면 좋겠다는 것입니다. 「혼례대첩」이 여러분에게 그런 이야기가 되었기를 바랍니다.

대본보다 더 귀엽고 용감한 정우와 순덕이가 되어 준 로운, 조이현 배우님을 비롯한 모든 배우님과 「혼례대첩」을 만들어주신 스태프분들께 감사드립니다. 연출하겠다고 손들어 주고, 정우와 순덕이를 진심으로 좋아해 주고, 아름답게 만들어주신 황승기 감독님께 감사드리며, 오랜 기간 「7인의 신부」를 놓지 않고 기필코 영상화해 주신 엄주영 대표님, 박인정 피디님께 고마운 마음을 전합니다. 또한 시나리오 때부터 읽고 좋은 아이디어를 주고, 늘 힘이 되어준 작가 모임 '아망' 회원님들께 우정과 감사의 마음을 보냅니다.

마지막으로 「혼례대첩」을 봐주시고 좋아해 주신 시청자께 가장 감사드립니다. 시청자 여러분이 이 드라마에 생명을 불어넣어 주신 주인공입니다.

하수진 올림

작가의 말

기획 의도

이 드라마는 사랑의 편견을 깨는 이야기다. 정조와 순결의 시대인 조선에서 이미 한 번 결혼했었다는 과거를 뛰어넘고, 양반집 며느리와 부마라는 신분상의 제약도 깨고, 그리하여 더 사랑하는 자가 약자라는 말도 안 되는 개소리를 깨고, 더 많이 사랑하는 자가 얼마나 강한지를 보여주는 사극 로맨스 코미디물이다.

조선 중매 스토리로 현실을 풍자한다
이 드라마는 조선시대를 배경으로 하지만, 지금 우리의 현실을 이야기한다. 1인 가구가 늘어나고, 비혼주의자로 사는 사람이 많아지고, 출생률은 낮아지고, 어른들은 결혼을 종용하지만, 젊은이들은 점점 회피하는 요즘 풍조를 조선시대 메트로폴리스 한양을 무대로 보여준다.
연분과 상관없이 원녀, 광부를 무조건 결혼시키기만 하면 된다고 생각하는 심정우는 출산 지도를 그리는 현대의 성과주의 공무원에 비견할수 있고, 정략결혼이 기본인 조선시대에 사랑하는 사람들을 맺어주려는 정순덕은 처녀, 총각을 등급으로 나눠 만남을 주선하는 웨딩 매니저임에도 불구하고 사랑을 믿는 연애지상주의자에 비견할 수 있다.

첫사랑만큼 중요한 그다음 사랑을 응원한다

첫사랑의 반짝임과 소중함은 예전부터 수많은 소설과 드라마와 영화에서 누누이 강조되어 온 사실이다. 하지만 사회가 복잡해지고, 백 세 시대인 요즘, 첫사랑과 백년해로한다는 것은 유니콘 같은 일이다. 즉 현실에서 보기 어려워졌다는 소리다. 이 드라마는 그 현실을 반영하여 홀아비와 과부가 사랑하는 이야기다. 둘 다 첫사랑에 성공해 결혼했지만, 지금은 홀로 살고 있는 그들이 첫사랑의 그림자를 뛰어넘고, 남녀유별과 신분의 벽도 뛰어넘어 두 번째 사랑에 성공하는 이야기다. 첫사랑보다 중요한 것은 두 번째 사랑, 세 번째 사랑이다. 세상에 더 중요한 사랑도, 덜 중요한 사랑도 없다.

그리하여 조선판 '러브 액츄얼리'를 추구한다

"Love actually is all around!" 사실, 사랑은 어디에나 있다! 런던 히스로공항뿐 아니라 조선시대 초파일 연등 아래에도, 단옷날 계곡에도. 총리와 비서뿐 아니라 부마와 과부도, 막말녀와 모상소년도, 추노와 쫓기는 노비도, 모두 사랑할 수 있다. 남녀칠세부동석인 조선시대에 각양각색 쌍들의 중매를 빙자한 좌충우돌, 때로는 목숨을 건 자유연애 이야기가 시작된다.

등장인물

심정우(25세)
부마, 한양 최고의 울분남

"제가 출사하지 못함은 조선 최고의 자원 낭비입니다."
__계사년 8월 18일 심정우의 상소문 중

정우는 두 살에 천자문을 떼고 다섯 살에 시를 지을 정도로 명석한 두뇌와 누구든 한번 보면 뒤돌아볼 수밖에 없는 외모를 타고났다. 완벽해 보이는 그에게 없는 것이 딱 한 가지가 있는데 겸손이다. 뛰어난 머리 탓에 뭐든 잘하는데, 겸손이 왜 필요하겠는가? 타고난 천재라 그런가, 정우는 맞는 말만 하는데 그와 대화를 나누는 상대는 늘 기분이 나빠지고, 그래서 주변에 사람이 없다.

정우는 열일곱 되는 해 봄, 전시에서 월등한 실력으로 최연소 장원급제를 한다. 임금은 어린 정우에게 평양부 서윤이라는 파격적인 관직을 제수하지만, 공주의 눈에 드는 바람에 혼례를 종용받고 부마가 되고 만다. 설상가상 혼례 중 공주가 알 수 없는 병으로 쓰러지고 보름 후 승하하였다. 그리하여 정우는 꽃다운 열일곱에 홀아비가 되었다. 이른바 청상부마. 공주의 남자는 재혼은커녕 첩도 들이지 못한다. 그래서 정우는 25세인 지금까지 생물학적 총각이다. 언제부터였을까. 가슴이 두근거리며 매사에 짜증이 나는 정우. 그것은 마치 제때 혼례를 못 올린 과년한 처자에게 나타나는 증세와 비슷했는데⋯. 사람들은 이것을 '울분'이라 정의하며, 정우를 '한양 최고의 울분남'으로 부르기 시작했다.

공주의 상이 끝난 뒤, 정우는 매일같이 상소를 올린다. 처음에는 부마의 재혼을 허락해 달라고 하였다가 후반엔 공주와의 혼인을 무효로 해 달라는 것에 이른다. 그 이유는 자신같이 뛰어난 인재를 나랏일에 쓰지 않으면 조선 최대의 자원 낭비라는 것이다. 정우가 올린 상소는 학문적으로 빈틈이 없고 합당한 명분을 가졌지만, 임금은 죽은 공주에 대한 마음이 아직 아물지 않았다는 등의 정서적인 이유로 매번 보류한다. 또 우리가 정서적 이유엔 장사 없으니까. 그렇게 8년을 하루가 멀다고 다양한 시각에서 혼인무효 상소를 올리다 보니, 『경국대전』은 기본, 법령집, 형률서, 전례서, 조례, 편고, 법의학서 등등 시대와 생활을 관통하는 모든 율법을 섭렵하기에 이른다. 특히 혼례법에 관해서는 정우가 가히 조선 최고라 할 수 있다.

"사람들은 조선을 왕의 나라가 아니라 사대부의 나라라고 하지요, 하지만 나는 조선을 '명분의 나라'라 생각하오. 명분만 있으면 안 되는 게 없거든."

그러던 어느 날 정우는 예상치 못한 위기에 처한다. 좌상이 전국 원녀와 광부(노처녀와 노총각) 문제로 세자의 혼인을 반대하고 있는데, 이 명분을 좌상과 같은 동노파인 정우가 제공했다는 것을 임금이 알게 된 것이다. 왕실 기만죄로 정우는 죽을 위기에 처하지만, 순간 기지를 발휘한다. 도성 사람이 다 아는 대표 원녀들을 선정하여 모두 혼인시킨 후, 백성들에게 궁에서 이리 원녀 문제에 신경을 쓴다고 공표하고 세자를 혼인시키라 한다. 즉, 전시행정을 하자는 것이다. 정우는 유명한 남산골 맹박사집 세 딸을 두 달 안에 혼례시키기로 한다. 임금은 정우가 성공하면 부마에서 벗어나게 해주겠지만 만약 성공하지 못할 시 국정을 혼란

케 한 죄를 물어 사약을 내리겠다고 한다.

　뭐든 배우기만 하면 청출어람인 정우는 간단하게 생각하고 중매에 뛰어들지만, 반나절 만에 현실을 알게 된다. 처녀 귀신에 씌어 밤마다 남자를 덮친다는 소문의 주인공 하나부터 시작하여 원녀 삼인방의 캐릭터가 혼례와는 너무나 상극이기 때문이다. 그리고 그 과정에서 중매의 신, 순덕(a.k.a. 여주댁)을 만나 덜컥 미혹되고 만다.

　　"용모를 살펴서 어찌 어울리는 배필을 찾는단 말이냐?
　　어울리는지 아닌지는 집안을 따져봐야지."

　원녀들의 혼인을 놓고 그저 조건에 맞춰 이어주려는 정우와 누가 누구를 좋아하는지 마음을 맞춰 사랑하는 사이끼리 이어주려는 순덕은 사사건건 부딪치지만, 그 과정에서 서로 눈이 맞아버린다. 순덕 덕분에 태어나 처음 상사병까지 얻은 정우는 세 원녀의 혼인을 성사시키고 혼인 무효를 허락받아 순덕과 결혼하겠다는 야무진 꿈을 꾼다. 문제는 순덕을 알면 알수록 그녀의 정체가 오리무중이라는 것이다. 정우도 의빈대감이라는 정체를 숨기고 특별 어명을 받은 '어사'로 자기소개를 했으니 할 말 없지만, 순덕의 비밀은 레벨이 다르다. 단순히 중매를 잘 서는 과부 방물장수인 줄 알았는데, 알고 보니 8년 전 평안군수 살해사건에 연루되어 탈옥한 죄수였고, 더 파보니 좌상집 둘째 며느리라는데?! 과부 장사꾼에, 살인 용의자에, 현재 최고 실세인 좌상집 며느리까지 반전투성이인 순덕과 정우는 과연 혼인에 골인할 수 있을까?

등장인물

김오봉 (28세) ≫ 정우의 집사

대를 이어 정우 가문의 집사로 일하는 중이다. 혼인한 지 얼마 안 된 신혼이라 칼퇴근이 소원이지만 정우가 중매를 시작하고부터 할 일이 많아도 너어무~ 많아졌다. 가끔 숫총각 정우를 무시하는 발언을 하지만 누구보다 정우를 좋아하고 진심으로 생각한다.

효정공주 ≫ 정우의 아내

왕실의 첫 자손으로 임금의 사랑을 받았으나 혼롓날 쓰러져 요절한 비운의 공주.

심명우 ≫ 정우의 형

실력은 없는데 욕심이 많아 늘 사고를 친다. 물론 모든 뒤처리는 정우의 몫이다.

심진호 ≫ 정우의 아버지

동노파를 만든 일등 공신. 무뚝뚝하나 자식들 위하는 마음은 누구보다 깊다.

정순덕 (27세)

좌상집 둘째 며느리, 방물장수

"여인에게 혼인은 일생에 한 번뿐입니다.
좋은 연분의 사람과 해야 합니다."

무신 집안 2남 1녀 중 막내딸로 태어난 순덕은 여자가 글을 배워 뭐하냐는 소리를 들으면서도 꿋꿋하게 글을 배운 결과 책 읽기의 즐거움에 빠졌고, 특히 연애소설을 두루 섭렵했다. 또한 남몰래 무술을 배운 결과 타의 추종을 불허하는 월담과 달리기 실력을 보유하게 되었다. 그러다 보니 순덕은 22세까지 혼인을 못 하는 원녀(노처녀)가 되었다. 원녀가 된 것과 위의 사항이 어떤 상관관계가 있냐고? 연애소설을 즐겨 읽는다는 건 소설 속에나 나오는 집안 좋고, 착하며, 정의롭고, 잘생긴 낭군을 찾는다는 것이니… 결국 원녀가 될 수밖에 없다. 왜? 현실에는 연애소설 속의 남자 같은 건 실존하지 않으니까. 또한 담치기와 달리기에 능하다는 건 부모 눈을 피해 밖으로 돌았다는 뜻이고, 그럼 방정맞다는 소문이 나서 혼사가 들어올 리 만무하다.

그러나 인생은 예측불허, 예상을 뒤엎고 전설적 로맨스가 생기는 게 아니겠는가! 순덕이 스물두 살이 되던 어느 봄날, 잘생기고 다정하며, 집안 좋은 동갑내기 조인국과 세책방에서 만나 서로 첫눈에 반하고, 순덕이 그렇게 염원하던 연애 혼인을 하게 되었다. 그렇게 순덕은 한양 최고의 신데렐라로 등극하는가 싶었지만, 유난히 피부가 하얗고 여리여리했던 남편 조인국은 혼인 반년 만에 시름시름 앓다가 하늘나라로 떠나

등장인물

고 순덕은 청상과부가 되어 시댁 별당에 강제 자가 격리를 당하고 만다.

성격이 급해 양식이 안 되는 오징어 같은 순덕은 시댁 별당에서 홀로 외로운 밤을 보내다가 급기야 8년 전 자결한 첫째 며느리 귀신에 씌어 밤마다 쿵쿵 머리를 벽에 박아 피 칠갑을 하고… 잠깐! 이건 사실이 아니다, 한양에 떠도는 헛소문이다, 현혹되지 말기 바란다. 사람들이 잘 몰라 그렇지 순덕이는 그런 캐릭터가 아니다. 정약전의 『자산어보』에 "오징어는 갇혀 있지 못하고 활동적이며 죽은 척 떠다니며 까마귀를 잡아먹는다고 오적어(烏賊魚)라 한다"라고 적혀 있는데, 순덕은 오적어처럼 영민하며 용감한 사람이었다. 그런 순덕이 살기 위해 선택한 것은 이중생활! 공식적으론 좌의정댁 둘째 며느리, 비공식적으론 한양 최고의 중매쟁이. 방물장수 여주댁의 이름을 빌려 중매쟁이로 성업 중이다.

"저 처녀 치맛단에 묻은 겨를 보아하니,
물레방앗간에서 몰래 연애를 하는 듯합니다.
상대는 도승지댁 둘째 아들 같은데… 한 번 확인해 보십시오."

주의 산만하기 이를 데 없는 순덕은 의외로 관찰력이 뛰어나다. 셜록 급의 관찰력으로 알게 되는 정보를 바탕으로 어울리는 남녀를 연결해 준다. 무서운 시어머니와 엉큼한 삼월어미 눈을 피해 롤러코스터 같은 생활을 하는 순덕. 왜 이렇게 힘들게 사냐고? 모르겠다. 그냥 이 일이 너무너무 설레고 행복하다. 이렇게 중매로 번 돈은 순덕이 해야 하는 바느질 등의 집안일을 외주 주는 데 쓴다.

그러던 어느 날, 객주에서 자신에게 지분거리는 샌님을 만나는데… 어랍쇼! 그가 남산골 맹박사네 늙은 아씨들을 혼인시켜야 한다며 찾아온다. 순덕이 너무 해보고 싶은 중매지만 정우의 "원녀소탕"이란 말에 분노하여 거절한다.

그런데 조선 최고의 미혼금소설 작가 화록 또한 맹박사네 혼례를 의뢰한다. 알고 보니 화록은 맹박사네 셋째 딸 삼순이었다. 그녀가 순덕을 찾은 이유는 혼인을 너무 하고 싶은데 첫째, 둘째 언니가 안 하겠다고 버티니 그들을 혼인시켜달라는 것. 혼인하고 싶다는 삼순의 청을 내칠 수 없는 순덕은 정우를 찾아가 중매 업무 협약을 체결한다. 객주를 비밀 근거지로 삼은 순덕과 정우는 사사건건 부딪쳐가며 남산골 늙은 아씨들의 중매를 서기 위해 혼신의 힘을 다한다.

초파일 탑돌이를 통해 세 원녀의 짝을 찾고, 단옷날 각각의 필살기를 펼쳐 쐐기를 박기로 계획하지만… 광부들에게 빠져들라는 원녀들을 제치고, 순덕이 정우에게 빠져든다.

첫사랑 서방님과의 사랑만 추억해도 평생 살 수 있으리라 믿었는데, 딴 남자를 생각하는 자신에게 당혹스러움을 느끼는 순덕. 자신의 마음을 추스르며 일부종사하기로 매일 밤 새롭게 결심하지만 정우를 통해, 다시 찾아온 사랑의 마음이 죽은 남편의 마음을 배신하는 것도, 가족을 저버리는 것도 아님을 깨닫는다. 하여 사랑에 누구보다 용감한 순덕은 정우에게 직진한다. 반가의 여인에게 혼인은 한 번뿐인 엄혹한 조선에서 순덕은 정우와 두 번째 사랑에 성공할 수 있을까?

정순구(29세) ≫ 순덕의 오빠, 한성부 종사관

순구는 여동생 순덕이 좌상집에 시집가 과부가 된 것이 평생의 한이다. 한미한 집안을 일으키기 위해 혼인을 하다니…. 이에 대한 반발심으로 비혼주의자로 살겠다 결심한다.

　순구는 작가 화록을 검거하라는 명을 받는다. 조사 차 그의 연애소설을 읽다가 어느새 화록의 열렬한 팬이 된다. 함정수사를 위해 애독자인 척하여 화록을 만나게 되는데 추포 과정에서 입맞춤하는 대형 사고가 발생한다! 그리고 화록의 정체가 남장한 삼순이라는 사실을 알게 되는데…. 그 후 삼순을 추포할 기회가 많았지만, 번번이 놓아주고 집에 가서 머슴 노릇을 자처하는 지경에 이른다.

조인국(22세에 사망) ≫ 순덕의 남편

병약하게 태어나 순덕과 짧은 사랑을 하고 지병으로 사망한다.

개동이(30세) ≫ 좌상집 찬비

악착같이 돈을 모아 면천하는 것이 목표다. 순덕의 이중생활을 도우며 돈을 받지만, 물질 관계를 넘어선 케미를 종종 보여준다. 혼인만 세 번 한 경력으로 애들은 모르는 어른들만의 사랑을 순덕에게 알려준다.

좌상집 사람들

박씨부인 ⊗ 정경부인, 비선 실세

만석꾼 집안의 장녀로 태어나 성균관에 입학한 것밖에 내세울 것 없는 조영배에게 시집을 온다. 아들 둘, 딸 하나를 낳아 이상적인 가족을 이루고, 남편은 좌상, 남동생은 병판, 여동생을 숙빈에 앉힌 입지전적인 인물이다. 하지만 중전이 늦둥이 아들을 낳자 박씨부인의 집안은 위기를 맞고, 진성군을 왕위에 올리려는 계략을 꾸민다.

박씨부인은 가문을 중시하는 여인이다. 가문은 나무와 같아서 번성하기 위해서는 뿌리가 튼튼해야 하는데, 뿌리를 이루는 사람이 바로 가문의 여자들이라고 생각한다. 또한 가문을 위해서라면 어떠한 희생도 감수해야 한다고 생각한다.

집안이 곤란에 처할 때마다 놀라운 수완으로 위기를 넘기는 그녀. 조영배가 있지만 진짜 실세는 박씨부인이란 걸 알 만한 사람은 다 안다.

조영배 ⊗ 좌의정, 동노파 당수

하늘을 나는 새도 떨어뜨릴 권력을 쥐고 있다. 백성에 대한 배려와 정의감이 없고, 선민사상과 욕심만 많은 위정자다. 자기만의 철학도 없고, 실질적인 정치는 부인이 한다는 것도 모르는 인물.

조선은 왕의 나라가 아니라 사대부의 나라이고 사대부 우두머리가 자신이라며 권력의 맛에 심취해 있다. 원녀, 광부가 넘쳐난다는 명분으로 세자 가례를 반대하며 진성군을 왕세자로 책봉시키려 획책하고 있는 중

심인물이다.

박복기 ⊗ 병판, 악질 호색한

능력은 없지만 박씨부인의 남동생이자 진성군의 외삼촌이라는 사실만으로 떵떵거리며 사는 인물. 여인을 탐하는 것은 장부의 응당한 기개라는 헛소리를 달고 산다. 여인이 신분이 낮을 때는 막무가내로 강간하고, 양반이라면 나쁜 소문을 내서 혼삿길을 막아 첩으로 삼는다. 머리가 나빠 정우에게 번번이 당하지만, 반격할 머리도 못 돼 매일 분통을 터트린다.

조예진 ⊗ 좌상집 고명딸

재색을 겸비한 한양 최고의 신붓감. 예진은 집안에서 순덕이 몰래 중매쟁이 일을 하는 것을 아는 유일한 사람으로, 순덕의 정체가 탄로 날 위기에서 여러 번 구해주기도 한다. 순덕과는 어렵다는 시누이 관계지만 서로 말벗이 되어주고, 몰래 술친구도 되어주는 친한 사이다.

　어릴 적부터 어머니처럼 정경부인이 되는 것을 꿈꾸었다. 그 때문에 자신의 배필감은 집안이 제일 중요하다고 생각한다. 하지만 한미한 집안의 부겸을 사랑하고 있는 그녀. 혼인을 앞두고 현실과 사랑 앞에서 고민하고 있다.

조근석 ⊗ 순덕의 아들

순덕의 죽은 시아주버니의 아들로 조씨 집안의 장손이다. 첫째 아들이 죽고 둘째 인국이 혼인하자마자 호적에 올린, 현재 순덕의 아들이다. 밤

낮으로 글공부만 시키는 조부모의 등쌀에 괴로워하지만, 자기 마음을 찰떡같이 잘 아는 순덕이 있어 밝게 자란다.

조인현 ⊗ **좌상집 장남**
심성이 착하고 부모님 말씀을 거역한 적이 없다. 평양 서윤으로 재직하다 불의의 사고로 죽임을 당한다.

삼월어미 ⊗ **좌상집 하인**
박씨부인의 심복으로 순덕의 일거수일투족을 감시하여 보고한다.

궁궐 사람들

임금 ⊗ **조선의 왕, 정우의 장인**
딸만 다섯인 진정한 딸부잣집 아빠. 가지 많은 나무에 바람 잘 날 없다고 적자인 이재를 세자로 올리려는데, 후궁의 아들인 진성군의 외척 세력이 원녀, 광부 문제로 가례를 막는다.

정우를 앞세운 프로젝트가 성공하면 세자를 혼인시키고, 명나라로 가는 사신단 편에 세자 책봉서를 받아 왕권을 강화하겠다는 것이 목표인데…. 아들 하나 세자로 올리기가 힘들어도 너무 힘들다.

중전 ◈ 이재의 어머니

공주만 다섯을 낳고 후사가 없어 눈치만 보다 늦둥이 아들 이재를 낳았다. 하지만 진성군의 외척 세력 때문에 늘 불안에 떤다.

이재 ◈ 세자

중전이 공주만 다섯을 낳고 뒤늦게 낳은 늦둥이 왕자. 서책 보는 것을 좋아하며, 궐 밖의 세상을 궁금해한다. 나이답지 않은 의젓함으로 임금의 사랑을 받지만 이미 장성해 입지를 굳힌 이복형 진성군의 외가로부터 생명의 위협을 받고 있다.

도승지

남장파의 수장으로 임금이 믿는 최측근 인사. 성실함으로 뭉쳐 있다.

숙빈박씨 ◈ 진성군의 어머니

임금의 총애를 받던 후궁. 진성군을 세자로 옹립하기 위해서 무슨 짓이든 할 태세다.

김문건 ◈ 판윤

과거 시험에서 정우에게 장원 자리를 빼앗긴 후 늘 자격지심에 시달린다. 판윤에 오르지만, 좌상 조영배와 병판 박복기 사이에서 비위를 맞추느라 고생한다.

이좌랑

문무에 능한 박복기의 심복. 과묵하여 무슨 생각을 하는지 알 수 없다.

맹박사집 사람들

조씨부인 ◈ 맹박사집 세 자매의 어머니, 쌍연술사

임금과 동문수학한 벗인 성균관 박사 맹상천의 아내이자 원녀 대표 주자 남산골 맹박사댁 세 딸의 어머니. 태생이 마님 스타일로, 매사 기품 있고 사람의 마음을 헤아리는 능력을 타고났다.

　조씨부인은 신분을 속이고 방물장수로 일하였는데, 무슨 연유인지 갑자기 눈이 멀게 되고, 역시 무슨 연유인지 딸들은 혼인 따위 하지 않겠다는 서약서를 쓴다. 조씨부인 역시 딸들의 혼인을 강요하지 않는다.

맹하나 ◈ 맹박사집 장녀

맹박사의 세 딸 중 미모의 첫째 딸. 빼어나게 예쁜 탓에 다들 머리가 나쁠 것이라 예단하지만 정우와 붙어서 밀리지 않는 학식을 가졌다. 사실 그동안 많은 선비가 하나와 혼인에 실패한 원인은 재력이 밀려서가 아니라 학식이 밀려서다.

　하나는 어머니가 어쩌다 눈이 멀게 되었는지 알고 있다. 그래서 말로는 조건 좋은 선비를 고른다고 하면서, 시집가지 않고 어머니를 옆에서 보필한다.

맹두리 ⊗ **맹박사집 둘째**

맹박사집 세 딸 중 가장 성질 더럽다는 둘째 딸. 성격이 지랄 같고, 입이 험해 한양 내에서 '막드녀(막말드센녀)'로 통한다. 그러나 두리는 소문에 그다지 신경을 쓰지 않는다. 순덕과 정우가 혼사 일로 찾아와 이상형을 물었을 때도 "남자 거기서 거기지. 기대 없으니 마음대로 하쇼"라며 쿨한 면모를 보인다.

바느질 솜씨가 한양에서 최고인 그녀는 일감을 받아오는 대사성집 아들 이시열과 만나며 실처럼 묘한 감정이 엮여버리고 만다.

맹삼순 ⊗ **맹박사집 셋째**

맹박사의 세 딸 중 막내이자 선풍적인 인기를 끌고 있는 미혼금소설 작가 화록이 그녀의 정체다. 머릿속엔 온통 '남녀상열지사'만 가득 찼지만, 글로만 사랑을 배운 연애 초짜. 책 납품을 위해 남장을 하고 다니며, 소설로 집안 생계의 한 축을 담당하고 있다.

그녀의 미혼금소설을 읽은 처녀들이 백마 탄 세자만을 기다리며 눈만 높아졌다는 말도 안 되는 해괴한 양반들의 발상 때문에 한성부 종사관 정순구에게 쫓기는 신세가 된다.

신랑 후보들

이시열 ◈ 성균관 유생

성균관 대사성집 장손에, 얼굴이면 얼굴, 머리면 머리, 뭐 하나 빠지는 게 없는 한양 최고의 신랑감.

어느 날, 시열은 두리를 도둑으로 오해했다가 그녀에게 쌍욕을 한 바가지 얻어먹는다. 저것이 처녀의 입에서 나올 말인가? 이 정도면 두리가 싫어야 하는데, 그녀가 자꾸 생각난다. 시열은 우연인 척 몇 번 두리를 만나는데…. 예진과의 혼사가 코앞인데 두리가 자꾸 신경 쓰인다.

윤부겸 ◈ 광부 24호, 예진의 첫사랑

한미한 가문에 외아들로 태어나 조실부모하고 농사를 짓고 있다. 어릴 적 꼬맹이 예진에게 연도 만들어주고, 초파일엔 등도 만들어주는 등 가깝게 지내다 사랑하는 감정으로 발전한다. 하지만 자신의 처지로는 예진을 넘볼 수 없기에 이제는 예진이 찾아와 치대도 거리를 두고 차갑게 대한다.

그러던 어느 날, 원녀 광부 혼례 프로젝트에 억지로 끌려 나가 두리의 상대로 지목당하게 된다.

허숙현 ◈ 광부 23호

대령숙수를 꿈꾸는 선비. 집안에서는 남자 망신이라며 골칫덩이 취급을 받는다.

김집 ◈ 광부 12호

가문보다는 자신을 진심으로 사랑해 줄 여자를 찾아 팔도를 유람 중인 로맨티스트.

장춘배 ◈ 광부 15호

돌총(돌아온 총각)으로 재력을 등에 업고 어린 신부를 구하는 중이다.

한종복 ◈ 광부 16호

10년째 과거 시험 준비 중. 자신을 잘 보필해 줄 신붓감을 찾는다.

홍월객주 사람들

여주댁 ◈ 도화분 제작자

평안도에서 순덕이 목숨을 구해준 인연으로 만나, 순덕이 방물장수를 할 수 있도록 자기 이름을 빌려준다.

8년 전 마침 강가를 지나던 순덕과 순구 덕에 목숨을 구하고, 객주 홍천수의 도움을 받아 여주댁으로 신분을 세탁하여 현재 딸 복희와 함께 한양에 살고 있다. 솜씨가 좋아 도화분을 제작해 홍월객주에 납품하고 있다.

홍천수 ◈ 홍월객주 대표

한양 양반 마님들의 유행을 선도하는 홍월객주의 수장. 여인들의 마음을 잘 알아 멋진 물건과 새로운 아이템을 발굴하여 홍월객주는 언제나 성업 중이다.

말투는 퉁명스럽지만, 순덕의 이중생활과 삼순의 남장 여자 비밀을 모두 지켜주는 따뜻한 마음의 소유자다.

방물장수 사인방(이씨, 마산댁, 전주댁, 개성댁)

중매쟁이 노릇을 하며 한양에서 벌어지는 일들은 죄다 알고 있다.

복희 ◈ 여주댁의 딸

나이는 어리지만, 영리하고 셈이 밝아 순덕은 거상이 될 재목이라 입버릇처럼 말한다.

그 외 인물들

안동건 ◈ 전 종사관, 현 추노꾼

지금은 도망 노비를 잡으러 다니는 추노꾼이지만, 과거엔 평안도 관아 소속 종사관이었다. 8년 전 죄수인 태란을 놓치고 종사관에서 파직당한 후, 추노꾼으로 전국을 떠돌며 폐인처럼 살았다. 우연히 도화분을 보고 무언가를 직감한 그는 한양으로 향한다.

매골승
선화사에서 매골승으로 있으면서 자신과 중생을 구제하는 일에 힘을 기울인다.

정씨부인 ◈ 시열의 어머니
물러터진 남편만 바라보고 살다 하나뿐인 아들이 좌상집과 혼담이 오가자, 생기가 돈다.

송진사댁 부인
돈만 있는 집안이란 소리 듣기 싫어 딸을 좋은 집에 시집보내는 것이 인생 최대 목표다.

이초옥 ◈ 하나의 절친
갑자기 죽은 후 그녀의 원귀가 조선을 가물게 했다는 얼토당토않은 소문이 퍼진다.

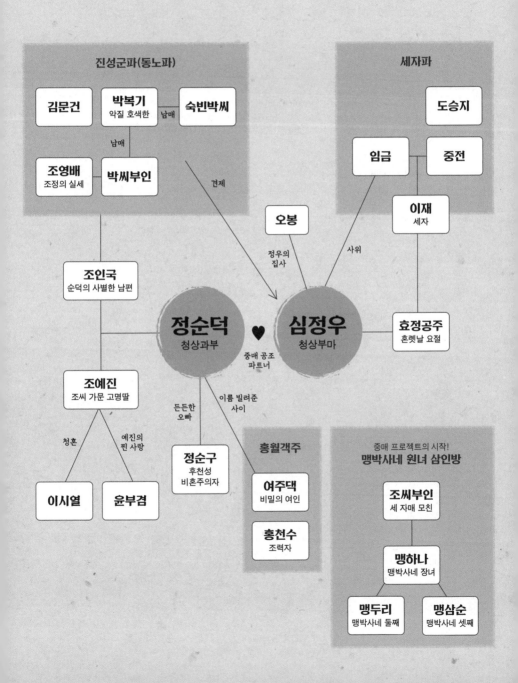

인물관계도

진성군파(동노파)

김문건

박복기
악질 호색한

숙빈박씨

— 남매 —

— 남매 —

조영배
조정의 실세

박씨부인

세자파

도승지

임금

중전

이재
세자

효정공주
혼롓날 요절

오봉

견제

정우의
집사

사위

조인국
순덕의 사별한 남편

정순덕
청상과부

심정우
청상부마

♥

중매 공조
파트너

조예진
조씨 가문 고명딸

청혼

예진의
찐 사랑

든든한
오빠

이름 빌려준
사이

이시열

윤부겸

정순구
후천성
비혼주의자

홍월객주

여주댁
비밀의 여인

홍천수
조력자

중매 프로젝트의 시작!
맹박사네 윈녀 삼인방

조씨부인
세 자매 모친

맹하나
맹박사네 장녀

맹두리
맹박사네 둘째

맹삼순
맹박사네 셋째

第一話

나는 너에게
반하지 않았다?!

씬1.　　오프닝: 쌍연술사 몽타주

/ 2023년 현재, 반구대 암각화 중 팔을 벌리고 있는 특이한
복장의 인물 [C.U.]
그림 속 인물(애니메이션)은 고대사회 제사장으로 바뀌고 부족
사람들의 추앙을 받는다.

정우　　　　[NA] 인류의 만 명 중 한 명은 연분을 알아보는 능력을
가지고 태어나고, 이 특별한 능력을 갖춘 사람들은 어느
시대에나 존재했다. 고대에는 제사장의 위치였으며, 신라
시대엔 쌍연술사라 불리며 막강한 권력과 부를 누렸다고
전해진다.

/ 제사장이었던 쌍연술사의 모습은
『삼국유사』 별권, 술사편 삽화로 변한다.

책 속 '雙緣術士' 단어와 男, 女, 緣 글자가 집중적으로 보인다.

/ 별권 책장을 넘기는 섬섬옥수. 화면이 넓어지면 촛불 아래
책을 읽는 정우, 심하게 잘생겼다!

정우   〔NA〕『삼국유사』별권 술사 편을 보면 고려까지 큰 영향
          력을 행사했던 쌍연술사는 대부분 여성인 탓에 유교 사회
          인 조선에 들어서면서 자취를 감추기 시작했다.

/ 정우, 참고서적 보며 쌍연술사의 특징을 공책에 옮겨
정리한다.

정우   〔NA〕이들이 어떻게 연분을 알아보는지는 기록치 않아
          알 수는 없지만.

/ 사람들로 붐비는 저잣거리.
쓰개치마를 손에 든 댕기 머리의 순덕, 포목점 앞에서 사람들을
구경하다가, 옆으로 지나가는 처녀에게 툭, 일부러 발을 건다?
순덕의 발에 걸려 휘청거리는 처녀, 때마침 지나던 총각이
얼결에 잡아준다. 전형적인 포옹의 순간, 처녀와 총각 눈빛
섞이면서 둘의 눈은 하트가 된다. 순덕의 눈에 처녀와 총각이
서로 붉은 실로 묶여 있는 것이 보인다! 둘을 행복한 얼굴로
바라보는 순덕.

정우   [NA] 쌍연술사 중에서도 높은 도력을 타고난 이는 자신도 모르게 연분을 만들어주고야 만다고 한다.

/ 쌍연술사의 마지막 내용을 적은 후 "終"이라고 쓰고, 공책 표지에 "雙緣術士 白書", 한글로 "쌍연술사의 모든 것"이라 쓴다.

정우   [NA] 신라 사람들은 쌍연술사를 사랑의 술사가 아닌 외로운 술사라고 불렀으니, 그들과 혼례를 맺는 연분들은 반드시 단명하기 때문이다.

/ 정우, 순덕의 단아한 전신화를 애틋하게 바라본다.

정우   [NA] 하여, 쌍연술사 중 청상과부가 많은 이유다.

그림 속 순덕 얼굴 [C.U.] 그림은 이내 실사로 바뀐다.

씬2.   오프닝 순덕 인터뷰: 좌상댁 안채 장독대. 낮

낮은 흙담이 둘러싼 규모가 있는 장독대. 순덕, 장독을 닦다가 앞을 본다.
[자막 - 정순덕 / 27세 / 좌상댁 둘째 며느리&방물장수 / 특이사항: 이중생활]

순덕   (독에 걸터앉아서) 제가 중매를 선 쌍은 금실이 좋고 자녀
      가 잘 생기는 탓에 딸 가진 댁에서 저를 좀 더 많이 찾습
      니다. (잠시 사이) 아~ 제 눈엔 보여요, 서로 어울리는지
      아닌지가. 연분을 알아보는 능력을 타고났다고 보시면 돼
      요. (환하게 웃는다)

"나는 너에게 반하지 않았다?!"

씬3.   궁궐 / 근정전 마당. 낮

대과 과거 급제자 33명 중 장원인 심정우(17세)와 차석인
조인현(20대)과 3등인 김문건(40대)이 앞줄에 서 있다.
과장에 도착한 임금과 수행하는 도승지, 급제자 앞에 선다.

도승지   (정우를 가리키며) 이번 무자년 복시 장원급제자 심정우입
       니다.
정우   (시키지도 않았는데 한 발짝 앞으로 나와 2~3등을 가리고 선다)
김문건   (정우 행동이 영 못마땅하다)
임금   조선 건국 이래 최연소 장원급제라더니, 용모 또한 낭중
       지추로구나.
도승지   차석과도 실력 차이가 월등하여 심사하는 소신들도 놀랐
       습니다.

| 임금 | 이번 장원인 심정우를 현재 공석인 평양부 서윤에 제수할 테니, 젊고 참신한 생각을 반영하여 잘 운용해보거라. |

"평양부 서윤"이란 말에 행사에 참석한 조영배 얼굴이 순간 굳고, 문무 관리들 그건 아니지, 하는 우려의 술렁거림!

| 도승지 | (다급히 말린다) 전하, 그것은 너무 파격적인 인사로… |
| 정우 | (도승지 말을 막으며 냉큼) 어명 받들어 소신의 총명함과 명석함으로 혼탁한 평양부를 부정부패 없는 도시로 만들어보겠습니다. |

관료들 "스스로 총명하고 영특하다고 말하다니…",
"요즘 것들은 우리 때랑 달라서 겸양을 몰라…"
정우를 향해 불편한 시선을 노골적으로 드러낸다.

씬4. 궁궐 일각 / 과거 급제자 축하 연회장. 낮

다들 번듯한 입성인데 정우 부(심진호)와 형(심명우)만 행색이 남루하다. 김문건, 정우에게 다가와 다른 사람 듣지 않게 배려하여 조용히 충고한다.

| 김문건 | 옛말에 인간의 세 가지 불행 중 으뜸으로 소년등과를 꼽는다네. 괜한 시기를 사지 않게 언행을 조심하게나. |

[자막 - 소년등과(少年登科): 어린 나이에 급제하여 높은 자리에 오르는 것]

정우   (배려 없이 큰 소리로) 불혹에 월등히 뒤처진 차.차.석을 하느니, 소년등과로 불행하게 사는 것도 나쁘지 않은 듯한데, 그 역시 제가 어려서 뭘 모르는 것인가요?

주변 사람들, 정우의 말에 파안대소한다. 김문건, 쪽팔려 얼굴이 붉으락푸르락하고 심진호도 얼굴이 굳는다.

[INS] 궐 안쪽에서 정우 모습을 훔쳐보는 효정공주(17세), 눈이 반짝인다. "공주마마, 여기 계시면 안 됩니다." 공주를 데리고 가는 궁녀들. 공주, 궁녀에게 끌려 안으로 들어가면서 정우를 한 번 더 돌아본다.

정우   〔E〕제가 왜 공주와 혼인을 합니까?

씬5.   정우 집. 낮

좁고 허름한 기와집의 마루. 조영배가 상석에, 그 앞에 아버지 심진호와 형 심명우, 정우가 앉아 있다. 같이 온 조인현은 마루가 좁아 마당에 서 있다.

정우   저는 전하의 명에 따라 내일 평양부로 떠날 예정입니다.

조영배	부마는 관직에 나갈 수 없는 법, 그 자린 인현이에게 다시 교지가 내려졌다.
조인현	(정우가 돌아보자 시선을 피한다)
정우	아~ 이제야 알겠습니다. 전율이신 인현 형님께서 어찌 과거를 다시 보나 했더니, 애초부터 급제하여 평양부 서윤으로 가기 위함이었군요.
	관직에 있는 자가 급제를 하면 품계 승진이 되니 말입니다. 그런데 생각지도 못한 제가 장원을 하여 파격적으로 평양부 서윤에 제수되니 이 사달이 난 것이군요.
	[자막 - 전율: 장악원에서 음악에 관한 일을 맡아보던 정7품 잡직]
심명우	(안절부절못하며 조영배 눈치 보다) 대감님께 그게 무슨 말버릇이야!
조영배	(미간 꿈틀. 이내 침착하게 자기 할 말만 한다) 효정공주는 금상의 첫 자손으로 임금께서 무척 아끼시는 공주다. 전하께서 혼례선물로 북촌의 큰 집을 하사하시고, 자네 형에게도 관직을 제수하신다고 하니, 자네나 집안에 더할 나위 없이 좋은 기회네. 또한 자네가 왕실의 일원이 되므로 우리 동노파에도 큰 힘이 될 것이야.
심명우	(입이 귀에 걸쳐서) 아무렴요, 다 힘써주신 대감님 덕입니다.
정우	그리 좋은 기회면, 아직 혼인 전인 대감님의 둘째 아들인 인국 형님이 부마가 되면 되겠네요.
조영배	공주마마께서 자넬 지목했네.

정우	(정색하며) 예기에 이르길 '혼례라는 것이 두 성의 좋은 점을 합쳐, 위로는 종묘를 받들고 아래로는 후손을 잇는 것이다'라고 했습니다. 이는 혼인이 집안과 집안의 일이란 뜻인데, 어찌 당사자인 공주마마의 호불호로 부마 간택이 된단 말입니까? 이는 예에 맞지 않습니다.
심진호	그만해라, 너와 공주마마와의 혼례는 나의 뜻이다. 허니 그리 알고 따르거라.
정우	(!!) 아버지?! 제 꿈이 영의정인 거 아시지 않습니까? 출사를 못 하는 부마 따윈 절대 안 합니다!!

씬6.　　경운재 사랑채. 낮

정우, 앞 씬의 화난 얼굴 그대로 혼례복을 입고 방에서 나온다.
패션의 완성은 얼굴이라고 했던가, 정우의 마음과 달리 퍽
멋있다. (1화 5씬의 초라한 기와집이 아니라 번듯한 기와집)
대청마루에서 기다리던 심진호와 심명우에게

정우	아들을 팔아 북촌에 큰 집을 받으시니 좋습니까?
심진호	(알 수 없는 표정, 말이 없다) …
심명우	(짐짓 엄하게) 너는 아버지께 무슨 말버릇이야!
정우	형님은 머리가 나쁘고 욕심만 많아, 탐관오리가 되기 쉽습니다.
심명우	뭐… 뭐라고?

정우	새겨들으십시오, 동생 팔아 얻은 관직 오래 보존하고 싶으시면.
심명우	이 자식이 진짜…
내관	(마당에서 기다리고 섰다가) 이제 궁으로 출발하셔야 합니다.

씬7. 정우 혼례 몽타주

/ 궁궐 - 소 연회장. 초저녁

혼례상을 사이에 두고 선 정우와 효정공주. 궁녀들의 도움을
받아 정우에게 절을 하고, 이후 정우가 절을 하는데, 갑자기
주위가 소란스러워진다. 보면, 공주가 정신을 잃고 쓰러졌다!
주변 궁녀들 달려들어 공주의 상태를 살피고, 정우도 놀라 몸이
굳는다.

/ 궁궐 - 공주의 방. 밤 → 낮

며칠을 유의원과 의녀들이 공주 치료와 간호로 바쁘게
움직이지만 정우는 미동도 없이 가만히 앉아 공주 옆을 지킨다.
툭 떨어지는 공주의 손. 유의원 참담한 얼굴로
"숨을 거두셨습니다" 고한다.
정우, 황망한 눈동자.

/ 경운재. 낮

상복을 입은 정우가 문 열린 사랑방에 홀로 앉아 있다.

탁, 탁, 탁, 사랑방 문, 중문, 경운재의 대문까지 차례로 닫힌다.
'경운재(慶雲齋)' 현판을 다는 인부들이 한마디씩 한다.
"임금께서 내린 현판을 달기도 전에 공주님이 돌아가셔서
어떡한대", "혼례 중에 쓰러졌으니…. 첫날밤도 못 치른 거야?
완전 청상부마네", "부마는 재혼도 첩도 못 들이는데…
고래등 같은 집이 무슨 소용이야? 쯧쯧". 현판을 달고 그곳을
떠나는 인부들. 굳게 닫힌 경운재 앞으로 봄, 여름, 가을.
겨울이 지나고… 다시 봄이다.

[자막 - 8년 후]
옥색 쓰개치마를 쓴 순덕, 가던 길을 멈추고 경운재 담 너머 핀
꽃나무를 올려다보며, "밖에서 보는데도 이렇게 예쁜데 안은
얼마나 예쁠까?". 그런 순덕을 짚단을 실은 우마차가 가리고
지나가고 나면 옥색 쓰개치마는 장사치들이 쓰는
붉은 장옷으로 변한다. 마술쇼 같은 찰나의 변신이다!
화장기 없던 얼굴은 짙은 색조 화장과 눈 밑에 애교점까지
생기고, 소박한 옥비녀는 화려한 가체와 머리 장식으로 바뀌어
완전 딴사람이다. 아까와 달리 빠른 걸음으로 이동하는 순덕.

씬8.   홍월객주 안. 낮

가운데 중정을 둘러싼 ㅁ자형 건물은 주로 반가의 여인들을
위한 값비싼 사치품을 파는 상점으로, 물건을 사러 온 양반들과

양반을 대신하여 온 소사와 하인들로 북적인다. (여성 사치품이
많아 고객도 여성의 비중이 크다) 중문을 통해 객주 안쪽으로
들어가면 방물장수나 보부상들이 물건을 챙기며 쉬거나
숙박을 하는 안쪽 공간이 나온다.

씬9.   홍월객주 / 안쪽 일각. 낮

방물장수 사인방(이씨, 마산댁, 전주댁, 개성댁←나이순)들 모여
앉아, 화장품이며 패물들을 봇짐에 챙겨 넣으며 이야기 중이다.
새댁 같아 보이는 개성댁을 제외하고 셋은 장사치의 연륜이
느껴진다.(다들 호칭에 맞는 사투리 구사, 이씨는 한양 말투)

이씨   다음 달 금혼령이 내릴 것이 거의 확실하니, 이제부턴 속
          도전이야. 우리가 힘을 합쳐야 많은 중매를 땡길 수 있어.
          명심들 해.
          [자막 - 금혼령: 왕실의 혼인을 위해 민간의 혼인을 일정 기간
          금하는 명령]

마산댁   (전주댁 들으라고) 아는 정보 있으면 말들 하면서 하자고,
          지난번처럼 혼자 다 하겠다고 쥐고 있다가 깨지지 않게.

전주댁   아우 알았어. 그 얘기 언제까지 할 거야.

개성댁   (?) 금혼령은 한 달 정도면 풀리는 거 아니에요? 뭘 이렇
          게…

이씨   수선이냐고? 금혼령 기간에 웬만한 집은 처녀단자를 올

려야 하니까.

개성댁	그건 저도 알죠. 근데 금혼령은 기간도 짧고 세자빈으로 간택되면 좋은 거잖아요.
마산댁	자기 어디 촌에 살다 왔어? 어왕진이잖아.
개성댁	(무슨 소리야?)
전주댁	(목소리 낮춰) 어차피 다음 왕은 좌상의 처조카인 진성군 이라고. 그러니까 병약하고 어린 지금 세자한테 시집가 봐야, 폐세자빈이 될 게 뻔한데, 누가 자기 딸을 그런 사 지로 들여보내겠어?
이씨	그러니까 금혼령 전에 딸 가진 집에서는 약혼이라도 시키 려고 중매가 밀려들 거고, 우리는 물 들어올 때 노 저으면 되는 거고.
개성댁	(이제야 이해가 된다) 아…
순덕	[E] 올해 금혼령은 없을 거예요.

사인방 돌아보면 나비 무늬 붉은 장옷을 손에 들고 방에서
나오는 순덕. 짙은 화장, 보석 머리장식 등 어깨에 멘 봇짐마저
힙해 보인다.

이씨	(짜증) 뭐라는 거야? 내가 아는 궁녀가 확실하댔거든.
순덕	제 정보통에 의하면 올해는 금혼령 없는 게 확실하니까, 그거 핑계로 중매 서두르다 망신당하지들 마시라고요.

댓돌에 따로 놓인 화려한 붉은 꽃신을 신고는 손에 든 장옷을 보란 듯이 펄럭이며 어깨에 걸치고 객주를 나가는 순덕.

개성댁   (그런 순덕을 보며) 개~멋있어. 저 여자 누구예요?

이씨   멋있긴 개뿔.

마산댁   근데 여주댁이 없다면 금혼령 없는 거 아녀?

전주댁   그러게… 여주댁은 틀리지 않지.

개성댁   (!!) 여주댁이요? 아~ 저분이 북촌 사대부만 상대한다
          는 완판녀, 중매의 신 맞죠? 그래서 독방을 쓰는 거구나!
          (흥분)

이씨   (모냥 빠져 승질) 신은 무슨… 독방은 능력이 좋아서가 아
          니라 여기 행수랑 그렇고 그런 사이라 쓰는 거야.

마산댁   (또 이런다) 형님, 아무리 싫어도 없는 말 하면 쓰나.

이씨   그렇고 그런 사이가 아니면 왜 여주댁만 도화분을 그렇게
          많이 챙겨주는데? 나도 여주댁만큼 받았으면 중매의 신
          은 나라고.

마산댁   그 비싼 걸 많이 준다고 팔 수 있는 것도 아니면서… 저
          런다.

개성댁   저… 사실 여주댁한테 중매 배우려고 이 객주에 온 거거
          든요.

전주댁   그런 거면 잘못 왔네. 여주댁은 누구랑 어울리는 거 싫어해.

이씨   비밀이 많은 음흉한 여편네야.

마산댁   뭘 또 음흉할 것까지…

이씨	(마산댁 째려보고 일어난다)
마산댁	어디 가요?
이씨	금혼령은 없다잖아. 장사나 가야지.
마산댁	(구시렁) 어차피 여주댁 얘기 들을 거면서… 같이 가요~

씬10.　궁궐 전경. 낮

구름 한 점 없는 쨍한 하늘 아래, 편전으로 속속 들어가는
관료들.

임금	〔E〕 지금, 처녀 귀신 괴담 때문에 세자의 가례를 미루자는 것이오?

씬11.　궁궐 / 편전 안. 낮

양쪽으로 나누어 서 있는 관리들. 좌의정 조영배와 병판
박복기, 판윤 김문건이 잘 보이는 앞줄에 서 있다.

박복기	현재 한성부의 원녀와 광부 수가 가히 역대 최고입니다.
	[자막 - 원녀(怨女): 노처녀, 광부(曠夫): 노총각]
임금	(뜬금없이 웬 노처녀, 노총각?)
박복기	도성 내 퍼진 처녀귀신 괴담 역시 원녀가 신변을 비관하여 자살한 것이다 보니, 그 한이 나라의 기를 손상시킬까

염려됩니다. 요즘 때아닌 가뭄 역시…

임금   (더 이상 참지 못하고) 원녀의 한 때문이다?

박복기   (예상치 못한 질문에 어버버) 그것이… 하늘의 도는 아득히
            멀어서 알 수 없기에…

임금   (답답하여) 병판, 요점이 무엇이오?

박복기   그러니까 남녀가 그러면… 나라의 기운이… (당황해서 요
            점을 잊었다!)

조영배   (보다 못해 나서서) 전하, 자연의 질서는 음과 양의 기운이
            조화를 이룰 때 제대로 순환합니다. 선왕들이 만혼을 억
            제하였던 까닭은 혼기를 놓친 젊은이들을 방치하면 음과
            양의 조화가 깨져 천재지변이 발생하였기 때문입니다. 작
            금의 가뭄 역시 만혼의 영향이 없다 할 수 없습니다. 천재
            지변을 떠나 인륜지대사인 혼례를 하지 못한 원녀와 광부
            는 조선의 미래를 위해서도 반드시 해결해야만 하는 문제
            입니다.

임금   좌상의 말은 맞으나, 도성 안 원녀와 광부의 문제가 어제
            오늘 일도 아니고… 지금은 세자의 혼인에 대해 논의 중
            이오.

조영배   그래서 드리는 말씀이옵니다. 도성 안에 혼인 못 해 죽은
            처자의 괴담까지 퍼지고 있는 지금, 아직 어린 세자저하
            의 간택을 위해 금혼령까지 내리게 되면 도성 안의 여인
            들은 혼인하고 싶어도 못 하게 됩니다.

임금   (반박하고자 입을 벌리는데)

조영배	(눈치를 채고) 금혼령이 비록 일시적이기는 하나,
임금	(고개 끄덕, 그렇지!)
조영배	상징적인 의미가 큽니다. 원녀들이 창궐하는 이때, 한 명이라도 더 혼인을 시켜도 모자랄 판에 나라에서 혼인을 금하다니요. 천부당만부당한 말씀이십니다. 통촉하여 주시옵소서!!

조영배를 따르는 대부분 신하들 "통촉하여 주시옵소서."를
합창하고, 임금 한 방 먹은 얼굴로 '결국 원하는 게 그거였군'
하며 좌상을 노려본다.

씬12.   궁궐 / 임금의 처소. 낮

임금 앞에 도승지가 앉아 있다.

임금	(흥분) 작년엔 세자가 미령하다고 혼인을 미루더니, 올해는 해묵은 도성 안 원녀와 광부를 문제 삼아? 괘씸한 것들.
도승지	진성군을 지지하는 좌상이 시간을 벌고자 하는 것이 확실하나 그 명분이 타당하여 올해 세자저하의 가례는 힘들 것 같습니다.
임금	아니!! 과인은 예정대로 유월 안에 세자를 혼례 시킬 것이고, 팔월에 명나라로 가는 사신 편에 반드시 세자책봉서를 받을 것이다.

도승지	(난감해하며) 하오나…
임금	내년이라고 저들이 순순히 세자가 가례를 올리게 둘 것 같은가?
도승지	(그건 아니지)…
임금	운해대군이 세자가 된 지 2년이 지났다. 더는 미룰 수 없으니 도승지는 유월 안에 세자를 혼인시킬 명분을 찾으시오, 반드시!

씬13.　궁궐 / 빈청 안. 낮

조영배과 박복기, 김문건 모여 대화 중이다.

박복기	(신나서) 명분 찾기가 쉽지 않을 겁니다. 원녀, 광부 문제는 선왕께서도 풀지 못한 일 아닙니까?
조영배	(박복기가 못마땅하여) 편전에서는 그걸 못 외워 버벅거리더니… 쯧. 아직 끝난 것이 아닙니다. 이럴수록 신중해야 합니다.
김문건	(조영배의 비위 맞추며) 맞습니다, 신중해서 나쁠 건 없지요.
박복기	신중은 무슨… 이제 세자의 혼인은 물 건너간 거 아닙니까?
조영배	(박복기를 한심하게 보며) 내년에도 원녀 핑계로 세자혼인을 막을 순 없지 않은가.
박복기	(왜 안 되는데, 하는 표정) ?
김문건	(알아듣고) 그건 그렇죠.

조영배	세자가 가례를 올려 세손이라도 낳으면 진성군 옹립은 더 요원해지니, 올해 안에 문제의 근원을 없애야 합니다.
박복기	(눈치 없이 냉큼) 세자를 없애자는 말이죠?
조영배	어허… 병판대감, 여기도 궐 안입니다. 말조심 좀 하십시오.
박복기	(왜 나한테만 난리야? 짜증스러운 얼굴)

씬14.   궁궐 / 중전의 처소. 밤

임금과 간단한 주안상을 사이에 두고 마주 앉은 중전.
중전 뒤에는 최상궁이 앉아 있다.

임금	임금이 돼서 아들 장가조차 맘대로 보내지 못하니 내 중전 볼 면목이 없소.
중전	전하께 사과를 받고자 뵙자 청한 것이 아닙니다. 소첩, 세자 혼인을 성사시킬 인물을 찾은 것 같습니다.
임금	(중전이? 믿음은 안 가지만) 그게 누군가?
중전	울분남입니다.
임금	(무슨 말인지 알 수 없고) 울분남?
중전	저도 최근에 최상궁에게 들었습니다. (최상궁을 본다)

씬15.   궁궐 안. 낮

/ 봄꽃이 가득한 궐 안, 내관과 궁녀, 무수리들로 활기가

넘친다. 궐 안에 들어선 정우, 밝은 얼굴의 궁인을 못마땅한 눈으로 보는데 때마침 바람이 불어 메마른 날씨에 흙먼지가 날려 시야를 가린다. 순간적으로 눈을 감았던 정우, 눈을 떠보면 조금 전까지 분주하게 오가던 수십 명의 궁인 모두 공간 이동이라도 한 것처럼 사라지고 정우 홀로 서 있다! 뒤에서 인기척이 느껴지자, 정우 매섭게 돌아보지만 동시에 궁녀 치맛자락이 모퉁이를 돌아 사라진다. 정우가 돌아봤을 땐 아무도 없이 휑하다. 이런 상황이 익숙한지, 정우 쯧쯧 혀를 차며 가던 길을 간다.

/ 궐 일각 뒤쪽 담 뒤. 생각시(8~9세)를 냅다 안고 몸을 숨긴 최상궁.

최상궁   저 대감님이 누군 줄 알고 겁도 없이 쳐다보고 서 있는 게야?

생각시   (까만 눈동자를 깜박이며) 저는 그냥 너무 잘생겨서… 누구신데요?

최상궁 고개만 내밀어 상황을 살피자, 정우 승정원 쪽으로 완전히 사라진다. 그와 동시에 궁 여기저기에 숨어 있던 궁인들 모두 밖으로 나와 궐은 다시 활기를 찾는다. 최상궁도 생각시와 밖으로 나오며 "저 대감님이 바로…"

씬16.   궁궐 / 승정원 가는 길 (교차) 궁궐 일각 . 낮

/ 당당하게 걷는 정우. 그가 가는 길엔 개미 새끼 하나 없다.

/ 궁궐 일각.

최상궁   조선 최고의 울분남, 경운재 대감님이시다.

생각시   아! 혼렛날 공주마마가 돌아가셔서 8년 동안 강제수절 중
           이라는 고기만 먹었지, 스님의 삶과 같다는 그분이요?

/ 승정원 건물로 향하는 정우의 머리 위, 상소(上疏)라고
쓰인다.

정우   [E] 혼인(婚姻)이란 무엇인가?

대사에 맞춰 상소(上疏)의 첫 문장 혼인자 하호(婚姻者何乎)
시작으로 내용이 이어진다.

정우   [E] 글자만 보면 혼(婚)은 신랑이 저녁에 신붓집에서 장
           가를 든다는 뜻이고 인(姻)은 신부가 신랑을 따라 시집에
           간다는 뜻입니다. 지난 무자년 본인 심정우는 공주마마와
           의 혼인을 위해 궁에 갔으나 공주마마는 저를 따라 시집
           에 오시지도 않았습니다. 상황이 이러한데 소인이 부마의
           직책을 부여받아 나라의 녹을 먹고 부마 대우를 받는 것
           은 과분하고 잘못된 일이기에 이제라도 이를 바로잡고자

공주마마와 소인의 혼인무효 상소를 올립니다.

승정원으로 향하는 정우의 뒷모습은 당당하다 못해
비장함까지 감돈다.

씬17.   궁궐 / 승정원 안. 낮

승정원 하급관리, 정우를 보자 자세를 바로 하고 맞이한다.
정우가 상소장을 접수하자 하급관리는 공손히 받아,
접수 대장에 기록을 하며

관리   (무심결에) 8년을 한결같이 지치지도 않으십니다.

정우   (순간 눈빛이 매서워지고)

관리   ! (말실수했다 싶어 자신의 입을 가리는데)

정우   아무리 오랜 세월이 걸리더라도 잘못된 것을 바로잡는 것
         이 응당 선비의 길인 것을.

관리   (바로 납작 기며) 지당하신 말씀입니다, 제가 실언을 했습
         니다.

정우   붓이랑 종이를 좀 부탁하네.

관리   (느낌 싸하다) 그건 왜?

정우   내, 준비해 온 상소보다 자네의 근무 태만에 관한 상소가
         더 급한 것 같으니 당장 써 올려야겠네.

관리   (울 것 같다) …말이 헛나온 걸 가지고 근무 태만이라니요.

정우   (기분 더 나빠졌다) 내가 지금 자네가 한 말 때문에 쪼잔하
      게 트집 잡는다 생각하는가?

관리   (차마 사실대로 말 못 하고) 그런 것이 아니라…

정우   물론 그 말도 죄를 물을 만하지만 (이후로 2배속 빠르게) 자
      네의 복장을 보면 관모를 똑바로 쓰지 않았으며, 종3품 이
      상만이 할 수 있는 옥관자를 감히 하고 있으며 허리띠는
      배꼽에서 세 치 아래 오게 되어 있는데 자네는 늘어져 무
      릎에 닿을 듯하고, 관복은 청결이 기본이건만 옷자락에
      먹물이 말라비틀어져 있고… (이후 8배속 지적하는 손가락만
      빠르게 움직이고 말소리 안 들림) (끝낸 후) 자네 존재 자체가
      무려 열다섯 가지 규율을 어기고 있네. 상황이 이러한데
      어찌 그냥 넘어가겠는가, 붓과 종이를 가져오게!

씬18.   궁궐 / 승정원 앞. 낮

한지 상자(퇴사 박스)를 안고 침울한 표정으로 승정원을 나서는
관리.

최상궁   〔E〕 조선의 규율과 예법을 모두 꿰고 있어, 괜히 수틀리면
        네가 쳐다봤다는 이유만으로 널 궁에서 내쫓을 수 있는
        분이야.

씬19.   궁궐 / 중전의 처소. 밤

최상궁   (세상 진지하게) "걸어 다니는 울분 덩어리라 할 수 있지.
그러니 경운재 대감님 눈에 안 띄는 게 상책이야" 라고 오
늘도 궁에 들어온 지 얼마 안 된 생각시에게 일러주었습
니다.

임금   (헛웃음) 울분남… 경운재 의빈에게 참으로 어울리는 별호
이군.
[자막 - 의빈: 왕족의 신분이 아니면서 왕족과 혼인한 사람의
통칭]

중전   (해맑게) 경운재 의빈은 모르는 것이 없다 하니, 세자를 혼
인시킬 명분도 찾을 수 있지 않겠습니까?

씬20.   궁궐 일각. 낮

임금과 도승지, 이동하며 이야기 중이다.

임금   (한숨) 정치라고는 모르는 중전인데, 얼마나 답답했으
면…. 경운재 의빈에게 명문을 찾아달란 소릴 했겠나.

도승지   (잠시 생각하더니) 전하, 중전마마의 말씀이 실로 묘책인
듯합니다.

임금   자네까지 왜 이러나, 경운재 의빈은 좌상과 같은 동노파
핵심인물 아닌가.

도승지	맞습니다. 알아보니 좌상이 세자의 혼인을 막은 원녀 명분도 경운재 의빈 머리에서 나왔다고들 합니다.
임금	!!

[INS] 빈청에서 조영배, 박복기와 함께 나오는 정우.

조영배	유배 간 자네 형은 곧 복직될 것이니 걱정하지 말거라.
정우	(화를 참고 있는 얼굴로 인사도 없이 돌아서 간다)
조영배	(멀어지는 정우를 못마땅하게 보며) 건방진 놈.

임금	(짚이는 게 있다!) 그래서 좌상이 올린 입춘 특사에 의빈의 형인 심명우가 있었군. 이런 고얀, 내 당장…
도승지	그러기에 더더욱 적임자인 것 같습니다. (임금이 보자) 학문이 뛰어난 경운재 의빈이라면 중전마마 말씀처럼 세자 저하를 혼인시킬 명분도 만들 수 있을 것입니다. 혹여 일을 그르쳐도 그 책임을 당의 수장인 좌상에게 물으면 동노파의 입지를 흔들 수 있지 않겠습니까?
임금	(그런가? 싶다)

씬21. 궁궐 앞. 낮

궁에서 나오는 정우, 귀를 만지며 "왜 이렇게 가렵지?"
중얼거린다. 좁은 갓을 쓴 집사 오봉(중인/정우 개인비서)은
나귀의 끈을 잡고 기다리고 있다, 아니 서서 졸고 있다.

정우	(헛기침하며) 오봉아.
오봉	(깨서, 자연스럽게) 오늘은 늦으셨네요. (나귀의 고삐를 잡는다)
정우	무능한 관원을 속아내느라, 좀 지체됐다. 객주로 가자. (양다리를 모아 옆으로 걸터앉듯 나귀에 타지만 기품 있다)

객주로 향하는 정우와 오봉 옆으로 붉은 장옷의 순덕이 빠르게
지나간다.

하인	[E] 마님, 방물장수가 왔습니다.

씬22.   송진사 집 / 안방. 낮

바닥에 검은 우단을 깔고 연지, 도화분*, 비녀, 노리개 등을
펼쳐 놓는 순덕.

송진사부인	이제 성균관 대사성인 이대감댁과 사돈이니 돈도 없으면서 고려 적 집안 좋다고 잘난 척하는 여편네들 기 좀 죽일 수 있겠어. (분을 열어보며) 기분이다, 가져온 도화분은 모두 내가 살게.
	[자막 - 대사성: 성균관 으뜸 벼슬 정3품 관리]
순덕	감사합니다. 그런데 따님은?

• 복숭아 그림이 그려진 도자기에 담겨 있는 질 좋은 고가의 분.

송진사부인   건너오라 일렀으니 곧 올 것이네.

곧이어 "어머니 연희이옵니다"라는 기척 후, 방으로 들어와
부인 옆에 앉는 어두운 낯빛의 연희(18세). 순덕은 연희가
들어올 때부터 앉을 때까지 유심히 살피는데, [C.U.] 치맛단에
미세한 곡식의 껍질이 붙어 있다.

순덕   〔E〕 이를 어째, 하나 있는 아들 출세시킬 연줄 만들겠다고
딸자식 재물을 깔아서 가문 좋은 집에 시집보내려는데….

[INS] 어느새 연희는 곡식 껍질이 바닥에 가득한 방앗간에서
선비(김호/20대 초반)와 포옹하고 있다.

순덕   〔E〕 이 댁 아가씨는 방앗간에서 몰래 연애를 하고 있네.
그래서 혼인을 앞둔 아가씨 얼굴이 죽상이군.

연희가 묶은 분홍 댕기에 멈추는 순덕의 시선.

순덕   〔E〕 어머니가 골라준 저 촌스러운 댕기를 하고 다닐 소심
한 성품이면 혼인 못 한다고 반항도 못 했을 것이고.
송진사부인   (연희의 사주단자와 거간비가 든 주머니를 내주며) 내가 다 해
놓은 혼사에 자네는 구색만 맞추는 거지만 잘 부탁하네.
순덕   (반짝이는 눈, 신나는 입꼬리) 〔E〕 제가 구색만 맞출 수는 없

을 것 같네요.

씬23.　　이대감(시열) 집 / 안채 대청마루. 낮

강단 있어 보이는 정씨부인. 순덕, 화장품을 꺼내 놓으려 하자

정씨부인　(화장 참 천박하군, 순덕이 영 못마땅하다) 혼사 때문에 자네
　　　　　를 부른 것이니 물건은 펼 필요 없네.

순덕　　　아~ 이런 쪽이 아니시구나. (화장품 도로 넣고 "마님의 첫
　　　　　연모" 책을 꺼내 내민다) 요즘 마님들에게 유행하는 화록의
　　　　　미혼금소설입니다.
　　　　　[자막 - 미혼금소설: 미혼에겐 금하는 소설, 현재로 치면 19금
　　　　　소설]

정씨부인　(점점 마음에 안 든다) 나는 허무맹랑한 소설 따위 읽지 않
　　　　　는다네.

순덕　　　아유~ 화록님의 책은 그저 그런 소설과는 차원이 다릅니
　　　　　다. 답답한 마음을 치유해주는 보약과도 같은 책이니 한
　　　　　번 읽어보십시오. (책을 밀어주며) 아, 첫 거래이니 책세는
　　　　　받지 않겠습니다.

정씨부인　(더 말 섞기 싫다, 거간비가 든 주머니를 밀어주며) 그래, 송진
　　　　　사댁 여식의 사주단자는 가지고 왔는가?

순덕　　　(연희의 사주단자 꺼내주려다가) 그전에 청이 하나 있습니다.

정씨부인　?

순덕	아드님을 뵐 수 있을까요?
정씨부인	자네가 사람 태를 보고 궁합을 맞춘다는 소문은 익히 들었네만 이번 혼사는 이미 집안끼리 합의가 되었고, 자네는 치레에 불과하니 그 과정은 생략해도 될 것 같네.
순덕	〔E〕 알지. 졸부인 송진사댁 재물 보고 그 집 딸을 며느리로 들이는 거. 하지만 난 그렇게 집안만 맞추는 중매는 안 선다고.
순덕	안채에 들어오기 전 출타하시는 대감님을 보고 놀랐습니다.
정씨부인	(뜬금없이 무슨 말을 하나 싶은데) ?
순덕	깨지기 쉬운 도자기 심성이 보이더군요.
정씨부인	(어떻게 알았지? 눈빛 흔들린다)
순덕	그런 심성으로 어찌 대사성까지 오르셨나 했는데 마님을 뵈니 저의 의문이 싹 사라졌죠. 대감님께서 그 자리에 오른 것은 마님의 강철⋯ 현명한 심성의 내조 덕분이라는 걸 알았기 때문입니다.
정씨부인	(급 울컥하며) 말도 말거라, 남자 마음이 어찌나 종잇장 같은지 밖에서 무슨 말만 들으면 너덜너덜해져서 들어오는데, 그 마음을 다잡아 대사성까지 올리느라 내가 진짜⋯
순덕	(진정 어린 눈빛으로) 그동안 정말 고생하셨습니다, 마님.
정씨부인	(완전히 신임하는 눈빛) 내 고충을 이리 단박에 알다니⋯ 우리 아들을 보고 싶다고? 밖에 아무도 없느냐?

씬24.   이대감(시열) 집 / 안채 마당 → 대청마루. 낮

유생 복장의 단정한 시열이 안채로 들어와,

순덕과 함께 있는 정씨부인을 보고 대청마루로 향하는데

순덕   (손을 들어 그만 멈추라는 손짓을 한다)

시열   (멈칫, 뭐지? 정씨부인을 본다) ?

정씨부인   잠시 그곳에 멈춰 서보거라.

순덕   (마당에 선 시열을 머리부터 발끝까지 찬찬히 살피며) [E] 외
            모 훌륭하고, 열아홉 살에 성균관에 입학할 정도면 머리
            좋고 한양 최고 신랑감은 확실한데⋯ (찜찜한 얼굴로 계속
            본다)

시열   (노골적인 순덕의 시선 불편하다) 어머니 무슨 일로⋯

순덕   (시열을 향해 손가락을 가볍게 돌려 원을 그리자)

시열   (저 장사치가 나에게 손가락질하는 건가? 얼굴 굳는데)

정씨부인   제 자리에서 돌아보거라.

            시열은 '지금 뭐 하는 거지?' 생각하지만, 어머니 말인지라 한
            바퀴 돈다.

순덕   (연희 사주단자를 집어넣더니) 이 혼사 접죠.

정씨부인   (놀라서 눈이 커지는데⋯)

송진사부인   [버럭/E] 접다니! 내 이 혼사를 위해 간 돈이 얼만데!!

060

씬25.   송진사 집 / 안방. 낮

송진사부인, 역정을 내지만 옆에 앉은 연희의 입꼬리가 살짝
올라간다.

순덕   마님, 대사성댁 도련님은 전형적인 모상소년입니다.
             [자막 - 모상소년(母裳少年): 엄마 치마 폭 속의 아들, 즉
             마마보이]
송진사부인   (멈칫) 심하던가?
순덕   엄~청요, 따님 그 집에 시집보내면 친정 재물을 퍼가면
             퍼갔지, 이 댁 아드님의 출세에는 아무런 도움이 안 될 것
             입니다.

순덕   [E] 거짓말이다. 내가 확신하는 건 모친에게 끌려다니는
             [INS] 연희와 시열 서로 등을 대고 서 있고, 각각의 앞엔 엄마가
             서 있다.
             [E] 남녀가 만나면 불행하다는 것이다.

송진사부인   (미련 못 버리고) 대사성과 사돈 맺는다고 문중에 다 말해
             놔서 지금 깨는 건 거의 파혼급인데… 소문이라도 나면
             여자만 손핸데.
순덕   결정적으로 그 집 도련님과 혼인하게 되면 따님에게 자식
             이 생기지 않습니다.
송진사부인   (뜨악한 얼굴) 그건 안 되지!

여주댁   [E] 그런 허풍을 마님들이 믿는다고요?

씬26.   여주댁 초가집 / 마당. 낮

순덕이 먹으로 찍은 것과 똑같은 애교점이 눈 밑에 있는
여주댁은 전형적인 미인형은 아니지만, 매력적이고 단단해
보이는 외모다.(순덕의 짙은 화장은 여주댁을 흉내 낸 것임을 알
수 있다)여주댁은 마당 평상에서 도화분을 만들며 순덕의
이야기를 들어주고 딸 복희(8세)는 옆에서 엄마를 돕고 있다.

순덕   (분 단지를 만지며) 내 추리가 거의 무당 수준인데 어떻게
           안 믿어.
복희   (애어른처럼) 마님, 또 깨지 말고 그거 놓고 이야기하세요.
순덕   (쩝, 단지 내려놓으며) 알았다.
여주댁   (투덕거리는 둘을 보며 미소, 체로 분가루를 곱게 내리며) 이번
           엔 서로 다 알아보고 마님은 명목상 부른 거라면서요.
순덕   나도 이번엔 내 명성으로 돈 좀 쉽게 벌겠구나 했어. 근데
           송진사집 딸이 지 엄마 몰래 연애를 하고 있더라고. 안 봤
           으면 모를까, 마음은 딴 남자에게 있어 연정도 없고, 맞지
           도 않는 도령이랑 어떻게 중매를 서나? (말하는 동안 가만
           히 있지 못하고 물건을 들었다 났다 하면)
복희   (쫓아다니며 순덕이 헝클어놓은 것들을 야무지게 제자리에 놓
           으며) 연정이 밥 먹여주나요, 다~ 정략결혼인데.

순덕	복희야, 너는 신랑 될 사람이 돈만 많으면 그냥 시집가 겠다?
복희	제가 왜요? 양반도 아닌데.
순덕	영특한 것.
여주댁	(웃으며) 그래서 어쩌려고요.
순덕	일단 그 아가씨가 어떤 남자를 만나는지 알아본 다음 생각하려고. 아, 함경도 상단에 도화분 팔러 가는 게 이번 달이라고 했나?
복희	이번 달 아니고 다음 달이고요, 팔러 가는 건 아니고, 기술 전수.
순덕	오~ 기술 전수~ 여주댁 멋지다. (마루에 놓인 화장품 몇 갤 챙기더니) 나 이렇게 가져간다. 달아놔.
여주댁	벌써 가시게요?
순덕	객주 들렸다가, 김씨부인 집에 가야 하거든. (바쁘게 나간다)

씬27. 운종가 → 홍월객주 앞. 낮

오봉이 끄는 나귀를 타고 복잡한 운종가를 홀로 여유롭게
가는 정우, 처녀, 총각들이 많은 난전을 지날 때 손을 가슴에
가져간다.

오봉	(그런 정우를 보며) 또 가슴이 아프십니까?
정우	(시선, 당나귀 머리에 고정하며) 안 보면 괜찮으니… 어서 여

길 빠져나가자.

오봉, 난전을 서둘러 빠져나가려 하지만 수레가 길을 막고 있어
쉽지 않다. 답답한 정우, 나귀에서 내려 먼저 객주로 들어간다.

씬28. 홍월객주 마당. 낮

객주에 들어선 정우, 안쪽 상점인 세책방 안으로 들어가려다,
먼저 나오는 붉은 장옷의 순덕을 보고 물러선다.
이때 정우 뒤에 커다란 궤짝을 이고 상점으로 들어오고 있는
보부상! 보부상의 궤짝이 물러서는 정우를 칠 것 같자,
순덕은 본능적으로 정우 팔을 잡아 자신 몸쪽으로 당긴다.
덕분에 정우는 궤짝을 피하지만, 순덕에게 안긴 꼴이 되었다.

순덕   (궤짝을 지고 들어가는 보부상 보며) …궤짝에 부딪힐 뻔하
         셨습니다.
정우   (넋 나간 얼굴로 순덕 보며) [E] 이 여인이… 지금 날 보호한
         것인가?
순덕   (말없이 멍한 정우가 이상하다. 잡은 손을 놓으며) 그럼… (빠
         르게 그 자리를 떠난다)

정우, 정신 차리고 돌아보지만, 순덕은 순식간에 연기처럼
사라지고 없다.

씬29.　　홍월객주 / 세책방 안. 낮

괜히 아쉽고 상기된 얼굴로 안으로 들어오는 정우.

정우가 들어선 상점은 명나라 책을 주로 취급하는 세책방으로

한쪽에 붓과 벼루 등 선비들의 고가의 서재 용품도 진열되어

있다. 행수인 홍천수는 궤짝 안 물건을 확인하고, 보부상에게

영수증을 준다. 보부상은 영수증을 받고 나간다.

홍천수	(정우에게) 어서 오십시오. 이번엔 어떤 책을 구해드릴까요?
정우	이번엔 책이 아니고 (종이를 건넨다)
홍천수	(종이에 적힌 '金蠶蠱毒'을 보고 정우를 심상하게 보며) 금잠고
	독… 이것이 무엇입니까?
정우	지난번 구해준 의서 『세의득효방』에 나온 독약이네.
홍천수	(!) 저희는 독약은 취급하지 않습니다.
정우	명나라에 있는 건 무엇이든 구할 수 있다 하지 않았나?
	돈은 얼마가 들어도 상관없으니 구할 수 있는지, 알아나
	봐주게.

[CUT TO]

정우, 세책방을 나가려다 툭! 뭔가 발에 채여 보면 붉은 실로

엮은 책이다.

정우	(책을 주워서 표지를 보며) 마님의 사생활…? 글쓴이 화록
	(花鹿)… 꽃사슴? 필명 참 수준 낮고 미숙하군.

책 첫 장을 넘기는데 삽화와 글이 있는 소설책이다.

몇 장 읽던 정우, 얼굴이 붉어지는가 싶더니 눈동자 흔들리고

갑자기 매미소리 진동하더니 주변은 어느 양반집의 안채

마당으로 바뀐다.

씬30.   (정우의 상상) 어느 양반집 안채. 아침

정우 '이게 뭐지?' 하는 얼굴로 주변을 둘러보면 마당에 핀

견우화를 보는 짙은 화장을 한 마님(순덕)이 눈에 들어온다.

마님의 모시적삼 사이로 보이는 가슴골이 관능적이다.

흠칫 놀라는 정우. 이때 마님을 뒤에서 와락 안는 관복(정5품)의

남자. (얼굴은 내내 보이지 않는다)

마님(순덕)   서방님…?!

관복남은 마님을 가뿐하게 들쳐 안고 안방으로 들어간다.

댓돌엔 마님의 비단 꽃신 위로 관복남의 신발 한 짝이

뒤집혀 포개져 있고 그 위로 꽃잎이 눈처럼 흩날린다. 멍하니

마당에 홀로 서 있는 정우, 안방에서 들리는 신음소리에

화들짝 놀라더니… 이내 까치발로 조용히 다가가 창호 문을

손가락으로 가만히 뚫고 안을 들여다보는데… 기대와 달리

홍천수의 얼굴이 보인다!! "으악!" 비명을 지르는 정우.

씬31.   홍월객주 세책방 안. 낮

홍천수   뭘 이런 걸 보고 계십니까? (정우 손에서 "마님의 사생활"을 뺏는다)

정우   (뒤를 못 봐 아섭고) 그 책은 뭔가?

홍천수   여인들이나 보는 조잡한 미혼금소설입니다. (뒤로 숨기려는데)

정우   (잽싸게 책을 낚아채며) 이 책의 저자가 누군지 알아야겠다.

홍천수   (새 고객?) 혹, 미혼금소설이 마음에 드십니까?

정우   무슨! (책의 삽화를 펴서 가리키며) 이야기 속 선비의 복색으로 보아 정5품 관리인 듯한데 나랏일을 소홀히 하고 망측하게 아침부터 안채를 찾고 있다. 이는 이 소설의 저자가 사대부를 조롱하는 것이 틀림없으니 내 관아에 고발하고 그 죄를 물어야겠다.

홍천수   나으리, 이건 그럴 가치도 없는 책입니다. (책을 뺏으려는데)

정우   (책 끝을 잡고 안 놓는다) 가치가 있고 없고는 이 책의 뒤 내용을 봐야 결정할 수 있겠다.

홍천수   (입은 웃지만, 손에 팽팽히 힘을 주며) 그건 또 무슨 말씀이신지…

정우   내가 읽은 부분이 어리석은 여인의 꿈이라 하고 끝난다면 고발할 수 없지 않겠느냐?

순덕   [E] 백면서생처럼 지어낸 이야기를 가지고 실제인 양 추궁하십니까?

정우, 뒤를 돌아보고 놀란다. 방금 자신을 위험에서 구해준 여인이 아닌가? 순덕은 정우와 홍천수가 잡은 책의 중간을 낚아채 바로 저고리 품에 넣으며, 홍천수에게 알아서 하겠다는 눈짓을 보내자, 홍천수는 자연스럽게 자리를 피한다.

순덕	또한 그림만 보고 어찌 아침이라 단정하십니까?
정우	그 책⋯! (순덕의 가슴을 가리키다가 민망하여 손은 허공을 떠돌고) (헛기침) 책 속 그림 속에 견우화가 활짝 피어 있는 것으로 보아 사시 전임이 틀림없다. [자막 - 견우화: 나팔꽃 / 사시(巳時): 오전 9시~11시]
순덕	(꽃 그림이 있었나?) 메꽃을 잘못 보신 거 아닐까요?
정우	견우화와 메꽃은 이파리가 극명하게 달라 잘못 보기가 더 힘들다.
순덕	(쩝) 공연히 눈썰미가 좋으시네요. 미혼금소설은 원래 과장이 심한 법입니다. 그러니 그림도 과장됐다, 생각하시면 됩니다. (나가려는데)
정우	(부채로 앞을 막으며) 아무리 지어낸 이야기라도 근원이 있는 법, 내 그것을 알아, 저자의 진위를 파악해야겠다.
순덕	(잘못 걸렸다 싶어, 고개를 돌려 혼잣말) 이런 십장생 진상⋯
정우	지금 뭐라 했느냐?
순덕	나리가 심각하게 진중하시다고요.
정우	너는 어느 객주 소속 방물장수냐? 이름과 나이를 대거라.
순덕	(이거 봐라?) 지어낸 이야기의 근원과 의미를 찾는 무모

함으로 보아 지체 높은 양반님이 틀림없어 보이시는데…
(성큼 다가간다)

정우   (!! 놀라 뒷걸음질 치는데 책장에 막혀 물러날 곳이 없다) ! (심
         장이 뛰고 귀까지 붉어지며, 목소리 떨린다) 왜… 다…다가오
         느냐…

순덕   (바로 공격적으로 머리를 돌려 비녀를 보여주며) 어찌
         유.부.녀. 장사치에게 지분거리십니까?

정우   (황당, 불쾌) 지분? 가당치도 않은 오해를 하는구나, 내 누
         군지 알고!

순덕   뉘신지는 모르겠으나, 이 책의 저자와 하등 관계없는 소
         인의 신상을 따려 하시니 혹 반했나? 오해할 수밖에요.

정우   (정곡을 찔려 자기도 모르게 딸꾹) !!

순덕   어머, 진실의 딸꾹질? 오해 아닌가 봐. 망측해라~ (정우
         당황한 틈을 타 얼른 밖으로 도망치며) 연애 한번 못 해본 샌
         님이 어디서 날 이기려고. 귀엽네.

         정우, 잠시 당황해서 어버버하다, "거기 잠깐… 서봐라!" 하며
         쫓아 나간다.

씬32.   홍월객주 앞 거리. 낮

         객주에서 나온 정우, 운종가 거리를 살피지만, 순덕은 사라지고
         없다. 객주 앞 한쪽에서 나귀 고삐를 잡고 쪼그려 앉아 있는

오봉을 보고

정우　　방금 나간 장사치가 어디로 갔는지 보았느냐?

오봉　　(졸고 있다)

정우　　오봉아!

오봉　　(안 존 듯 자연스럽게 일어나 앞장서며) 이제 집으로 가실
　　　　거죠?

정우　　너는 요즘 밤에는 뭘 하고 허구한 날 조는 것이냐?

오봉　　장가간 지 얼마 안 됐잖아요, 좀 봐주세요.

정우　　혼인한 것과 시도 때도 없이 조는 것이 무슨 상관이냐?

오봉　　(짠하게 정우를 보며) 아… 상관을 모르시죠.

정우　　뭐냐… 그 불경스러운 눈빛은?… 윽. (가슴에 손을 가져가자)

오봉　　또 가슴이 아프십니까?

정우　　(숨을 몰아쉬며) 어서 집으로 가자. 안정을 취해야겠다.

오봉　　(나귀 끈 풀며 혼잣말) 누가 또 우리 대감마님 울화를 치밀
　　　　게 한 겨…

씬33.　　우울마님 집 / 안채 / 대청마루. 낮

"마님의 사생활" ─편을 보며 좋아하는 우울마님(40~50대).

한쪽에 여주댁 집에서 가져온 화장품이 놓여 있다.

우울마님　　음식을 잘 먹지도 못하고, 잠도 잘 못 자는 나날이 많았는

데, 자네가 가져다준 화록님의 그림 소설을 읽고부터 많이 좋아졌네.

순덕　　　 정말 다행입니다.

우울마님　 자넨 혹 화록님을 직접 뵌 적이 있는가?

순덕　　　 제 자랑 같지만 화록님은 제가 키우다시피 했죠. 화록이란 필명도 제가 정해드렸답니다.

우울마님　 그래? 그분은 어떤 선비님인가? 이리 여인의 마음을 잘 아는 것을 보면 필경 섬세하고 기품 있는 분이시겠지?

[INS] 객주 비밀창고.

체통 없이 달달 떠는 다리, 꾀죄죄한 몰골의 화록(삼순의 남장)이 머리를 쥐어뜯고 있다. 섬세, 기품과는 거리가 멀다. 그러다 문득 생각이 났는지 갑자기 광기 어린 눈으로 일필휘지써 내려간다. 무섭다.

순덕　　　 〔E〕 기품보다는 신비로운 분에 가깝죠.

순덕　　　 (반납 책을 챙겨 대청마루에서 내려오며) 닷새 뒤에 들르겠습니다. 그리고 제가 가져온 화장품은 꼭 사용해 보십시오.

우울마님　 (한숨) 내 누굴 위해 치장을 한단 말이냐.

순덕　　　 마님을 위해서요.

우울마님　 ！

순덕, 우울마님께 인사를 하고 안채를 빠져나가려는데

　　　　　　　　　　　　　　　　　第一話

중문으로 마름이(40대) 들어와 잠시 길을 비켜준다.

마름   마님, 김가네에서 겉보리를 가지고 왔습니다. 곳간 좀 열
              어주십시오.

우울마님   알았네. 잠시 기다리게. (열쇠를 가지러 안방으로 들어간다)

마름   (마님 꽃신의 먼지를 털어 신기 좋게 돌려놓는다)

우울마님   (열쇠를 가지고 나와 신을 신는다) 가세.

순덕   [E] 밖으로만 도는 대감님보단 저 두 사람이 참 어울리
              는데, 다음 생이 있다면 같은 신분으로 만나 연분을 쌓기
              를… (착잡한 얼굴로 돌아서 중문을 나간다)

씬34.   우울마님 집 앞 → 운종가. 초저녁

우울마님 댁에서 나온 순덕, 붉게 물든 노을을 보며…

순덕   와~ 너무 곱다. (넋을 놓고 노을을 보다가 현실 자각) 아악 -
              늦었다!! (냅다 뛴다)

운종가. 순덕, 장옷을 걸치고 능숙하게 사람들 피해 뛴다.
상당히 빠르다. 순덕은 뛰면서 소매 춤에서 손수건을 꺼내
지나가는 물지게꾼의 물통에 적시더니 빨간 입술과 눈 밑의
애교점 등 화장을 지운다. 순식간에 맨얼굴이 된 순덕, 청순한
얼굴의 완전히 딴 사람이다. 큰 나무를 지날 때, 어깨에 걸친

장옷을 옥색 쓰개치마로 바꿔 뒤집어쓴다.

씬35.　　침가(針家-삯바느질 집). 초저녁

두리, 옷 보통이를 중년의 침가 주인에게 주며

두리　　　여기 확인해 보게. 그리고 다음부턴 이렇게 급한 건 미리
　　　　　주게나.

침가주인　저도 미리 주고 싶죠. 맡기는 마님이 워낙 분주해서… 저
　　　　　기 오시네.

두리　　　(돌아보면)

순덕　　　(횡하니 다가와 숨을 몰아쉬며) 아침에 맡긴 거 다 됐는가?

침가주인　(두리에게 받은 보따리 그대로 순덕에게 주고) 확인해 보십시오.

순덕　　　어련히 알아서 했으려고. 난 바빠서 이만. (횡하니 나간다)

침가주인　동에 번쩍 서에 번쩍. 걷는 법이 없이 항상 뛰어댕겨.

두리　　　(뛰어가는 순덕을 보며) 어느 댁 부인인가?

씬36.　　북촌 거리. 밤

대문마다 "입춘대길, 건양다경" 붙어 있고, 거리엔 양반 집에
물건을 대는 상인들과 궁궐 근무를 하는 관복을 입은 관리들과
잘 차려입은 선비들, 쓰개치마를 쓰고 하인을 대동한 반가의
여인들이 드문드문 오간다. 전체적으로 여유롭다. 사람들 눈에

안 띄게 간헐적으로 달리는 순덕.

길게 뻗은 담벼락 끝, 꺾어진 곳엔 그냥 보기엔 특별한 것 없는
담벼락이지만 각도를 달리 보면 공사 때 실수처럼 몇몇 돌들이
삐져나와 있다. 바람을 가르며 달려오는 소리가 선행되고
이어 쓰개치마를 쓴 순덕 나타난다. 순덕, 주변 360도 살핀 후
한 치의 망설임도 없이 담벼락의 삐져나온 돌을 잡고, 밟고,
두 스텝 만에 담을 탄다. 담장 기와 위에 오른 순덕. 이때
안채 쪽에서, 박씨부인과 예진, 삼월어미(박씨부인 시중만 드는
하인)가 함께 별채로 오는 것이 보인다.

순덕   (놀라 눈이 커진다) !!

씬37. 좌상 집 / 안채 → 별채. 밤

앞장을 선 삼월어미, 박씨부인과 예진에게 신나서 일러바친다.

삼월어미   춘삼아범이 운종가를 뛰어다니는 작은 마님을 봤다고.
박씨부인   …
예진   (박씨부인 눈치 보며) 춘삼아범이 잘못 봤겠지, 종일 별채
          에서 바느질만 하는 언니가 운종가에 왜 있겠나?
삼월어미   (별채 중문을 열며) 아씨, 저도 잘못 봤겠지, 싶었는데요,
          오늘 종일 부엌엔 코빼기도 안 보이시고…

중문이 열림과 동시에 순덕, 담벼락에서 뛰어내려 별채 뒤로 뛴다. 삼월어미가 신나서 고자질하는 통에 다들 못 봤다.

삼월어미	저는 작은 마님이 처녀 적 버릇이 나오나 싶어, 걱정돼서요.
박씨부인	(그만 떠들고) 어서 기척을 하거라.
삼월어미	(신나서) 작은 마님~ 마님 오셨어요.

댓돌에 순덕의 꽃신이 가지런히 놓여 있건만, 별채 안엔 아무 소리가 없다.

삼월어미	어머, 춘삼아범 말이 진짠가… 왜 대답이 없으시지? 작은 마님~ (말하는 것과 동시에 마루로 올라가 별채 방문을 연다)
박씨부인, 예진	(삼월어미 뒤를 따라 방 안으로 들어간다)

씬38.　좌상 집 / 별채 방 안. 밤

방 안엔 머리까지 이불을 뒤집어쓰고 누워 있는 순덕이 보인다.

예진	언니 고뿔기가 있다더니 아파서 잠들었나 봐요. 어머니, 그만 가요.
삼월어미	우리 아씨가 이렇게 순진해요. 딱 봐도 이불 뭉쳐놓은 거 잖아요.
박씨부인	이불 걷어보거라.

삼월어미 신나서 이불을 걷으려는데 한 박자 먼저 이불이
일어난다!

삼월어미   으악~ (귀신을 본 것처럼 엉덩방아를 찧으며)

순덕   (이불을 걷고 진땀을 흘리며 힘겹게) …어머니, 언제… 오셨
           어요…

삼월어미   (너무 당황하여) 왜 있지?

순덕   (짐짓 노여워하며) 자네 내게 하는 소린가!

삼월어미   아니… 왜 이불 더미처럼 가만히 누워계신 겁니까…?

박씨부인   (순덕 앞에 앉으며) 어찌 있으면서 기척을 안 했느냐?

순덕   그것이… 고뿔이 심하게 들었는데도… (옷더미를 당겨와)
           투혼을 발휘해 아버님 옷과 근석이 옷을 짓다가 그만 혼
           절을 해서… 콜록, 콜록 (과한 기침 연기)

박씨부인   (뭔가 이상하지만, 순덕이 내민 옷들을 살피는데 잘 만들었고)
           …. 알았으니 오늘 그만 자고, 내일 아침 문안 오지 말고
           푹 쉬거라. (서둘러 방을 나가려는데)

순덕   그런데… 어머니.

박씨부인   (보면)

순덕   어쩐 일로 문안 시간도 전에 별채까지 오셨는지요?

박씨부인   (하인들 말을 믿고 확인차 왔다기에 모양 빠지고) …

순덕   [E] 어머님 성정에 자발적으로 여길 오시지 않았을 테고,
           (안절부절못하는 삼월어미 노려보며) 범인은 삼월어미! 다
           시는 어머님을 부추겨 별채에 오지 못하게 단도리를 해야

한다.

삼월어미	(순덕의 눈빛에 안절부절못하는데)

박씨부인   경칩도 지났고 집안의 이불을 싹 바꿔야 해서 의논하러 들른 것인데, 네가 이리 아프니 며칠 푹 쉬고 이달 스무날까지만 침구를 모두 바꿔놓으면 되겠다.

순덕   (!) 녜? 이달 스무날이요?

박씨부인   그럼 쉬거라. (예진과 삼월어미를 데리고 방을 나간다)

순덕   (멍~) 이달 스무날이면 여드레밖에 안 남았잖아? 쉬지 말고 밤을 새워도 모자란데, 뭘 푹 쉬래. (자신의 입을 치며) 괜히 말 꺼내서 본전도 못 찾았네.

씬39.   좌상 집 일각. 밤

박씨부인과 삼월 어미는 안채로 들어가고,

예진은 자신의 방 쪽으로 간다.

씬40.   좌상 집 / 안채 마당. 밤

"다음부터는 잘 알아보고 말을 전하거라"라고

삼월어미에게 주의를 주며 안채로 들어서는 박씨부인,

마당에 서 있는 조영배를 보고

박씨부인   (안채엔 무슨 일이지?) 퇴청하셨습니까? 근석 어미가 고뿔에 걸려 별채에 다녀오는 길입니다.

조영배   예진이 혼사로 할 말이 있습니다.

박씨부인   안으로 드시지요.

조영배, 먼저 대청마루로 오르고, 박씨부인 뒤따른다.

삼월어미 마당에 대기하고 서 있다.

씬41.   좌상 집 / 별채 뒷마당. 밤

별채 뒤쪽, 건물 모퉁이 초입부터 순덕의 방 뒤쪽 창문까지

여주댁 행세를 하며 입었던 치마저고리, 가채, 뒤꽂이 장식,

소설책, 장옷 겸 쓰개치마가 순덕의 다급한 동선을 알려주듯

줄줄이 널려 있다.

순덕   오늘 긴박했어. (자기 어깨를 두드리며) 날쌔게 잘했어.

순덕은 담벼락 쪽부터 널려 있는 자신의 물건을 챙기는데.

쓰윽~ 불길한 그림자가 순덕이 뒤를 서서히 덮치고

예진   [E] 춘삼아범이 운종가에서 새언니 본 거 맞네.

순덕   (고개를 들어 예진을 보며 긴장하나 싶더니 이내) 아가씨, 어

           머니가 별채에 오는 건 막았어야죠.

예진   삼월어미가 하도 맞다고 난리를 쳐서… 내가 뭐든 꼬투리

잡아서 삼월어미 혼 좀 내줄게.

순덕   (물건 챙기며) 그러지 마요, 삼월어미는 어머님에게 잘 보
        이고 싶어서 그런 걸 거예요. 내가 더 조심하면 돼요.

예진   이 언니는 공연한 데 관대하다니까. (설렁설렁 물건을 같이
        주우며) 언니는 가슴 조여가며 천한 중매쟁이 일을 왜 하
        는 거예요?.

순덕   (잠시 생각을 하다가) …설레서?

예진   (순덕을 보면)

순덕   과부인 나는 이제 평생 설렐 일이 없잖아요? 설레서도 안
        되고.

예진   (물어본 게 미안하다) …

순덕   근데 어울리는 남녀를 맺어주면, 앞으로 알콩달콩 잘 살
        겠구나, 하는 생각이 들면서 막 설레고… 기분도 좋고.
        (달뜬 얼굴에서 현실로 돌아와) 무엇보다 돈을 벌 수 있잖아
        요. 돈만 주면 바느질을 잘하는 사람이 널렸는데, 해도 해
        도 안 느는 바느질을 내가 붙잡고 있는 것보다 돈 벌어서
        잘하는 사람에게 맡기는 게 훨~씬 낫죠. (예진이 주우려는
        책을 한발 먼저 집는다)

예진   (?)

순덕   괜히 돕는 척하지 말고 나한테 할 말 있음, 빨리해요.

예진   …하여간 눈치는 진짜 빨라.

[CUT TO]

별채 뒤쪽 툇마루에 나란히 앉은 순덕과 예진.

순덕　　　 (놀라서) 아가씨 혼담을 깨달라고요?

예진　　　 응. 참판집 아들이라는데 내가 딱 싫어하는 형이야.

순덕　　　 참판집 아들이면… 기생집만 들락거린다는 소문이 만발
　　　　　 이긴 하지. (하다가 화들짝) 싫어하는 형인지 어떻게 알았
　　　　　 어요? 설마 얼굴 보겠다고 참판집 앞을 기웃거린 건 아니
　　　　　 죠? 괜히 그런 소문나면 진짜 그 집에 시집가야 해요.

예진　　　 미쳤어요? 나도 소문 들은 거예요… 개동이한테.

순덕　　　 (뭔가 찜찜한데) 진짜죠?

예진　　　 나도 엄마처럼 정경부인이 될 사람인데 그런 난봉꾼이
　　　　　 랑… 딱 싫어.

순덕　　　 그렇다고 제가 어떻게 아가씨 혼담을 깨요?

예진　　　 나는 모르지만, 중매의 신인 여주댁은 알겠지? (얄미운 웃
　　　　　 음) 안 도와주면 새언니가 중매 서고 다니는 거 엄마한테
　　　　　 다 이를 거야. 나 이래 봬도 시누이예요.

황당해하는 순덕의 머리 위엔 밝은 달이 떠 있다.

씬42.　　경운재 / 사랑채. 밤

하늘에 뜬 밝은 달, 아래로 내려오면 열린 창으로 서재에서
책을 고르는 정우가 보인다.

씬43.   경운재 / 서재. 밤 → 아침

도서관처럼 의학(특히 많다), 문학, 법률 등 분야별로 서책이
분류되어 있다. 창가엔 책 읽기 좋게 단차를 둔 마루가 깔려
있고, 중앙엔 탁자와 의자가 놓여 있어 관청집무실같이
입식으로 꾸며져 있다. '교훈서'로 분류된 책장에서
『삼강행실도』, 『오륜행실도』를 전투적으로 꺼내며

정우   "마님의 사생활" 같은 양반을 조롱하는 난잡한 잡서가 시
         중에 떠돌고 있는데 한성부는 단속도 안 하고 무엇을 하
         는 것인지. 조선엔 제대로 일을 하는 자가 하나도 없군.
         쯧쯧.

         정우, 탁자에 앉아 책을 살피며 "그렇지, 부부의 예는 이런
         것이지" 붓을 들어 상소를 쓰기 시작한다.

정우   [E] 관료의 품행을 욕되게 하는 소설책이 무지한 여인들
         에게 퍼지고 있는데도 이를 좌시한 한성부의 직무 태만을
         고발합니다. 또한 방자한 판매책인 방물장수 역시…

         [INS] 1화 31씬. "혹 반했나?"라고 말하는 순덕의 얼굴 강조,
         왜곡되어 생각남!

         "윽!" 정우가 술술 잘 써 내려가던 상소, 가슴 통증으로 삑사리

난다.

정우   (손을 가슴에 대고) 왜… 이러지…? (심호흡한다)

새 종이를 꺼내 다시 상소를 쓰기 시작하지만, 역시 '판매책인
방물장수' 부분에서 또 가슴에 통증이 밀려온다.
정우, 붓을 놓고는 심호흡을 하는데… 시간이 지나 창밖에 날이
밝는다.

오봉   (서재로 들어오며, 등지고 책상에 앉아 있는 정우에게) 아이고
또 상소를 쓰면서 밤을 새셨어요?
정우   [뒷모습 그대로/E] 색다른 흉통 때문에 잠을 이룰 수 없
었다… (돌아보는데 쇄골까지 내려앉은 다크서클! 하룻밤 사이
폭삭 늙었다)

씬44.   백초방 전경. 아침

주 고객층이 양반인 고급스러운 의원.

씬45.   백초방 / 치료실. 아침

유의원(1화 7씬)이 정우의 맥을 짚어보고, 오봉이 옆을 지키고
있다.

정우	평생 흉통을 달고 살았지만, 이처럼 혼자 있을 때 아픈 건 처음이다.
유의원	그 외에 다른 특이점은 없습니까?
정우	특이점이라… (짚이는 게 있다!) 되짚어보니 어제 유시 반각쯤에 있었던 일을 떠올릴 때마다 가슴 통증이 나타났던 것 같네.
오봉	유시 반각이면… 객주에 계셨을 땐데?
유의원	어떤 일이었습니까?
정우	차마 입에 담기도 싫은 흉하고 억울한 일이다.
유의원	이번 가슴 통증은 대감의 지병이 아닌, 수두래수로 인한 것 같습니다.
정우	수두래수? 내 난생처음 듣는 병명이구나.
유의원	수두래수는 근심수, 마마두, 올래, 머리수로 복잡한 현시대에 신념과 실제로 겪은 일이 불일치하면, 마음의 근심이 신체의 통증으로 나타나는 신종질병으로 대표 증상이 흉통, 두통입니다.
	[자막 - 수두래수: 愁痘來首]
정우	인지부조화로 인한 심인성 질환이란 말이군. 그렇담, 내 치료 방법을 알 것 같다. (오봉에게) 당장 객주로 가자.

씬46. 홍월객주 / 비밀창고. 낮

흥미진진한 눈으로 책을 읽는 순덕, 옆에서 다리를 떨며 초조하게 기다리는 낡은 도포의 삼순(남장). 창고 안은 소설 필사하는 곳이라 탁자가 여러 개 놓여 있고, 책장엔 다량의 미혼금소설이 쌓여 있으며 비밀창고 입구는 노골적인 춘화가 걸려 있다. 순덕, 책을 다 읽고 덮으면 책 제목 "마님의 사생활" 二편이다.

순덕	음… (알 수 없는 표정)
삼순	(바로 울상이 되어) 왜? 별론가? (순덕이 말하려 하자 입을 막으며) 됐네, 말하지 말게. 내 다시 써서 주겠네. (책을 가져가려는데)
순덕	(책을 안 뺏기며) 아이고, 뭘 다시 써요. 일편도 재미있는데 이편은 더 재미있어. 화록님 진짜 천재 아니에요?
삼순	(바로 함박웃음) 천재는 무슨… 어느 부분이 특히 재미있었나?
순덕	다 좋았는데 마님이 의금부에서 탈출하는 부분이…
홍천수	〔큰소리/E〕 아~ 그 여주댁은 언제 올지 모르겠는데요!
순덕	(여주댁? 나?)
순덕, 삼순	(동시에 벽으로 다가가 외시경 같은 구멍으로 밖을 보면)

씬47. 홍월객주 / 세책방 안. 낮

벽 너머는 객주 상점 중 세책방이고, 홍천수는 비밀창고 안에서 듣게 벽에 붙어 정우와 오봉에게 소리치고 있다.

홍천수	(비밀창고 안 순덕 들으라고) 여주댁을 무슨 일로 찾으시는
	지요?
정우	소리를 낮추게. 귀가 울려 거슬리네.
홍천수	아이고 송구합니다.
정우	내 그 방물장수에게 전할 말이 있다.
홍천수	저에게 알려주시면 여주댁에게 전달하도록 하겠습니다.
정우	이 일은 어리석은 오해에서 발생한 일이니, 타인을 통해
	전달한다면 내 뜻이 또 왜곡될 수 있다. 그러니 반드시 그
	방물장수 얼굴을 보고 말해야 하네.
홍천수	(난처한 얼굴로 비밀창고 쪽 벽을 슬쩍 보는데)
오봉	직접 만나시게요?
정우	(사방에서 말려 짜증난다) 왜 아니 되느냐?
오봉	그게 아니라… 대감마님이 양반 말고 시비 거는 건 처음
	같아서요.
정우	이눔이… 내가 언제 시비를 걸었다고.

씬48. 홍월객주 / 세책방 안 (교차) 비밀창고. 낮

/ 시끄러운 바깥 상황을 비밀창고 안 구멍으로 보는 순덕과
삼순.

정우	내 그 장사치가 올 때까지 기다리겠다.
홍천수	오늘 안 올 수도 있는데…요.

오봉	(보다 못해 끼어들어) 대감마님 잠시만요. (홍천수에게) 행
	수, 나 좀 봐요. (홍천수를 안쪽으로 데리고 간다)

순덕, 바로 오봉과 홍천수가 옮겨간 벽 쪽으로 귀를 기울인다.

/ 상점 안 일각.

오봉	(정우에게 안 들리게) 우리 대감마님이 명나라 의서나 줄창
	사 가니까 어떤 분인지 잘 모르시나 본데… 오늘 그 장사
	치 못 만나면 여기서 대감마님이 벌일 일을 나는 상상도
	하기 싫소.
홍천수	어…떤?
오봉	관아에 사대부를 조롱하는 소설을 대여하는 객주가 있
	다, 고발부터 할 거고 그럼 최소 장 스무 대부터 시작하겠
	지… 법이 그래. 그러니 그 방물장수가 안 오는 거면 당장
	찾아서라도 데려오시게.

/ 비밀창고 안.

순덕	(벽에 귀를 대고 듣다가) 생각보다 훨 뛰어난 진상이네.
삼순	아는 양반인가?
순덕	내가 말했잖아요, "마님의 사생활"이 양반을 조롱했다고
	작가를 고발하겠다는 샌님.
삼순	(헉!) 지금 나를 고발하러 온 거란 말인가?
순덕	걱정 마요. 진짜 관아에 넘길 생각이면 처음부터 관아로

갔겠지, 여기에 와서 행수 협박이나 하면서 날 찾겠어요?

삼순   (듣고 보니) 아~ 그럼 왜 온 거야?

순덕   아마도…

[INS] 1화 31씬.

정우, 홍천수와 "마님의 사생활" 책을 가지고 실랑이하며

정우   가치가 있고 없고는 이 책의 뒤 내용을 봐야 결정할 수 있
       겠다.

정우   혹여 지금 내가 본 부분이 어리석은 여인의 꿈이라 하고
       끝나면 고발할 수 없지 않겠느냐?

순덕   화록님의 "마님의 사생활" 일 편 뒷부분이 궁금해서일 테
       니 이 책만 쥐여주면 해결될 거예요.

삼순   진짜?

순덕   두고 봐요. (벽을 향해) 야옹~

씬49. 홍월객주 / 세책방 안. 낮

순덕의 "야옹" 고양이 소리를 들은 홍천수.

홍천수   (오봉을 정우 쪽으로 몰고 가며) 아이고 생각해 보니, 여주댁
       이 좀 있으면 책 반납하러 올 시간이네요.

오봉   (정우에게) 곧 온다네요.

정우	나도 들었다.
홍천수	(입구 쪽을 보며 반색) 마침 저기 오네요.

정우와 오봉, 입구 쪽을 돌아보지만 아무도 없다?

정우, 오봉	(홍천수에게 아무도 없다고 말하려 돌아보자) !!
순덕	(어느새 홍천수 옆에 다소곳이 서 있다) 저를 찾으셨다고요?
오봉	(놀라며) 어디로 들어온 거?
순덕	나리께서 저에게 하실 말씀이 있다, 들었는데요.
정우	(홍천수에게) 자리를 비켜주게나.
홍천수	(왜? 굳이) 네?
오봉	(묻지 말고 빨리 나가라는 눈짓 턱짓)
정우	오봉이 너도 밖에서 기다리거라.
오봉	저도요? (섭섭한 얼굴로 홍천수와 문 쪽으로 간다)

씬50. 홍월객주 / 비밀 창고 세책방 안. 낮

정우와 마주 선 순덕, 장옷을 든 손에 "마님의 사생활"을 숨기고
있다.

순덕	말씀하시지요.
정우	(순덕을 노려볼 뿐 말이 없다) …

/ 비밀창고, 구멍으로 정우와 순덕을 보고 있는 삼순.

/ 세책방 일각, 나가지 않고 숨어서 정우와 순덕을 보는 오봉과
홍천수.

순덕	(참지 못하고) 저도 마침 드릴 것이 있습니다. (책을 주려는 찰나)
정우	나는…
순덕	?
정우	나는.. 너에게 반했다!
순덕	!! (너무 놀라 책을 떨어뜨리고)

/ 비밀창고에 삼순, "대박!" 소리를 냈다가 입을 막는다.

/ 세책방 일각, 홍천수 놀라서 "지금 고백한 거?" 오봉 경악
"미쳤다!"

정우	(돌아온 정신) 내가 지금 뭐라고 했느냐?
순덕	(멍) 저에게 반하셨다고…
정우	(!!) 내 병중이라 말이 헛나왔다, 잊어라. 내가 하고 싶은 말은… 나는 너에게 반하지 않았다!
순덕	아… 네. (뭐지 이 상황은?) 그런 당연한 말을 왜 하시는 지요?
정우	어제 여기, 이 자리에서 너에게 반했다 억측을 하지 않았 느냐?

第一話

순덕	눼…?…!!

[INS] 1화 31씬.

순덕	저의 신상을 따려 하시니 혹 반했나? 오해를 할 수밖에요.
순덕	(생각났다!) 굳이 그 말을 정정하시려고 절 찾으신 겁니까?
정우	그 말도 안 되는 오해를 푸는 것은 나에겐 매우 중요한 일이다.
순덕	〔E〕 개진상인 줄 알았더니 상똘아이네. 더는 엮이면 큰일 나겠네. 지금 필요한 건 낮은 자세, 빠른 사과.
순덕	(바로 허리 굽히며 급 공손) 그날은 제가 일이 급해 착각했나 봅니다. 마음에 심려를 끼쳐 죄송합니다. 나리께서는 저에게 반하지 않으신 걸로 제 기억을 정정하겠습니다.
정우	(이렇게 바로 사과를? 좀 허무한데) 알겠다.
순덕	사죄의 의미로 앞으로 나리 눈에 절대 띄는 일 없도록 하겠습니다. 그럼. (뒷걸음질로 순식간에 상점을 나간다)
정우	뭘 그렇게까지… (할 건 없는데…)

씬51.　북촌 거리. 낮

정우, 표정이 좋지 못하다. 같이 가는 오봉, 정우의 안색을 살피며

오봉	…아직도 가슴이 아프십니까?

정우	아니다, 인지 간의 불일치가 해결됐는데 아플 리가 없다.
오봉	(걱정스럽게 혼잣말) 해결 안 된 것 같은데…

어디선가 나타난 의금부도사와 관군 두 명, 정우의 길을
막아선다.

의금부도사	(정우를 아래위로 훑더니) 대역 죄인이 여기 있다. 포박하라.
정우	(설마 나? 당황하여 뒤를 돌아본다)
오봉	(말리려 끼어들며) 나리들 뭔가 오해가…

관군 둘, 오봉을 밀치며 정우를 양옆에서 포박하자

정우	(관군의 손을 호기롭게 뿌리치며) 어허 무엄하다! 내가 누군지 알면 지금 자네들이 한 행동이 얼마나 무지몽매한 짓인지를 뼈저리게 알게 될 텐데? (전투의지 뿜뿜)
오봉	(의금부도사를 걱정하며) 우리 대감마님 지금 기분 디게 안 좋은데… (한 발 떨어져 관망) 오늘 저 양반 옷 벗겠네. 쯧쯧.
정우	(의금부도사 앞으로 가서 1.5배속으로 다다다) 복색으로 보아 의금부도사이고 심복 둘만 데리고 조촐히 출타한 것이 비밀스러운 추포인 듯한데 사람을 몰라보고 이리도 어수룩하게 일 처리를 하다니 참으로 개탄스럽소. 나에게 이러는 동안 자네가 찾는 대역죄인은 이미 십리는 도망쳤을 터, 자네의 죄는…

짜증 난 의금부도사의 손등이 나불거리는 정우 목을 치자,
그대로 쓰러진다.
오봉, 한 발 떨어져 느긋하게 보고 있다 놀라서 달려오며
"대감마님!!"

씬52.   의금부 / 고신실. 밤
정우, 정신을 차려 주위를 살피니 의금부도사가 눈에 들어온다.

정우   시장 왈패도 아니고 의금부에서 절차와 법도도 없이 이
           무슨 경우에 어긋난 짓이오? 내가 누군지 알고!
의금부도사   경운재 대감님 아니십니까?
정우   내가 누군지 알면서 이리하는 것은 왕실을 능멸하는 것
           이며!
임금   [E] 왕실을 능멸하는 게 누군데.

           어둠 속에서 나타난 임금과 도승지를 보자, 정우는 놀라 바로
           부복한다.

임금   왕실을 능멸하고 과인을 기만한 죄를 물어 내가 잡아 오
           라 명했다.
정우   전하 그게 무슨 천부당만부당…

도승지가 손짓하면 내관 둘이 커다란 궤짝을 들어다 정우 앞에 놓는다. 궤짝 안에는 상소문이 가득하다.

임금   조선 건국 이래 부마의 재혼은 허락된 적이 없음을 알고도 이리 상소를 올려대는 것이 왕실 능멸이 아니면 무엇이냐?

정우   그것은 정당한 상소로…

임금   정우야, 내 딸과 혼인할 때 이 정도 각오는 했어야지. 아녀자들도 지키는 정조가 뭐 힘들다고 이리 상소를 올려대는지.

정우   외람되지만, 최근 상소는 부마의 재혼을 허해달라는 것이 아니라 왕실이 권장하는 친영례의 관점에서 공주와의 혼인이 무효라는 것인데, 혹 같은 내용이라 지레짐작하시고 읽지도 않으신 겁니까?

        [자막 - 친영례: 신랑집에서 혼례를 올리는 방식]

임금   (!) 내 미처 몰랐는데 너 매를 버는 형이구나. (의금부 도사에게 눈짓)

의금부도사   (어느새 병에 든 사약을 사발에 따라 정우 앞에 내려놓는다)

정우   전하, 이는 형법에 어긋나는 일이며 정당한 추국을 받을 수 있도록…

임금   시간을 벌어보시겠다? 그럼 또 너의 간악한 잔머리로 그럴듯한 명분을 만들어 빠져나가겠지. 원녀와 광부를 이용해 세자의 혼인을 막은 것처럼 말이다.

정우   그걸 어떻게? (하다가 자신의 입을 막고)

임금   역시, 세자 혼인을 막은 명분을 좌상에게 제공한 자가 너
         구나. (의금부 도사에게) 어서 대역 죄인에게 사약을 집행
         하라!

         의금부도사, 사약 사발을 정우의 입에 들이민다. 정우의 놀란
         얼굴에서…

                                                  一話終

第
二
話

불길한 예감은
틀리지 않는다

씬1.   **오프닝 정우 인터뷰: 경운재 / 서재. 밤**

단정하게 앉아 상소를 쓰던 정우, 정면을 응시한다.

[자막 - 심정우 / 25세 / 의빈&어사 / 특이사항: 청상부마]

정우   공주와의 혼인무효 상소를 올리는 이유는 내가 출사를 못

하는 것이 조선 최고의 자원 낭비이기 때문입니다. (잠시

사이) 상소 외에 나의 일과는 선비의 삶 그 자체입니다.

씬2.   **오프닝 정우의 일과 몽타주**

/ 은은하게 퍼지는 대금과 가야금의 합주 소리.

보면 정자에서 기생의 가야금에 맞춰 대금 연주를 하는 정우.

[자막 - 장악원]

정우	[E] 학문뿐 아니라 풍류를 익히는 것을 게을리하지 않고 있습니다.

대금 독주 부분에서 장악원 악공들과 관기들, 넋을 놓고 감상한다. 정우의 연주가 끝나자, 초로의 대금명장, 감탄하며

대금명장	놀랍습니다, 배운 지 반년 만에 소인과 비등한 실력을 가지시다니…
정우	정확히 말해 비등하지는 않지.
대금명장	(물론 내가 더 낫지) 저야 반백 년 대금만 불었으니 당연히 소인이…
정우	자네가 대금 연주의 기본은 정확한 박자와 자신의 숨을 통제하는 일이고 연주의 완성은 자신만의 색을 갖는 것이라 하지 않았나?
대금명장	(내가 참 잘 가르쳤군, 끄덕이며) 맞습니다.
정우	한데, 자네 연주는 자신만의 색이 부족하네. 그런데 어찌 완성형인 나와 비등하다고 하는가?
대금명장	(뭐? 황당한데)
정우	좋은 연주란 세월만 가지고 되는 것이 아니라, 머리로 하는 걸세. 반백 년을 대금만 불었다는 자가 어찌 그걸 모르지. (한숨) 이제 더 이상 배울 것이 없으니 장악원에 오지 않겠네.

주변에 모인 사람들 키득거리자, 대금명장의 얼굴에 노여움이 번진다. 그러거나 말거나 정우는 오봉과 느긋하게 장악원을 빠져나간다.

/ 정자에서 풍경화를 그리는 정우, 옆의 노화원이 감탄한다.
[자막 - 도화서]

노화원   그림 속에 햇살이 들이치는 듯 빛이 살아 있습니다.
정우   자네도 방구석에 처박혀 고사나 상상해서 그리지 말고 밖
          으로 나와 조선의 빛과 풍경을 담아내도록 해보게. 파격
          적인 사고의 전환이 쉽지는 않겠지만…

/ 백초방, 수습의원이 숨넘어가는 환자의 목에 침을 겨누고
부들부들 떤다.

정우   (갑자기 불쑥 나타나) 좀 아래쪽인 듯한데, 내가 해볼까?

옆에서 보던 유의원은 마지못해 그러라고 눈짓을 하자,
정우는 한 번에 침을 놓는다. 환자의 상태가 급 좋아진다.

[CUT TO]
수습의원, 의녀와 마루에서 시시덕거리다가 유의원과 정우가
지나가자 황급히 의녀를 내치고 풀죽은 얼굴로 감초를 마저

썬다.

유의원   몇 년을 가르쳐도 침 하나 제대로 못 놓으면서 연애는 안 배워도 어찌 저리들 잘하는지.

정우   어쩌겠나, 연애란 자신의 마음을 다스리지 못하는 어리석고 천한 것들의 전유물인 것을.

유의원   (재수 없다) 대감께선 왜 천한 의술을 배우시는 겁니까?

정우   …

유의원   (!) 혹시 8년 전 일의 원인을 찾으려고 하십니까?

정우   …아니다. 나의 고질적 지병인 흉통을 치료해줄 의원이 조선에 없으니 내 직접 치료법을 찾기 위해서네.

"불길한 예감은 틀리지 않는다"

씬3.   궁궐 / 의금부 / 고신실. 밤

임금   어서 대역 죄인에게 사약을 집행하라!

의금부도사   (사약 사발을 들어 정우 입가로 가져가는데)

정우   (사약을 안 마시려 입을 꼭 다물고 복화술로 읍소) 부당합니다!!

임금   (피식) 그리 부당하면 내 기회를 한번 줘볼까?

정우   ?!!

[CUT TO]

고신실 한쪽 탁자에서 사약을 사이에 두고 마주 앉은
임금과 정우. 도승지는 옆에 서 있고, 의금부도사는
멀찍이 물러나 있다.

정우　　　　　세자저하를 혼인시킬 명분은 간단합니다.

임금, 도승지　　（간단하다고?）

정우　　　　　도성 안 원녀를 핑계로 세자저하의 혼인을 막았으니, 그
　　　　　　　원녀들을 없애면 될 듯합니다.

임금　　　　　하- 선왕께서도 해결을 못 한 원녀, 광부를 두 달 안에 해
　　　　　　　결해라?

정우　　　　　당장 해결하기 불가능한 것은 조선 사람이면 모두 아는
　　　　　　　일이니, 고질적인 원녀 몇을 표본으로 광부들과 급히 혼
　　　　　　　인시킨 후 이처럼 조정에서는 원녀, 광부 문제에 지속적
　　　　　　　으로 관심이 있다 공표하시고, 세자저하의 혼인을 진행한
　　　　　　　다면 그 누구도 막지 못할 것입니다.

도승지　　　　（괜찮은데… 고개 끄덕）

임금　　　　　（편법 아닌가?）전시행정을 하자?

정우　　　　　이후 지속해서 신경을 쓰시면 전시행정은 아니옵니다. 원
　　　　　　　녀, 광부 문제를 그냥 내버려두실 건 아니지 않습니까?

임금　　　　　（뜨끔）물론, 아니지. （이놈 얄밉다）허나… 표본 원녀라는
　　　　　　　것이 너무 추상적이구나.

도승지　　　　전하, 소신이 떠오르는 원녀들이 있습니다.

임금	(의외다) 도승지가?
도승지	남산골 사는 맹상천의 세 딸로 현재 모두 원녀입니다.
임금	세 명이나? 맹상천… 이름이 낯익은데?
도승지	전하의 세자시절 배동이었습니다.
임금	기억나네. 공부하는 걸 무척 좋아하는 친구였지. 5년 전 세상을 떠났다 들었는데 어쩌다 딸들 모두 혼인을 못 했단 말인가?
도승지	자세한 내막은 모르나 세 자매가 전부 원녀인 것이 드물어서인지, 사람들이 낮잡아 "남산골 늙은 아씨들"로 부른다는 소리가 제 귀에까지 들어온 걸로 보면 경운재 대감이 말하는 표본 원녀 몇으로 적합할 것 같습니다.
임금	음… 헌데, 일국의 왕인 과인이 그 자매들만 꼭 집어 혼인을 돕는 것이 형평성 시비를 불러일으키지는 않겠느냐?
도승지	(그것까지 생각 못 했다, 고민되는데) …
정우	붕우유신!
임금, 도승지	(갑자기? 정우를 보면)
정우	벗의 여식이 하나도 아니고 셋씩이나! 원녀로 늙는 걸 두고 보는 것이 오히려 도리에 맞지 않습니다. 전하께서 그 자매들을 콕 집어 혼인을 도울 명분이 충분합니다.
임금	역시 머리는 좋아.
정우	(으쓱하여 절로 허리와 어깨가 펴지는데)
임금	그럼 정우, 네가 맹박사의 딸들을 두 달 안에 모두 혼인시키거라.

정우	네?? 소신이 어떻게 혼인을…
임금	(상소 더미를 보며) 네가 그동안 올린 상소를 보면 혼례의 의미와 절차에 대해 조선에서 너보다 더 잘 아는 사람이 없는 것 같아 하명하는 거다. 만약 성공하면 너의 상소를 긍정적으로 검토하겠다.
정우	!!
임금	실패하면 왕실을 기만한 죄를 물어, 그 사약을 마셔야 할 것이다.
정우	(사약을 보며 침을 꿀꺽) …
임금	(의금부 도사에게) 사약을 잘 보관해 두거라. (고신실을 나간다)
정우	(황망하다)

고신실 구석 선반에 놓인 사약 병엔 심정우라는
꼬리표가 달려 있다.

씬4.   궁궐 앞. 새벽

지친 모습으로 궐에서 나오는 정우.
나귀를 끌고 궐 앞에서 기다리는 오봉, 급히 다가가
정우를 보필한다.

오봉	대감마님이 대역죄인이라니… 이게 무슨 일이래요.

정우	오봉아… 내, 드디어 출사의 길이 열렸다.
오봉	(반색) 상소가 받아들여진 것이에요?
정우	당장은 아니나 받아들여진 것이나 진배없다. (눈을 번뜩이며) 조선에서 누구보다 걸출한 내가, 중맨들 못 할 리가 없으니까.

씬5.   궁궐 일각. 새벽

임금, 도승지와 처소로 향한다.

도승지	이번 일에 성공하면 경운재 의빈의 혼인무효를 허락하실 겁니까?
임금	설마, 공주가 어린 나이에 죽은 것도 가여운데 처녀귀신으로 만들 수는 없지 않으냐?

씬6.   도성 안 / 물레방앗간 앞. 낮

방앗간에서 곡식을 빻아, 이고 지고 나오는 양인들.

잠시 후, 김호(1화 22씬)가 방앗간 안으로 들어가고,

이어, 쓰개치마를 쓴 연희(1화 22씬)가 주위를 살핀 후

안으로 들어간다.

씬7.   물레방앗간 안. 낮

복층구조의 방앗간 내부. 나무 벽 사이로 들이치는
햇볕이 아늑하다. 김호와 연희는 침울한 분위기로
서로 기대어 앉아 있다.

연희   혼인하여 도련님을 만날 수 없다고 생각하니 숨을 쉴 수
        가 없어요.

김호   낭자, 우리 영원히 같이 있을 수 있습니다. (도포 소매에서
        작은 호리병을 꺼내 보여주며) 이걸 마시면 고통 없이 영원
        히 잠들 수 있다 합니다.

연희   도련님…!!

김호   좋은 날을 잡아 함께 마시고 같은 날 이 세상 함께 떠나면
        저승에서는 영원히 함께 있는 것 아니겠소.

연희   (눈물을 또르르) 좋습니다, 도련님.

순덕   (버럭) [E] 미치셨어요들?!!

연희와 김호는 둘만 있는 줄 알았다가 놀라 일어나 주위를
살핀다. 다락의 짚단 위에 숨어 있던 순덕(방물장수 모습),
폴짝 뛰어내린다.

김호   (연희를 자신의 뒤로 보내며) 뭐… 뭔가?

순덕   내 오늘 여기 안 왔으면 어쩔 뻔했어, 진짜.

연희   (순덕을 알아보고) 여주댁? (바로 김호에게서 떨어지며) 우리

어머니에게는 비밀로 해주게.

순덕   죽을 생각까지 하는 아가씨가 어머니한테 혼날 것이 무서
워요?

연희   …

순덕   (최상급 비단 도포, 옥구슬 갓끈 등 김호의 외모를 꼼꼼히 살피
며) 연애하는 분이 양반이기만 해라 기원했는데… 이건
너무 높은 댁이네.

김호   (순덕의 집요한 시선 불편해하며) 나… 낭자, 이 자는 누굽
니까?

순덕   (매의 눈으로) 도승지댁 둘째 아드님인 김호 도련님 맞으
시죠?

김호   (어리둥절) 나를 아는가?

순덕   도승지면 정3품… 아… 진짜, 쉽지 않겠는데.

씬8.   여주댁 초가집 / 마당. 낮

화장품을 만들며, 순덕의 이야기를 듣는 여주댁.
복희는 마루에서 낮잠을 자고 있다.

여주댁   마님이 말하는 배필을 찾는 추리라는 것이, 사람의 외모
만으로 집안과 이름까지 알 수 있는 것입니까?

순덕   (가만히 있지 못하고 왔다 갔다 하며) 당연히… 이름까지는
모르지. 차림새가 딱 고관대작 집 아들이고, 도성 안에 젤

큰 방앗간을 능숙하게 드나드는 것이 좀 살겠다, 까지 생각했을 때… 바닥에 떨어진 호패가 눈에 딱 들어온 거지.

[INS] 물레방앗간 안. 놀라는 김호 뒤로, 바닥에 떨어진 호패. 이름과 출생연도 등 간단한 인적사항이 새겨져 있다.

여주댁	이번엔 운이 좋으셨네요.
순덕	운만이라곤 할 수 없지. 내가 고관대작 자녀들 신상을 꿰고 있어서 호패의 이름을 보는 순간 도승지댁 둘째구나, 딱 나온 거지.
여주댁	도승지면 그 아가씨와 집안이 너무 차이 나는 거 아니에요?
순덕	그게 문제야. 송진사댁이 재물이 많다고 한들, 도승지댁이 보기엔 근본 없는 졸분데, 혼인 안 시키지. 그렇다고 저리 잘 어울리는 선남선녀를 포기할 나는 더더욱 아니지.
여주댁	(그런 순덕을 보며) 뭘 그렇게 애를 써요?
순덕	응?
여주댁	잘 맞는 남녀를 이어준다고 돈을 더 버는 것도 아닌데 매번 너무 심하게 달려들잖아요.
순덕	…한 번뿐이라서.
여주댁	?
순덕	반가의 여인에게 지아비는 한 명뿐이잖아. 그러니까 무슨 수를 써서라도 좋은 연분의 사람과 혼인해야 해.

씬9. **경운재 / 사랑채 마당. 낮**

외출을 위해 사랑채를 나서는 정우, 옆에 오봉이 따른다.

정우   혼인이란 두 집안의 좋은 점을 합쳐 위로는 종묘를 받들
        고 아래로는 후손을 잇는 것이다.

오봉   아무리 그래도 혼인시킬 아가씨들을 먼저 봬야 하지 않을
        까요?

정우   어허 – 지금 누굴 가르치려 드느냐? 혼인에 관한 상소만
        8년 쓴 나다. 내가 모르는 혼인 예는 없다.

        정우의 머릿속, 가례(家禮)가 화르륵 펼쳐지고 납채 부분에
        밑줄이 그어진다.

정우   가례에 의하면 혼례의 시작인 납채는 양가가 중매인을 내
        왕케 하여 집안을 맞추는 것이니, 원녀 만나는 일은 중매
        쟁이를 쓰면 될 일이다. 허니 혼례가 끝날 때까지 내가 남
        산골 원녀들을 만날 일은 없을 것이다. (자신만만한 얼굴로
        대문을 나선다)

씬10. **홍월객주 일각. 낮**

정우의 자신만만함은 간데없고, 동공이 흔들리고 이마에서
땀이 난다. 보면 중매쟁이 사인방이 정우를 둘러싸고 앉아 눈을

반짝이며 "너무 잘생겼다?", "피부 좋은 것 봐",

"부인 줄 화장품이라도 사러 오셨나?" 등등 희롱을 걸고 있다.

정우	(여자에 둘러싸인 이 상황이 불편하여 부채를 꺼내 얼굴을 가리
	는데)
이씨	어머 남자 손이 어찌 이리고와? (정우 손을 슬쩍 만지자)
정우	으악! (기겁하며 부채를 떨어뜨린다)

그런 정우의 모습에 사인방들 귀엽다고 난리다.

오봉	(한숨, 사인방에게 손사래 치며) 작작들 하고 물러나게. 자네
	들이 그리 함부로 말해도 되는 분이 아니시네.
이씨	바쁜 사람들 모아놓고 암말도 안 하시니까…
오봉	(정우에게) 제가 말을 할까요?
정우	됐다, 내 일이다. (다시 부채를 들어 얼굴을 가리고 심호흡하
	고는) 내 스승님의 자녀 셋을 오월이 가기 전에 모두 혼인
	시켜야 해서 이리 다들 모이라 했다.
전주댁	셋이나?
이씨	오월 안이면 날짜가 좀 빠른데…
마산댁	거의 힘들다고 봐야지.
오봉	(부정적인 사인방의 반응에) 거간비는 시세의 두 배!
정우	(니 맘대로? 하고 돌아보는데)
사인방	(모두 눈이 반짝, 자세를 고쳐 앉으며)

이씨	전문가인 우리가 나눠서 중매를 서면 두 달이면 받은 것도 아니지.
전주댁	(능청스럽게) 그렇게 치면 기간이 긴 편이지.
개성댁	근데 어느 댁 아가씨들인가요?
정우	남산골 사는 맹박사댁 따님들이다.
사인방	(일순 정지했다가 바로 동시에 웃음을 터뜨린다)
정우, 오봉	(뭐지? 어리둥절한데)
이씨	나으리, 저흰 늙은 아씨들 중매는 안 합니다.
전주댁	괜히 시간만 잡아먹었네. (일어서려 한다)
정우	중매쟁이가 중매를 안 한다니?
마산댁	안 하는 것이 아니라 못하는 것입니다, 나으리.
정우	어째서 그러한가?
이씨	그걸 어디서부터 이야기해야 하나…
개성댁	제가 일 시작한 지 얼마 안 돼서 뭘 모르고 그 댁 둘째 아가씨 중신을 섰다가… 아이구 말도 마세요, 어찌나 입이 험한지…(진저리)

씬11.   이대감(시열) 집 / 안채 마당. 낮

초로의 화혜장, 꽃신 한 짝이 든 상자 들고
세상 억울한 얼굴로 서 있고 하인들 모여 구경하는 상황.
길을 막고 선 시열과 옷 바구니를 든 두리가 대치 중이다.

두리	재수가 없으면 쌀뜨물에도 애가 들어선다더니…
시열	(뜨억! 이런 낯 뜨거운 말은 처음이다) !!

구경꾼들도 화들짝 놀라, 아이의 귀를 막는 사람도 있다.

두리	세상 어느 반푼이가 신발 한 짝을 훔쳐 가냐고!
시열	(그렇긴 하지만) 그 바구니 안을 보여주면 끝날 일 아닙니까?
두리	내가 왜? (쌀쌀맞게 돌아서 가려는데)

시열, 급한 마음에 두리의 팔을 잡으려다 놓치는 바람에 두리,
균형을 잃고 중문 턱에 발이 걸려 꺾이면서 자빠진다.
그 통에 바구니를 놓친 두리. 시열, 이때다 싶어 바구니 안을
보려는데 퍽! 두리가 바구니 안을 못 보게 손바닥으로 시열의
이마를 깠다!

시열	(그대로 엉덩방아를 찧었다, 열받아) 도둑 맞네요! 그렇지 않으면 그리 감출 이유가 뭐란 말입니까?
구경꾼들	(두리가 도둑이라고 수군거리는데…)
정씨부인	이게 무슨 소란이냐! (꽃신 한 짝을 물고 있는 강아지를 안고 있다)
시열	!! (잘못된 오해란 걸 알고 두리를 돌아보는데)
두리	(다리를 절뚝거리며 이미 가고 있다)
전주댁	[E] 그 아가씨는 입만 험한 것이 아니라, 손발이 다 험해.

쌈닭이야.

씬12.   홍월객주 / 별채 마루. 낮

개성댁	첫째는 얼굴이 엄청 예쁘던데 왜 못 갔어요?
이씨	그 얼굴 믿고 고르다 못 간 거지.
마산댁	예쁘면 뭐해? 머리가 나빠. 얼굴 보면 딱 맹하게 생겼어.
전주댁	맹하다고 이름이 맹하난가? (다들 웃는다)
이씨	그건 철 지난 진실이고, 최신 소문은… 초옥아가씨 귀신이 씌었대.
마, 전, 개	(그건 몰랐다! 놀란다) 진짜?!
전주댁	그 야한 소문의 주인공이 그 댁 첫째 딸이었어?

씬13.   으슥한 냇가. 밤

하나, 속적삼 차림으로 목욕한다. 검은 물을 따라 다가오는
흔들리는 시선, 하나 이상한 느낌에 주위를 살피지만 아무도
없다. 그러나 돌아보면 반대편 어느새 초옥이 서 있다!!!
"꺄아악" 하나가 비명을 지르자, 초옥은 하나의 비명에 놀라
더 크게 소리를 지른다. 둘은 실컷 비명을 지른 후 서로를
확인하고 까르르 웃더니 물장구치며 논다.

수풀 속에 숨어서 이 모습을 훔쳐보는 사내 의아하다.

사내 눈엔 혼잣말하며 물장구를 치는 하나만 보이기 때문.

이때 물장구를 치던 하나, 갑자기 멈춰 서더니 정확히 사내 쪽을 쏘아본다!! 사내, "헉" 뒤로 물러서는데 팍! 팍! 팍! 점프 컷으로 순식간에 다가와 사내를 덮친다! 사내의 비명소리~

이씨   〔E〕 그래서 밤마다 냇가에서 아무 남자나 덮친대…

씬14.   홍월객주 / 별채 마루. 낮

마산댁   하긴, 끼리끼리 논다고 초옥아가씨가 늙은 아씨들과 친하
            긴 했어…

전주댁   그런 망측한 소문이 났으니 그 댁 첫째는 시집 가긴 글렀네.

이씨   그지, 아무리 예뻐도 이젠 재취도 힘들다고 봐야지. 작년
            에 병판댁 첩으로 오라고 했을 때 갔어야 돼.

마산댁   그건 아니다. 병판의 네 번째 첩실로 가느니 비구니가 낫지.

개성댁   그럼 그 댁 셋째 딸은요?

마산댁   거기도 이상하긴 마찬가지야. 한번은 남장하고 집에서 나
            가더래.

개성댁   헉, 그 말로만 듣던 맷돌녀?

            맷돌녀라는 말에 사인방들 '까르르'거리며 정신없다.

사인방의 수다 배틀에 넋이 나가 듣고만 있는 정우를 보고

이씨   아이고, 나으리 정신없으시겠다. 그러니까 정리를 하자
면…

정우   (이씨보다 먼저) 첫째는 예쁘나, 조건이 까다롭고 처녀귀신
이 붙어 행실이 난잡하다. 둘째는 바느질에 능하나 막말
을 일삼으며 포악하고, 셋째는 성적 취향이 의심스럽다.

개성댁   (진심 놀라며) 와~우. 양반이라 다르시네… 단박에 정릴
하셨어.

정우   그래서 이 혼사에 나설 사람이… 없는 것이냐?

사인방   (모두 시선을 피한다)

정우   아무리 아녀자들이라지만 이리 직업의식이 없어서야 원.
위나 아래나 제대로 일을 하는 사람들이 없구나.

이씨   나으리, 이 혼사 여주댁이라면 가능할지도 모르겠습니다.

마, 전, 개 (뭐야? 하는 눈으로 동시에 이씨를 본다)

정우   여주댁? (내가 아는 그 장사치!?)

이씨   자신이 맡은 중매를 위해서는 수단 방법을 가리지 않고
뭐든 하는 여편네거든요.

씬15.   물레방앗간 안. 낮

김호   삭발을 하라고? 신체발부 수지부모라 했네, 난 그건 못

하네.

순덕은 손을 꼭 잡고 서 있는 연희와 김호 앞을 교관처럼 왔다
갔다 하며

순덕   부모에게 물려받은 몸을 소중히 여기는 것이 효의 시작이
         란 걸 아시는 양반이 (뺏은 독약 호리병을 김호 눈앞에 흔들
         며) 부모보다 세상 먼저 뜨는 것이 불효의 최고봉인 건 모
         르시나 봐요?
김호   (할 말 없고) 장사치가 예를 꽤 아는구나.
순덕   두 분이 혼인 후에 부모님께 손주를 안겨드리는 것이야말
         로 삭발 같은 작은 불효는 덮을 수 있는 진정한 효인 듯합
         니다만.

김호와 연희. '손주'라는 말에 괜히 몸을 꼬고 툭툭 치며
쑥스러워하자

순덕   (어이없다는 듯 둘을 보다가 피식) 좋을 때다.

씬16.   도승지 집 앞. 낮

도승지 집 대문이 벌컥 열리고, "아무리 말리셔도 저는
출가할 것입니다" 삭발에 승복까지 입은 김호, 소리를 치며

집을 뛰쳐나온다. 김호를 쫓아 나오던 김호 모가 문 앞에서
쓰러지자, 도승지, 아내를 부축하며 "저런 불효막심한 놈!"
한탄한다. 뛰어나온 김호가 순덕이 숨어 있는 나무 뒤로 와
몸을 숨기자

순덕   잘하셨습니다. 이제 제가 마무리 짓죠.

순덕, 붉은 장옷을 호쾌하게 어깨에 걸치고, 도승지 집 앞으로
가서 상심한 김호의 아버지 도승지에게

순덕   갑자기 찾아온 아드님의 불심을 잠재울 혼처가 있는데 제
            가 중신 한번 서 볼까요?

씬17.   홍월객주 / 별채 마루 (교차) 객주 일각. 낮

정우   그 여주댁이란 장사치가… 혹시…
오봉   (톡 끼어들어) 눈 밑에 점 있는 자 말인가?
이씨   맞아요.
정우, 오봉   (서로를 보며, 순덕이 맞다고 확신)

정우, 중매쟁이 사인방과 함께 있는 모습을 객주 일각에서
훔쳐보는 홍천수와 명나라 상인.

명상인	저자가 금잠고독을 구해달라고 했다고? 뭐 하는 잔데?
홍천수	잘 모르겠지만, 돈 많은 한량 같소.
명상인	(정우를 예의 주시하며) 돈이 많다… 좋네.

씬18. 홍월객주 앞. 낮

객주에서 급하게 나오는 정우, 뒤따르는 오봉.

이씨	[E] 여주댁은 객주에 매일 안 나와요, 급하면 남촌 집으로 가보세요.

오봉, 객주 앞 기둥에 매어놓은 나귀를 풀려는데
정우 그냥 앞장서 가버린다. 나귀를 놔두고 정우를 쫓아가는
오봉. 이어 객주에서 봇짐을 메고 나오는 방물장수 사인방.

마산댁	(이씨에게) 형님은 여주댁 싫어하는 거 아니었어요?
이씨	어마무시하게 싫어하지.
전주댁	근데 왜 여주댁을 소개해 줬대?
이씨	그 나으리, 갓끈부터 신발까지 몸에 금 열 돈어치는 휘감고 있더라고. 그게 무슨 뜻이겠어?
개성댁	(??) 그게 무슨 뜻인데요?
이씨	원녀 소탕의 계절이 왔다는 거고, 그 나으리는 원녀를 혼인시키라고 특별 채용된 경차관 정도 된다는 뜻이지.

[자막 - 경차관: 정부의 필요에 따라 임시로 일을 보게 하는
벼슬]

마, 전, 개   (동시에) 아~

이씨   우리 같은 치가 고위 관리들하고 엮여 좋은 게 뭐 있겠
           어? 이참에 여주댁 골탕 좀 먹어보라고 갖다 붙인 거지.

전주댁   우리 형님 잔머리 돌아가는 거 보소.

개성댁   그러다 여주댁이 늙은 아씨들 중매에 성공하면 어쩝니까?

이, 마, 전   (일순 정적, 이내 동시에) 절대 못 해.

이씨   문제 많은 딸들보다 훨씬 큰 재앙이 그 집안에 버티고 있
           거든. 여주댁 할머니가 와도 못하는 중매야.

씬19.   여주댁 초가집 / 마당. 낮

순덕   그렇게 도련님의 머리를 싹 밀고. 연희아가씨를 들이밀었
           더니 바~로 승낙. 여염집 처자라도 좋다고 할 기세였다
           니까.
           [자막 - 여염집: 일반 백성 살림집]
           여주댁은 마루에서 분단지 입구에 한지를 덮고 뚜껑을 닫으면,
           복희 야무지게 완성된 분단지를 뚜껑 있는 소쿠리에 옮겨
           담는다.

순덕   (뿌듯한 얼굴로) 둘이 앞으로 알콩달콩 살 걸 생각하면 넘

좋다. 내가 이 맛에 중매를 못 끊는다니까.

여주댁   그럼 원래 그 아가씨 상대였던 모상소년 도련님은 어쩔
         건데요?

         [자막 - 모상소년(母裳少年): 엄마 치마 폭 속의 아들, 즉
         마마보이]

         [INS] 1화 24씬. 마당에서 한 바퀴 턴 하던 시열.

순덕   아~ 그 잘생긴 도령, 사실 중매를 깨려고 모상소년이라
         고 한 거지. 모상소년까지는 아니고 모범도령 정도. 운 좋
         게도 그 도령에게 딱 맞는 아가씨가 내 주변에 있지 뭐야.
         이런 걸 두고 전화이복이라 하지.

여주댁   (한숨) 전화위복이겠죠.

순덕   복이 두 배라 이복 아니었어?

여주댁   화가 오히려 복이 된다는 뜻이에요.

순덕   자넨 왤케 똑똑해? 난 사자성어가 너무 헷갈려. 전화위
         복… 위복.

여주댁   헷갈리면 안 쓰면 되잖아요.

순덕   말할 때 사자성어 좀 섞어 써야 있어 보이잖아.

여주댁   (웃음) 그래서 어느 댁 아가씬데요?

씬20.   좌상 집 / 순덕의 방 (분할) 이대감(시열) 집 / 안 방. 밤

곧게 앉아 진지하게 책을 보는 단아한 예진, 바로 화면이

분할되며 정씨부인도 안방에서 예진과 같은 포즈로 책을 본다.

예진   (책 마지막 장에서 급 흥분) 미쳤어! 여기서 끝나면 어떡해?

정씨부인   (역시 마지막 장에서) 여기서 끝내다니, 이리 간악할 수가!

분할화면에 두 사람 동시에 책을 덮으면 같은 "마님의 사생활"
―편이다.

순덕   [E] 시어머님 될 사람이랑도 잘 맞고.

씬21.   여주댁 초가집 / 마당. 낮

순덕   그 모범도령과는 더 잘 맞을 아가씨. (확신에 찬 눈빛)

여주댁   마님은 잘 맞는지 아닌지 어떻게 그렇게 확신해요?

순덕   좋은 짝을 알아보는 나만의 비법, 말해줄까?

복희   (급 관심) 예!

순덕   (그런 복희 보며 웃음) 아무한테나 알려주는 거 아니니까 잘
           들어.

복희   (기대. 눈 반짝이며 순덕에게 집중하는데)

순덕   혼인할 처녀, 총각을… 애정 어린 눈으로 잘~ 살펴보는
           거야.

복희   (실망) 그게 뭐예요…

| 순덕 | 애정 어린 눈으로 자세히 보아야 추리를 할 수 있거든. 가령 모범도령이 집에서부터 유생복을 입고 있다는 건, 어머니가 아들이 그 옷 입은 걸 좋아하기 때문일 거야. |

[INS] 1화 24씬. 시열을 흐뭇하게 보는 정씨부인.

| 순덕 | 〔E〕 그런 맘을 쓴다는 건 다정한 아버지가 어머니를 배려하는 걸 보고 자란 덕이고, |

| 순덕 | (신나서 설명 이어간다) 그런 다정한 도령들은 애처가형으로 주도적이고 쎈 아가씨와 잘 맞거든. |

씬22.   이대감(시열) 집 앞. 낮

화가 난 두리, 옷 바구니를 들고 절뚝이며 나오고, 이어 시열이 따라 나온다.

두리	(쫓아 온 시열을 노려보며) 아직도 할 말이 남았어?
시열	가마꾼을 불렀습니다. 기다렸다 타고 가십시오.
두리	(같잖다) 뭐래니? (돌아서 절뚝거리며 갈 길 간다)
시열	(두리 앞을 막아서며) 누구라도 그 상황에선 그대를 의심했을 것이오. 다만 도둑이란 확실한 증거도 없는 상태에서 내가 성급하게 굴어… 그대가 발목이 다친 것 같으니 집까지 가마를 타고 가십시오.

두리	그대는 지랄… 도둑년 취급할 때는 언제고.
시열	(계속되는 거친 말에 움찔, 무섭지만 눈을 뗄 수 없다) …
두리	거기다 끝까지 자기 잘못은 없다? 누구나 의심할 상황은 개뿔… 생각할수록 열받네. (막고 선 시열을 어깨로 밀치고 절뚝이며 간다)
시열	낭자, 그냥 가면 제가 미안해서… (급한 마음에 두리 손목을 잡아 세우는데) 으~악!
두리	(바로 시열의 손목을 잡아 비틀며) 어딜 잡고 난리야!
시열	아니… 저는… (비틀린 손목 아프고)
정우	[E] 백주에 들러붙어 뭐 하는 짓거리냐!!

두리와 시열, 동시에 돌아보면 오봉과 함께 걸어오는 정우다.

정우	남녀가 유별하거늘! 지금 너희의 작태는 한탄스럽기 짝이 없다. 어느 집 자제들인가?
시열	(당황하여) 그게…
두리	(시열의 손목을 놔주며) 저 꼰대는 또 뭐야?
시열	꼰대? (풋 웃음 터진다)
두리	내가 이래서 이놈의 북촌에 오기가 싫어.

이때, 가마꾼들이 가마를 들고 두리 앞에 도착하자

시열	(두리에게) 일단 가마에 타서 저 꼰대부터 피하십시오.

두리	(정우부터 피하자는 시열의 말에 동의, 가마에 탄다)
시열	(가마에 탄 두리에게 공손하게) 의심하여 미안했습니다.
두리	… (두근)

화를 내며 둘에게 다가가던 정우, 갑자기 밀려오는 흉통에 잠시 걸음을 멈추고 습관적으로 손을 가슴으로 가져가는데

오봉	또 아프십니까? (옆에 와 부축하려는데)
정우	괜찮다. (가슴 심하게 뛰지만 애써 가마 쪽으로 다가가는데)
시열	(몸으로 정우를 막으며 가마꾼에게) 어서 아가씨를 집까지 모셔다드려라. (정우에게 정중하게) 소란을 피워 죄송합니다.
정우	너희 잘못의 핵심은 소란이 아니다~ 문제는… (시열도 이미 도망치고, 두리가 탄 가마도 멀어지고, 가슴 통증도 멈췄다)
오봉	(정우를 말리며) 그만하십시오. 몸도 성치 않으시면서 요즘 도령들이 얼마나 험한데 참견을 하시고 난리십니까?
정우	난리십니까? 그것도 경어라고 쓰고 자빠졌느냐. 조선이 어찌 되려고 반가의 자녀들마저 천박하게 연애질을… 쯧쯧.

씬23.　　여주댁 초가집 / 마당. 낮

복희	(똘망똘망) 마님, 나중에 제 배필도 구해주나요?
순덕	(코끝을 손으로 톡 치며) 당연하지. 복희는 중매비 안 받을게.

복희	지금 한 말 종이에 써줘요, 마님 수결해서.
순덕	딸을 너무 똑 부러지게 키운 거 아니야? 거상 되겠어.
여주댁	그럼 좋죠. (수수한 장옷을 쓰고, 분단지가 든 소쿠리를 들고 나서며) 물건 주러 객주 갈 건데, 같이 나가요.
순덕	아… 난 좀만 더 있다 갈래. 집에 일찍 가기엔 날씨가 너무 좋아.
여주댁	알았어요. 복희야 가자. (복희와 집을 나간다)
순덕	(하늘을 보며) 볕 참 따뜻하다~ (마루에 걸터앉아 봇짐을 쿠션처럼 끌어안고 기둥에 몸을 기대며 스륵 눈을 감는다)
인국	〔E〕 20년이 지났는데 어찌 그대로 앉아 있었단 말입니까?

씬24. (5년 전) 좌상 집 / 별채 마루. 낮

볕이 따뜻한 봄날. 병색이 완연한 창백한 얼굴의 인국은 순덕의 무릎을 베고 누워 순덕이 읽어주는 소설을 듣고 있다.

[자막 - 5년 전]

순덕	조금만 참으십시오, 끝부분을 들으면 이유를 알 수 있습니다.
인국	미안하오, 내 너무 궁금하여.
순덕	계속 읽겠습니다. 20년 전 첫날 밤 그 모습 그대로 앉아 있는 신부를 보니 무서움보다 애처로움이 들어 선비는 그

녀의 어깨를 어루만졌다. 그 순간 신부는 재가 되어 산산이 부서지고, 잿가루는 하얀 나비가 되어 선비 주변을 맴돌다 날아가 버렸다. (책을 덮으며) 언제 읽어도 이 이야기의 끝은 슬프고 아름답습니다.

순덕, 말이 없는 인국을 내려다보면, 인국, 잠이 들었다.
인국이 눈부실까 봐 손으로 햇빛을 가려주는 순덕, 남편이
안쓰럽다.

씬25.   (현재) 여주댁 초가집 / 마당. 낮

마루 기둥에 기대 잠이 든 순덕의 감은 눈 사이로 눈물이
비친다.

씬26.   남촌 변두리. 낮

초가집이 드문드문 있는 산비탈로 들어선 정우와 오봉.

오봉   (손으로 여주댁 집을 가리키며) 저기 저 집인가 봅니다.

정우   (걸음을 멈추고) 오봉아, 가서 나귀를 가져오거라.

오봉   갑자기요? 여주댁 집이 코앞인데…

정우   여주댁을 만나고 귀가할 때 또 걸어갈 순 없지 않으냐?

오봉   그러니까, 아까 좀 기다리시라니까…

정우	여주댁은 나 혼자 만나도 된다.
오봉	알겠습니다. (한숨 쉬고 돌아서 가다가 멈춰서) !! 뭐지…? 이렇게 내쳐지는 상황이 처음이 아닌 느낌적 느낌은…. (돌아보며) 대감마님 발걸음이 신나 보이는 건 내 착각이겠지?

씬27.　여주댁 초가집 / 마당. 낮

정우, 싸리문을 밀고 초가집 안으로 들어가며

정우	게 아무도…. (말을 삼킨다)

마루에 걸터앉아 잠이 든 순덕이 정우의 눈에 들어온다.
정우, 자신도 모르게 다가가 숨죽이며 잠이 든 순덕을
바라본다. 이때 스륵- 순덕 무릎 위의 봇짐이 미끄러져
떨어지려고 하자, 정우, 몸을 날려 봇짐을 잡으며 순덕의 잠을
깨우지 않아 다행이라 생각한다. 하지만 잠에서 설핏 깬 순덕의
눈엔 정우가 남편으로 보이고 순덕은 꿈결에 인국의 잔머리를
쓸어 넘기는데….

정우	(순덕의 손이 얼굴에 닿자) !! (심장이 벌렁거려 가슴이 터질 것 같다)
순덕	(비몽사몽. 정우의 얼굴을 만지며) 저 때문에 깨셨어요? (눈 앞의 인국은 비몽사몽간에 보다가) 뭐지… 꿈인가? 꿈이면

다시 잘래. 나 서방님 계속 보고 싶어….

순덕, 멍하니 보는 인국의 목을 끌어 자기 무릎에 다시
눕히지만, 점점 잠에서 깨면서 뭔가 싸하다.

순덕   (뭔가 잘못됐다) 이건 너무 현실적이잖아.

하고 다시 보면, 몽환적이던 주변 분위기 순식간에 현실의 쌩한
분위기로 바뀌더니 무릎 위의 인국은 정우로 바뀌어 있다!!

순덕   (놀라 정우를 확 밀치며) 아아악~ 이거 뭐야!
정우   (몸이 굳어 봇짐을 품에 안은 채 내동댕이쳐진다) !!
순덕   (정우를 알아보고) 객주 나리? 지… 지금 뭐 하시는 것입
         니까?

마당에 짚단처럼 쓰러져 있는 정우, 정신이 돌아오고 보니
억울하다.

정우   (쓰러진 채 울컥) 아무것도 하지 않았다. 나는 다만 너의 봇
         짐이 떨어지지 않게… 잡은 것뿐이다.
순덕   (쓰러져 있는 정우에게서 봇짐만 낚아채오며) 왜? 무엇 때문
         에요? 혹시 내가 조는 동안 무슨 짓을 하려고? (경계 태세)
정우   (몸을 일으키며 버럭) 무… 무슨 짓을 한 건 내가 아니고 너

다! 아무리 배운 것 없는 장사치라지만, 남녀가 유별하고 강상의 도가 지엄한데 외간 남자 목덜미를 주무르고 (억울함에 삑사리)

순덕   그… 그러는 외간 나리께서는 과부 혼자 사는 집에 왜 도둑팽이마냥 조용히 들어와 계신 겁니까!?

정우   그러니까 나는 너에게… (한 발짝 다가오자)

순덕   (봇짐을 끌어 안고 긴장)

정우   주… 중매를 의뢰하러 왔다.

순덕   (?!) 중매요?! 그렇게 안 보이는데 혼기 찬 자녀가 있으십니까?

정우   (울컥) 자녀 없다!

순덕   그럼… 본인의 혼사?

정우   나는 이미 혼인한 몸이다!

순덕   그럼 누구 중매요? (하다가 하늘을 보면 해가 지고 있다) 어머 나 얼마나 잔 거야?

정우   남산골 맹박사댁 세 딸을 두 달 안에 모두 혼인시키려 한다.

순덕   (!!) 지금 난공불난 맹박사 댁 아가씨들을 한 명도 아니고 셋 다 혼인시킨다고 하셨습니까? 것도 두 달 안에?

정우   난공불난이 아니라 락이다… 떨어질 락!

순덕   [E] 맹박사댁 아가씨들…. 너무 해보고 싶은 중매긴 한데… 어쩌지. (정우를 보고) 아니야, 십장생 진상 양반이랑 엮이는 건 위험해. 더 위험한 건 지금 해가 지고 있다는 거고.

순덕	죄송한데 지금 하는 중신이 있어 더는 중매를 받을 수 없겠네요. 그리고 제가 급히 지금 갈 곳이 있어서… (봇짐을 챙겨 나가려는데)
정우	객주 장사치들이 자네라면 할 수 있다고 하던데…
순덕	(그 말에 멈춰서) [E] 그 형님들 뒤에서 내 험담만 하는 줄 알았더니, 마음 깊숙이는 날 인정하고 있었어. 그럼, 기대를 저버릴 수 없지.

순덕	(돌아서) 나리께서는 왜 맹박사댁 따님들을 혼인시키시려는 겁니까?
정우	(슬쩍 마패를 보여주며) 나는 어사고 이번 원녀 소탕은 어명으로 행하는 것이다.
순덕	(얼굴 싹 굳으며) 지금 뭐라고 하신 겁니까?
정우	(으쓱하며) 어명이라고 너무 부담 가질 것 없다, 하던 대로 하면 된다.
순덕	(도끼눈을 하고) 아뇨 그전에, 원.녀.소.탕이요?!!
정우	어? (뭐가 문젠지 사태 파악이 안 된다)
순덕	(흥분) 원녀가 무슨 산적입니까? 소탕하게. 저는 나리 같은 생각을 하는 분의 중매 의뢰는 절대 안 받습니다. 그럼 바빠서 이만. (횡하니 여주댁 집을 나간다)
정우	(나 혼자 두고?) 무례하게 지 말만 하고 내빼다니! (쫓아 나간다)

씬28.   여주댁 초가집 앞 / 남촌거리. 낮

열받은 얼굴로 빠르게 앞서가는 순덕과 쫓아가는 정우.

정우   (따라잡기 쉽지 않다) 거기 서라! 내 말이 아직 안 끝났다!

순덕   (분이 안 풀리는지 갑자기 우뚝 선다)

정우   (뛰어오다 부딪치기 직전 황급히 멈추어 선다) !

순덕   (분노의 얼굴로 확 돌아선다)

정우   (움찔)

순덕   아무리 생각해도 나리께 이건 꼭 말씀드려야겠네요. 원녀
        도 여인이고 원녀에게도 다른 처자들처럼 혼인은 일생에
        아주 중요한 일입니다. 그러니 아무리 원녀라고 소탕이
        니… 처리해야 할 대상으로 접근하시면 안 됩니다. 혼인
        은 인륜지대상이라고요!

정우   (인상을 찌푸리며) 상이 아니고 사.

순덕   에?

정우   사와 상도 구분 못 하는 얼치기 주제에 내가 누군 줄 알고
        감히 가르치려 드는 것이냐?

순덕   누구든 모르면 배워야지요. (그대로 전력 질주해서 내뺀다)

정우   (황당) 모르는 게 누군데! 거기 서라, 아직 내 말 안 끝났
        다. (뒤쫓는)

순덕, 사람들 사이에 섞이나 싶더니 이내 마술같이 사라졌다.

(큰 독을 실은 수레가 지나갈 때 순덕, 쓰개치마 쪽으로 뒤집어쓴다)

정우	?!! (놀라 주변을 둘러보지만, 어디에도 없다)
순덕	(얼굴 가리고 정우 옆을 지나가며) 그 뜀박질 실력으로 날 잡겠다고?
오봉	(느긋하게 나귀를 타고 오다가, 정우를 보고 얼른 내리고는) (정우에게 다가가) 그 장사치랑 말은 잘되셨습니까?
정우	(부들부들) 다들 나에게 왜 이러는 것이냐…
오봉	네?
정우	내… 어명이라 예를 다해 나라의 적폐인 원녀를 없애려 하는데… 점점 목소리 높이며) 위나 아래나 누구 하나 본분을 지키지 않으니… 홀로 예와 원칙을 지킨들 무슨 소용인가!

오봉, 정우가 점점 울분에 차는 걸 보고 황급히 주변을 살피니 발랄한 성균관 유생들 한 무리가 오는 것이 보인다.

오봉	! (바로 유생들에게 달려가 막아서며) 위험합니다, 딴 길로 가십시오. (왜 막아서냐는 유생들의 얼굴을 읽고는 정우 쪽을 보며) 경운재 대감님이십니다, 괜히 울분 맞지 마시고 돌아가십시오.
유생들	(헉!) 울분남??!!! (순식간에 흩어진다)
정우	(찌릿) 내 분명, 학업에 열중하지 않고 몰려다닌 유생들을 봤는데…
오봉	(시치미) 저는 못 봤는데요. 어서 나귀에 오르시지요.

씬29.　　북촌 전경. 초저녁 → 새벽

북촌에 빠르게 어둠이 깔리고 닭 우는 소리와 함께 새벽이
온다.

씬30.　　좌상 집 (분할) 경운재 - 순덕과 정우 몽타주. 아침

/ 순덕의 방. 닭 우는 소리에 벌떡 일어나는 순덕. 하지만 다시
옆으로 쓰러지면 화면 분할되고 보이는 정우의 방. 정우가
일어나면, 세숫물을 대령한 오봉이 이부자리를 정리한다.
그동안 순덕. 쓰러져 계속 자나 싶지만, 개동이 세숫물을
가져다 놓고 나가자 바로 일어나 1.5배속으로 이부자리를
정리하고, 세수하고, 머리를 틀어 올려 비녀를 꽂고 옷을
갈아입고, 앞치마를 메고 방을 나간다. 반면 옆 화면의 정우는
0.8배속으로 아직도 세수 중이다.(이후 순덕 쪽은 1.5배속 정우
쪽은 0.8배속)

/ 부엌에서 아침 식사 준비를 진두지휘하는 순덕.
하인이 물을 길어와 큰 솥에 부으면, 부뚜막 아궁이의 장작
불씨를 보고 개동이와 찬비들이 씻고 다듬은 채소를 칼질하고
무치는 순덕, 이후 쌀을 안치고 장독대 가서 장을 뜨고,
국물 간을 보고, 바쁘게 움직이는 동안, 정우는 세수를 마친 후,
정좌하고 앉아 명상 중이다. 화난 얼굴이다.

　　　　　　　　　　　　　　　　第二話

/ 순덕의 지시에 따라 하인들 사랑방의 조영배와 안채의 근석(12세)에게 독상을 내고, 안방의 박씨부인과 예진에게 각각 독상을 낸다. 그리고 사랑채 머무는 선비 손님들 아침까지 챙기느라 동분서주하는 순덕. 반면, 정우는 하인이 상을 들고 오자 명상을 끝내고 수저를 든다.

씬31. 좌상 집 (교차) 경운재. 아침

/ 좌상집. 순덕, 찬비들이 설거지해 놓은 식기를 일일이 행주로 닦아 찬장에 넣고, 수많은 상을 정리해 놓으라 이른 후, 근석의 방 쪽으로 뛰어간다.
순덕, 앞치마를 풀며 "어미 들어가마" 기척하고 근석의 방으로 들어간다.

/ 경운재. 방문이 다시 열리면 잘 차려입은 정우가 비장하게 나온다. 오봉이 신기 좋게 돌려놓은 신발을 신고 대문을 나서는 정우.

씬32. 좌상 집 앞. 아침

대문이 열리고 도령복의 근석과 순덕이 나온다. 뒤따라 나오는 방자.

근석	(허리를 숙여) 어머니, 학당에 다녀오겠습니다. (방자와 간다)
순덕	공부 너무 열심히 하지 마, 키 안 커. (근석을 사라질 때까지 보고는) (기지개를 켜며, 하늘을 올려다보며) 중매하기 좋은 날씨다~

순덕, 집 안으로 들어가자마자 오봉이 끄는 나귀를 탄 정우
나타난다.

오봉	갑자기 한성부는 왜 가시는 건지?
정우	내 생각이 짧았다. 이번 건은 일반적 혼례가 아니다, 공무 수행이지. 그러니 이에 합당한 절차를 밟기 위함이다.

나귀를 탄 정우, 좌상 집을 지나 사라지면
휙~ 붉은 장옷의 순덕이 월담하여 정우와 반대쪽으로 간다.

씬33.　이대감(시열) 집 / 안방. 낮

순덕, 정씨부인 앞에 앉아 있다.

정씨부인	(황당하다) 자네 지금 제정신인가?
순덕	좌상댁 고명딸이면 마님께서 원하시는 재력은 물론 명예까지 모두 가진 아가씬데 뭐가 걸리십니까?
정씨부인	좌상댁과 우리 집이 정적이라는 걸 정녕 모르는 것이냐?

순덕	아! (놀라는 듯하다 바로) 당연히 알죠. 근데 그게 문제가 됩니까.
정씨부인	(미간이 구겨지며) 뭐라?
순덕	3년 전, 조선 최대 정적 하대감댁과 안대감댁을 혼사로 엮은 겁니다. 그로 인해 두 집안만 갑오사화를 조용히 넘긴 거 기억하시죠?
정씨부인	(!)
순덕	좌상댁 아가씨는 현명하고 당차서, 아버지를 닮아 여린 아드님에게 날개가 되어줄 것입니다.
정씨부인	(좀 혹하는데)…
순덕	더 중요한 건 이 중신, 좌상 댁에서 먼저 운을 떼었답니다.
정씨부인	정말이냐?
순덕	어느 안전이라 거짓말하겠습니까? (예진의 사주단자를 꺼내 놓으며) 그 댁에서 아가씨 사주단자까지 보냈습니다.
정씨부인	(사주단자를 줬다면 확실하지) !

씬34.　여주댁 초가집 / 마당. 낮

여주댁, 마루에서 복희에게 나뭇가지로 셈(산학)을 가르쳐주며

여주댁	신부 측에 벌써 허락을 받은 거예요?
순덕	(물수건으로 화장을 지우며) 무슨, 아직 말도 못 꺼냈지.
여주댁	(궁금하다) 허락도 안 받고 사주단자는 어떻게 구한 거

예요?

순덕   상대 아가씨가 우리 시누이라 내가 돈 주고 만들었어.

여주댁   아~ (하다가 놀라) 지금 시누이 중신을 서신다고요?

순덕   그래서 말인데, 자네가 이번 한 번만 여주댁인 척해주면
안 될까?

여주댁   예?!!

순덕   (애교 섞인 웃음) 사실 여주댁은 자네니, 척하는 것도 아니
지. 내가 화장하면 사람들이 못 알아보긴 하지만, 어머님
앞에서까지 간 크게 중매쟁인 척, 할 수 없잖아.

여주댁   (단호하게) 나도 못 해요.

순덕   무조건 못한다고만 생각하지 말고. 어렵지 않아.

여주댁   그러다 들키면요? 마님 괜찮아요?

순덕   들키긴 왜 들켜? 대사성댁 마님에겐 내가 여주댁이고, 우
리 어머님에게는 여주댁이 여주댁인데. 사돈이라는 게 가
까워 보이지만 진짜 멀고 어려운 관계거든. 설마 예비 사
돈끼리 만나서 중매쟁이 얼굴 대조하겠어?

여주댁   (정색) 하여간 난 마님 집엔 절대 못 가요. 그리 아세요.

순덕   (애교) 여~주댁~

씬35.   한성부 앞. 낮

양옆으로 포졸이 지키는 한성부 입구.

[자막 - 한성부: 조선왕조 수도를 담당하는 관청. 현재로 치면

서울시청]

오봉이 끄는 나귀에서 내린 정우, 한성부 안으로 들어간다.

씬36.   한성부 / 판윤 집무실. 낮

판윤인 김문건은 격식은 차리나 심히 귀찮다는 표정으로
정우를 상대한다.

김문건   (정우 들으란 듯) 반가의 자녀들이 문제죠. 도통 말을 안 들
        어요. 세상에서 지들이 제일 잘났는데 시대를 잘못 만났
        다고 생각하는 세대 아닙니까.

정우   묻는 말에 답을 하십시오, 원녀와 광부가 한성부 소관이
        맞죠?

김문건   (뭘 가지고 골질을 하려고 이러나) 그렇긴 하지…요.

정우   저의 성균관 스승님이었던 맹박사의 따님들이 하나도 아
        니고 셋이나 원녀로 늙고 있다 합니다. 여인의 몸으로 이
        험한 세상을 어찌 살라고 방치하시는 겁니까?

김문건   허- 진짜 뭘 모르시네. 한양은 행정과 소비의 도시 아닙니
        까. 아녀자라도 바느질이나 요리 뭐든 전문적으로 잘하면
        혼인을 못 해도 먹고 사는 데는 문제가 없어요. 출사를 해
        봤어야지 세상 물정을 알지.

정우   (빠직) 지금 뭐라 하셨습니까?

김문건   늙은 아씨들 생활고를 걱정하는 거라면 그 댁 사정부터

알아보십시오. 아픈 모친이 그 비싼 백초방에서 매일 치료를 받는 걸 보면 그 댁 여식들은 형편이 아니라 평판이 나빠 혼인을 못 하는 것이니.

한성부관리   (문을 열고 들어와) 판윤대감, 혜민서 주부가 급히 뵙기를 청합니다.

김문건   (일거리 반갑다) 알겠네. 왜 갑자기 스승님 자녀들이 걱정되는지 모르겠지만 (장부 중 '광부명단'을 찾아 던져주며) 여기서 짝을 찾아보시던가. 나는 보시다시피 나랏일을 하느라 바빠서, 이만. (나가버린다)

정우   (이게 아닌데… 하는 얼굴)

씬37.   한성부 복도. 낮

정우   (판윤실에서 나오며) 나랏일을 하느라 바빠서 이만? 의빈인 나보다 품계도 낮은 주제에 상습적으로 말을 잘라먹고! 과거시험에서 나에게 월등하게 뒤처진 주제에 잘난 척은…

울분을 토하며 나가던 정우,
뒷걸음질로 지나쳐 온 종사관 집무실을 본다.
문이 열린 종사관 집무실 책상 위에 많은 책 중
"마님의 사생활"이 정우의 시선을 붙잡는다.

씬38.   **한성부 / 종사관 집무실. 낮**

정우, 홀린 듯 집무실 안으로 들어가 "마님의 사생활" 집어
들고는 못 읽은 뒷부분을 펼쳐 읽는데 돌연 바람이 불더니
주변은 의금부 고신실로 바뀐다.

씬39.   **(정우의 상상) 궁궐 / 의금부 / 고신실. 낮**

고신실 중앙에 장옷 사이로 눈만 빠끔히 내민 마님(순덕)이
작은 쪽창으로 들어오는 햇살을 핀조명 삼아 신비롭게 앉아
있다. 그 앞에 의금부도사(정우)가 위협적으로 서더니

의금부도사   오늘은 쉽게 나가지 못할 것이다. 얼굴을 확인해야 하니
            장옷을 벗어라!
마님   (죄인답지 않은 자신만만한 눈빛으로) 후회하실 텐데?

            천천히 장옷을 벗자 안에 입은 한복은 살이 훤히 비치는
            옷감이다! 정우 예상치 못한 일이라 순간 다리가 삐끗,
            간신히 바로 선다. 어깨선부터 시작하여 가슴(중요 부위는
            꽃수로 가렸다), 허리까지 천천히 흘러내린 장옷이 바닥에 툭
            무심히 떨어지자 다리를 꼬는 마님. 실루엣만 보여서 매우
            야하다. 이때 마님의 옆으로 "이후 이야기는 二편에서…"
            자막이 크게 뜨고 마님은 삽화처럼 정지한다.

138

의금부도사   (진심 화를 내며) 여기서 끝내다니, 이리 간악할 수가!!

            뒤가 궁금해 동동거리던 정우, 갑자기 정지된 순덕에게
            다가간다. 그리고 자수로 가려진 은밀한 부분을 보기 위해 몸을
            슬쩍 낮추는데

순구   (E) 지금 무얼 훔쳐보는 게요!

씬40.   한성부 / 종사관 집무실. 낮
            집무실 안으로 들어온 순구, 책의 삽화 속 여인의 치마 안쪽을
            보려는 것처럼 책을 높이 들어 보고 있는 정우를 변태 보듯
            쳐다본다.

정우   (움찔, 모양 빠지는 자세긴 하지만 자연스럽게 책을 내리며) 복
            장을 보아하니 한성부 종사관이군. 이 난잡한 책이 왜 이
            곳에 있는지 제대로 설명하지 않으면 자리를 보존하기 힘
            들 것입니다.
순구   본인이 누군지부터 밝히는 게 먼저입니다.
정우   나는 북촌 경운재 사는 심정우이오만.
순구   (!) 경운재 대감님… (예를 갖추고) 이 책들은 증거품입니다.
정우   변명 한번 궁색하군. 아녀자들이나 보는 미혼금소설이 어
            떤 사건의 증거품이란 말입니까?

순구	6개월 전 필동 이초옥이 물에 스스로 빠져 죽은 사건의 범인을 잡기 위한 증거품입니다.
정우	(깊은 한숨) 음서 출신인가… 어느 집 자제입니까? [자막 - 음서: 공신 집안 자손을 과거에 거치지 않고 관리로 채용하는 제도, 즉 공식 낙하산]
순구	…권관을 지낸 정 연자 무자의 장남 정순구입니다.
정우	(잠시 생각하더니) 아~ 그 소문의 좌상댁 사돈총각이군. 여동생을 팔아 쉬이 관직을 얻었으면, 들어와서라도 공부해야지 원.
순구	(무섭게 인상 굳는다) !
정우	(개의치 않고) 여인이 스스로 빠져 죽었다면서 범인이 웬 말이며, 그 증거가 소설책이라니, 뭐하나 이치에 맞질 않지 않소?
순구	(정색) 궐과 경운재만 오가는 대감님께서는 잘 모르시겠지만,
정우	(인상 팍) 내가 또 뭘 모른다는 겁니까?
순구	세상에 이유 없이 스스로 물에 빠져 죽는 사람은 없습니다.
정우	!
순구	죽은 이초옥의 방에서 화록의 소설이 수십 권 발견되었습니다.
정우	여인들이 소설 읽기를 즐기는 것이 이상할 일은 아니지 않소?
순구	화록의 소설은 머슴으로 위장한 정승집 도령이나 미행 나

온 세자와의 운명적 사랑을 그리는 허황한 내용이 대부분입니다. 하여 그 소설에 심취한 이초옥은 눈만 높아져 혼인을 기피, 종국엔 원녀인 신변을 비관하며 자살에 이르렀다고 판단하여, 이 소설을 쓴 화록을 이초옥의 위법치사 혐의로 수배 중입니다.

정우   진정 소설책 때문에 이초옥이 자살했다 생각합니까?

순구   …저는 명을 따를 뿐입니다.

정우   그리 생각 없이 일해서야, 이초옥의 수사기록을 가져와 보시오.

순구   … (못마땅하지만 의빈의 말이라 수사기록을 찾는다)

순구가 사건기록을 찾는 동안, 순구 자리에 놓인
『신주무원록』을 보는 정우, 많이 봐서 책이 낡았고, 중간에 큰
종이가 꽂혀 있다. 정우, 책을 펴 종이의 내용을 보려는데 탁!
순구, 바로 책을 덮고『신주무원록』을 가져가 버린다.

정우   (그런 순구를 묘하게 보는데)

순구   (수사 기록서를 주며) 이초옥에 대한 수사 기록서입니다.

정우   (순구가 건넨 이초옥의 사건기록 중 오작인의 부검서를 보며)
          스스로 물에 빠져 죽은 이의 몸에 어찌 이리 상처가 많은
          것이오?

순구   (뭘 볼 줄은 알고 이러는 거야?) 부검서에는 강물에 쓸린 상
          처라고 표기되어 있습니다만.

정우	나도 글을 읽을 줄 압니다. (부검서를 가리키며) 내가 묻는 건 이것이 강물에 쓸려 생긴 상처처럼 보이는가요. 내가 보기엔 영락없는 자상인데.
순구	(어떻게 알았지?) …
정우	상흔의 깊이 또한 1촌 8푼… 즉사시킬 수 있는 깊이고.
순구	시신 검시에 대해 좀 아십니까?
정우	종사관이 그리 소중히 보는 그 '신주무원록'에 내용을 보강하는 각주를 단 것이 납니다. [자막 - 신주무원록 : 조선시대 법의학서]
순구	(손에 든 『신주무원록』을 보고) !!
정우	종사관 역시 부검서와 달리 이초옥은 자살로 인한 익사가 아니라 칼에 찔려 죽은 후 강물에 버려졌음이 틀림없다고… (『신주무원록』에 껴 있는 종이를 가리키며) 거기 종이에 써놨던데.
순구	(그 짧은 시간에 읽고 내용을 기억하다니) !
정우	따로 조사하는 걸 보니 생각만큼 무능하진 않아 그나마 다행이군요.

씬41. 한성부 앞. 낮

정우	(한성부에서 나오며) 백초방으로 가자.
오봉	또 아프십니까?

백초방으로 가는 정우와 오봉을 보는 누군가의 시선(의금부

도사).

씬42.　　　백초방 / 안채. 낮

의원 안채, 여자 양반 환자를 위한 공간으로 들어오는 정우와

오봉. 정우, 병실에서 탕사발을 들고 나오던 의녀에게

정우　　　남산골 맹박사댁 조씨부인이 이곳에 내원했다 들었다. 만

　　　　　나 뵙길 청한다 이르거라.

의녀　　　잠시 기다리십시오.

오봉　　　그건 언제 알아보셨대요?

정우　　　내 영민함으로 저절로 알게 되었다. 자식 혼사는 부모가

　　　　　가장 큰 책임이 있는 법이니, (광부명단을 보며) 원녀들의

　　　　　모친에게 적당한 광부와 혼인을 맺겠다, 통보하면 일이

　　　　　해결될 듯하다.

치료실에서 백치미가 흐르는 하나가 나와 정우 앞에 선다.

정우　　　(?) 남산골 맹박사댁 조씨부인이십니까?

하나　　　(갑자기 헤드 뱅잉 하듯 머리 돌려 댕기머리를 앞으로 보이게

　　　　　한다)

정우　　　(댕기머리에 맞을 뻔하여 놀라 뒤로 물러선다) !!

하나	(노여워하며) 제가 어딜 봐서, 부인 같은가요!
정우	아니 나는 조씨부인을 뵙길 부탁하여…
하나	(바로 단아하게 돌변) 그분의 장녀 맹하나입니다. 어머니께서 안에서 침을 맞고 계십니다. 기력이 약하여 외부인을 만나는 것이 무리라 저에게 무슨 일인지 듣고 오라 하셨습니다.
정우	나는 아가씨들을 혼인시키라는 어명을 받고 온 어사입니다. (마패와 광부명단을 보이며) 하여 좋은 집안 자제들과 혼인시키려 한다는 말을 모친께 전하러 왔습니다.
하나	…
정우	[E] 어명으로 혼인시켜준다니 감동했군. 얼마나 혼인하고 싶었겠어.
하나	그 철 지난 광부명단이 좋은 집 자제라고요?
정우	(헛기침, 광부명단 숨기며) 아녀자치고 제법 한자에 능하시오.
하나	오해가 있는 모양인데, 저희는 혼인을 못 한 것이 아니라 안 한 것이니 공연한 도움은 필요 없습니다.
정우	어허- 반가의 여식이 이리 대놓고 불효를 저지르다니 개탄스럽군요.
하나	무슨 말씀이십니까?
정우	과년한 나이가 넘었음에도 혼인을 거부하는 것이 불효가 아니면 무엇이겠소, 모친의 근심이 여기까지 느껴집니다.
하나	어머니께서도 저희의 혼인을 원치 않으십니다.

정우	그 무슨 말도 안 되는 소리요? 자식의 혼인을 원치 않는 부모가 조선팔도에 어디 있단 말이오.

댕기머리의 여인 복장을 한 삼순이 하나에게 다가와

삼순	(정우를 살피며 조심스럽게) 언니, 어머니께서 계속 찾으시는데….
하나	그래, 가자 (삼순을 따라가려 하자)
정우	내 아직 말하는 중이잖소, 어딜 가시오?
하나	나리, 유교의 이념 중, 충보다 앞서는 유일한 것이 효입니다. 제 말을 믿지 않는 외간 남정네의 말을 듣고자, 어찌 병든 어머니의 부름에 지체하겠습니까? 도리가 아니지요.
정우	하~ 반가의 여인이라 어디서 들은 것은 있나 본데, 지금 대역죄를 저지르고 있는 건 알고 계시오?
하나	?
정우	법률에 이르길 여자 나이 24세가 넘도록 혼인을 안 할 때 집안이 곤궁한 이유가 아닌 이상 부모가 처벌받게 되어 있소.
하나	…
정우	그러니 낭자가 그리 중하게 여기는 효를 행하고 싶으면 (광부명단을 흔들며) 내가 정해주는 사람과 혼인을 해야 할 것이오.
하나	어디 한번 해보십시오. 가자. (삼순과 함께 병실 쪽으로 간다)

삼순	(하나와 병실 쪽으로 가다가 걱정스러운 눈으로 정우를 돌아본다)
정우	(울분) 어리석은 여인은 자존심을 내세워 거짓말을 일삼고, 원녀 문제를 책임져야 할 판윤은 사회구조적 문제를 핑계 삼아 방관하니 조선의 현 상태가 비통하기 그지없구나!!
오봉	이제 어쩝니까?
정우	(울분에 차) 뭘 어째? 법의 지엄함을 보여줘야지!

씬43. 백초방 앞. 초저녁

오봉과 백초방을 나오는 정우 앞을 의금부도사가 막아선다.

정우	!! (지난번 트라우마로 목부터 감싸며) 무… 무슨 일인가?
의금부도사	같이 가실 곳이 있습니다.

씬44. 청계천변 / 주막 안. 밤

의금부도사에게 밀려 주점에 온 정우는 변복한 임금과
도승지를 보고 놀라 예를 갖추려 하자

임금	됐다, 지금은 미행 중이니 앉기나 해라. (정우가 앉자 술잔을 내민다)
정우	(술을 마시라는 줄 알고 술잔을 받으려 하자)

임금	따르라고.
정우	아… 예. (잔에 술을 따른다)
임금	마음에 안 들어서 원… (술을 마시고는) 조용히 처리하라 했건만 그새 판윤에게 가서 나불나불.
정우	(어떻게 벌써 알았지?) 소인은 그저 일의 순리에 따라…
임금	판윤한테 지시하여도 될 일 같으면 왜 널 시켰겠느냐? 나, 임금이다.
정우	…
임금	판윤은 좌상의 수족과도 같은 인물인데 거기 가서 우리 패를 까면 어찌하자는 거냐?
정우	그 부분은 염려치 않으셔도 됩니다. 그들은 우매하여 제가 세자저하의 가례를 위해 움직인다고는 생각도 못 할 것입니다.

씬45.　　좌상 집 / 사랑채 / 누마루. 밤

조영배와 박복기, 김문건이 모여 앉아 이야기를 나누고 있다.

김문건	경운재 의빈이 뜬금없이 찾아와 늙은 아씨들 혼인을 시키라고 난리를 피우는 통에 식겁했습니다.
박복기	늙은 아씨들 혼인을 지가 왜?
조영배	늙은 아씨들이 뭔가?
김문건	신묘년에 죽은 성균관박사 맹상천의 딸들을 항간에서 그

리 부릅니다. 세 딸 모두 시집 못 간 원녀라서.

박복기   그러니까 경운재가 왜 갑자기 맹하나 중매를 서냐고?

김문건   (왜 이리 관심을?) 경운재 의빈이 하는 일에 무슨 이유가
          있습니까? 시간은 많고 할 일이 없으니 여기저기 관청을
          들쑤시고 상소를 올리는 것이 그자의 취미 아닙니까?

박복기   그러니까 그 뻘짓이 왜 하필 맹하나냐고…(계속 중얼거리
          며 투덜댄다)

씬46.   청계천변 / 주막 앞. 밤

임금   어사라고 떠벌리고 법으로 겁박하면, 그 집 첫째는 어찌
          시집을 보낼 수 있겠지. 그럼 나머지 딸들은 24세가 될 때
          까지 기다릴 것이냐? 내가 너에게 준 기한은 두 달이다.

정우   …

임금   듣자 하니, 실력 좋은 중매쟁이는 반가의 과부도 총각혼
          례를 시킨다던데…

정우   (발끈하여) 일부종사가 기본인 반가의 여인이 어찌 재혼을
          한단 말입니까? 그것도 총각이랑!

임금   누구 앞이라고 눈을 부라리는 것이냐! 말이 그렇다는 거
          지. 이렇게 융통성도 없고 물정도 모르니 상소가 받아들
          여져 출사한들, 거친 정치판에서 살아남을 수나 있겠느
          냐… 쯧쯧

정우	(자존심 상해 꿍한 표정) …
임금	나도 그 밤에 너에게 사약을 내리고, 좌상에게 죄를 물어, 유배 보내고 세자를 혼인시킬 수 있었다. 하지만 그리하면 잃는 것이 더 많았을 것이다. 정우야, 정치란 적게 잃고 원하는 것을 얻는 것이다.

[CUT TO]
임금과 의금부도사는 떠나고 주막엔 도승지와 정우만 남았다.

도승지	홍월객주 방물장수 중, 중매에 탁월한 자가 있네.
정우	〔E〕 설마… 또
도승지	여주댁이라고, 골칫덩어리 내 둘째 아들 혼인도 해결한 능력잘세.
정우	〔E〕 언제나 불길한 예감은 틀리는 법이 없지.
도승지	내 부탁해두었으니, 내일 객주에서 만나보게나.
정우	제가 알아서…
도승지	어떻게 말인가? 이번엔 내 말 듣게나. 바빠서 못하겠다는 여주댁에게 특별히 부탁한 것이니 웃돈을 줘서라도 반드시 섭외하게.
정우	(미치겠다)
도승지	(가려고 일어나다가) 아, 그리고 자네 필히 노 젓는 연습을 해놓게나.
정우	그건 왜?

도승지   곧 알게 될 것이네. (자리를 떠난다)

씬47.   경운재 / 서재. 밤

정우, 종이와 먹을 앞에 놓고 정좌하고 앉아 있다.

낮에 들은 말들이 머리 위에 떠다니며 점점 미간이 구겨진다.

김문건   〔E〕 출사를 해봤어야지 세상 물정을 알지. (2화 36씬)

순구   〔E〕 궐과 경운재만 오가는 대감님께서는 잘 모르시겠지
            만, (2화 40씬)

임금   〔E〕 출사한들, 거친 정치판에서 살아남을 수나 있을지…
            (2화 46씬)

정우, 붓을 들어 호기롭게 난을 친다. 획~ 난을 칠 때마다 머리
위에 떠도는 비난의 말들이 파삭 사라진다.

정우   역시, 마음을 다스리는 데는 난을 치는 것만 한 게 없지.

보면, 보기 좋은 난 그림이 완성되어 있다.

정우   (의지에 불타) 내 반드시 이번 일에 성공하여 출사만 하면 원
            칙과 신념을 지키는 정치인이 어떤 것이란 걸 보여주겠어!

씬48. 홍월객주 / 비밀창고. 낮

순덕 앞을 초조하게 왔다 갔다 하는 삼순(화록으로 남장).

순덕   (기다리지 못하고 먼저 말을 꺼낸다) 화록님, 제가 약속이 있
         는데… 빨리 말씀을 하시든지 아니면 다음에 들을까요?
삼순   중매 좀 서주게.
순덕   누굴…요?
삼순   자네…. 남산골 '늙은 아씨들' 들어봤나?
순덕   들어봤죠.
삼순   그 늙은 아씨들 중 첫째와 둘째 아가씨, 시집 좀 보내주
         게나.
순덕   와우~ 이게 무슨 일일까요? 이틀 사이 '늙은 아씨들' 중
         신을 서라는 말을 이렇게 많이 듣다니… 화록님이 세 번
         째예요.
삼순   누가 또?
순덕   ….

씬49. (회상) 도승지 집 / 안채 마당. 낮

수모(50대)를 도승지댁 부부에게 소개하는 순덕.

순덕   왕실가례 경험도 있는 한양 최고의 수모인 장씨가 혼례를
         맡아주기로 했으니 아무 걱정하지 마십시오. 아드님 가발

도 준비했답니다.

[자막 - 수모: 웨딩 플래너]

도승지부인   수모까지 구해주고 정말 고맙네.

도승지   자네 나 좀 보게.

순덕   ?

[CUT TO] 도승지 집 일각

도승지   자네가 어사를 좀 도와줬음 하네.

순덕   (설마…?) 저 같은 중매쟁이가 어사나리를 도울 일이 있을
        까요?

도승지   남산골 늙은 아씨들을 혼인시키는 일이니, 자네가 분명
        도움이 되네.

순덕   [E] 불길한 예감은 틀리는 법이 없지.

씬50.   홍월객주 / 비밀창고. 낮

순덕   화록님은 왜 이 중매를 의뢰하는지 말씀해주실 수 있나
        요?

삼순   (두서없이 말한다) 맹하나아가씨는 내가 잘 아는 누이인
        데… 여주댁에게 안 반했다는 그 양반이 찾아와 어명을
        수행하는 어사라며 자기가 골라주는 광부 아무나하고 당

장 혼인하라고… 누이는 자기랑 혼인하겠다는 남자는 없을 거라고 걱정하지 말라지만 언니가 세상을 너무 모르는 거지…

순덕   (가만히 듣고 있다) 언니라… (번득) 화록님…. 늙은 아씨들이군요.

삼순   (헉) !!

순덕   여자라는 건 처음부터 알았는데…

삼순   (눈물이 주룩) …

순덕   (당황) 아이고 왜 울어요?

삼순   (눈물을 닦으며) 자네가 단박에 맞춰 너무 놀라고 걱정이 돼서…

순덕   아가씨가 화록이란 비밀을 지킬 테니 걱정하지 마세요. 그러니까 정리를 하면 그 저한테 반하지 않은 나리가 첫째 언니를 아무나하고 혼인을 시키겠다고 하니, 화록님께선 언니가 걱정돼서 저에게 중매를 부탁한다는 말이죠?

삼순   …. (주저하자)

순덕   아가씨?

삼순   사실… 그게… 아니라 (에라 모르겠다) 내가 너무 혼인하고 싶어서네! 언니들이 시집을 가야, 막내인 내가 시집을 가지 않겠나. 어사가 와서 겁박해도 언니들이 꿈쩍도 안 하니… 너무 답답하여 자넬 찾아온 것일세. 제발 언니들 시집 좀 보내주게.

순덕   (삼순이가 귀엽다)

삼순	내 중신비는 책을 더 열심히 써서 꼭 후하게 갚겠네.
순덕	중신비는 저에게 안 반한 그 나리께 받겠습니다.
삼순	어?
순덕	어차피 나라에서 원하는 혼인, 나랏돈으로 하면 서로 좋잖아요. 저 지금 그 어사나리와 만나기로 했거든요.

씬51.   홍월객주 / 객실 안. 낮

오봉과 함께 여주댁을 기다리는 정우, 초조해 보인다.

정우	분명히 날 보면 안 한다고 할 텐데…
오봉	얼마나 정떨어지게 굴었으면… 그때 내가 같이 갔었어야 해.
정우	(째려보자)
오봉	일단 그 중매쟁이가 오면 사과부터 하십시오.
정우	내가 왜? 잘못한 게 없는데.
오봉	그냥 하라면 좀 해요. 대감마님이 잘 모르셔서 그러는데 여자들은 사과하면 웬만한 일은 넘어가거든요, 그러니까…!! (헉)
정우	(눈을 번득이며 분노) 너까지 나에게 잘 모른다고 하다니…. (점점 울분이 차오르며) 진짜 원칙과 정도를 모르는 것이 누군데~

정우의 울분이 치달을 때, 문이 열리고 보면 순덕이다.

오봉   (망했다) 아~ 하필 울분의 정점에… 들어오냐.

정우   (울분의 찬 얼굴로 순덕을 보며) 됐다, 당장…
오봉   (제발 그러지 말라고 고개를 젓는다)
순덕   (곧장 정우에게 걸어와 앞에 서자)
정우   당장… 사과부터 하마. 저번 일은 내가 미안했다.
순덕   (꼭 사과를 받고 답한 것처럼 바로) 늙은 아씨들 중매 설게요!

               순덕과 정우 서로 생각지 못한 상대의 말에 의아해하며…

                                                    二話終

第三話

제가 쌍연술사 같습니다!

씬1. 오프닝 좌상&박씨부인 인터뷰: 좌상 집 / 마당. 새벽

마당에 기품 있게 서 있는 박씨부인. 잠시 후 사랑채에서

관복을 입고 나오는 조영배, 박씨부인에게 가볍게 인사하고

나가려다 멈춰 서 정면을 바라본다.

[자막 - 조영배 / 좌의정, 동노파 영수 / 특이사항: 공처가]

조영배   조선을 왕의 나라라고 생각하는 순진한 사람이 아직도 있

댑니까? 조선은 사대부의 나라입니다. 이유는 왕은 능력

이 아닌 핏줄로 이어지기 때문입니다. 지금같이 복잡한

현시대엔 다중지성이 답이죠.

조영배가 밖으로 나가자, 시선은 박씨부인에게로 향한다.

[자막 - 박소현 / 조영배의 처, 정경부인 / 특이사항: 비선 실세]

| 박씨부인 | (정면 보며) 조선은 응당 여인의 나라죠. 가문은 몇백 년을 가는 나무와 같아서 번성하기 위해서는 뿌리가 튼튼해야 합니다. 저는 땅속에서 보이지 않는 뿌리를 이루는 것이 집안 여인들이라고 생각합니다. 그렇기에 아무리 큰 위기가 와도 그 집안의 여인들만 똑바로 서 있으면 그 집안은 절대 망하지 않는 법이죠. 이것이 제가 조선을 여인의 나라라고 생각하는 이유입니다. |

"제가 쌍연술사 같습니다!"

씬2.   홍월객주 / 비밀창고. 낮(2화 50씬)

삼순	내가 너무 혼인하고 싶어서네! 언니들이 시집을 가야, 막내인 내가 시집을 가지 않겠나. 어사가 와서 겁박해도 언니들이 꿈쩍도 안 하니… 너무 답답하여 자넬 찾아온 것일세. 제발 언니들 시집 좀 보내주게.
순덕	(삼순이가 귀엽다)
삼순	그리고… 내가 중매 의뢰했다는 건 우리 집엔 비밀로 해주게.
순덕	왜죠?
삼순	열여섯 살 때 언니들과 평생 혼인하지 않고 같이 살겠다

는 각서를 썼네. 어릴 땐 그런 생각 다 하지 않나? 하지만 난 혼인도 못하고 처녀로 늙어 죽긴 싫다고. (훌쩍)

순덕   그럼요, 그럼요. 혼인하셔야죠.

삼순   우리 언니들 중신을 서주겠다는 거지?

순덕   화록님까지 세 분 모두 좋은 인연을 찾아드리겠습니다.

삼순   내 중신비는 책을 더 열심히 써서 꼭 후하게 갚겠네.

순덕   중신비는 저에게 반하지 않은 그 나리께 받겠습니다.

삼순   어?

순덕   어차피 나라에서 원하는 혼인, 나랏돈으로 하면 서로 좋잖아요. 저 지금 그 나리와 만나기로 했거든요. 나만 믿어요.

씬3.   홍월객주 / 행수 방. 낮

진귀한 그림과 도자기로 꾸며진 홍천수의 집무실.

홍천수   (차를 타며) 화록이 늙은 아씨들의 막내라니… 재미있네요.

순덕   (초조하게 왔다 갔다 하며) 내가 화록… 아니 삼순아가씨에게 호언장담했지만, 지난번에 그 나리한테 워낙 막 해서 좀 걱정이야.

홍천수   도승지까지 나서서 부탁하는 걸 보면 아쉬운 건 저쪽인 것 같은데요. (차를 따라 순덕 앞에 놔준다)

순덕   (홍천수 앞에 앉아) 그지? 내가 꿀릴 건 없는 거지? (차를 낼름 마셨다가) 아~ 뜨거…

홍천수	…

[INS] 2화 17씬. 계속

정우, 사인방과 함께 있는 모습을 객주 일각에서 보는 명나라

상인과 홍천수.

명상인	돈이 많다… 좋네. 직접 와서 사가라고 전해주게.
홍천수	(직접?) 그냥 저희 쪽에 주시면…
명상인	자네 생각해서 그러는 거야. 난 괜찮아도 그 물건에 괜히
	엮여 운 나쁘면 자넨 죽을 수 있어.
홍천수	(차를 마시며) 하지만 그 나리랑 엮여서 좋을 건 없어 보이
	던데… 마님 이번 중매는 하지 마세요.
순덕	그러니까 더더욱 해야지. 그 꽉 막힌 상똘아이 양반이라
	면 어명이랍시고, 삼순아가씨 말대로 아무 광부하고 강제
	적으로 혼인시키려 들 거야. 몰랐으면 모를까, 알고서 그
	대로 둘 순 없지.

씬4.　　홍월객주 / 객실 안. 낮(2화 마지막 씬)

오봉	그냥 하라면 좀 해요. 대감마님이 잘 모르셔서 그러는데
	여자들은 사과하면 웬만한 일은 넘어가거든요, 그러니
	까…!! (헉)
정우	(눈을 번득이며 분노) 너까지 나에게 잘 모른다고 하다

니···. (점점 울분이 차오르며) 진짜 원칙과 정도를 모르는 것이 누군데~

씬5.　　홍월객주 / 복도 / 객실 문 앞. 낮

객실 문 앞에 서서 연습하는 순덕.

순덕　　(비장하게) "늙은 아씨들 중매 설게요." 이 말부터 하고 시작하는 거야. 할 수 있어. 아무리 심한 소릴 해도 삼순아가씨 혼인만 생각하자. (심호흡을 하고 문을 힘차게 열고 들어간다)

씬6.　　홍월객주 / 객실 안. 낮(2화 마지막 씬)

벌컥! 열리는 문소리에 돌아보는 정우와 오봉.
객실에 들어와 정우만 보고 직진하는 순덕.

정우　　(울분에 찬 얼굴로 손가락으로 문을 가리키며) 됐다, 당장···

오봉　　(제발 그러지 말라고 고개를 젓는다)

순덕　　(곧장 정우에게 걸어와 앞에 서자)

정우　　당장 사과부터 하마. 저번 일은 내가 미안했다.

순덕　　(꼭 사과를 받고 답한 것처럼 바로) 늙은 아씨들 중매 설게요!

오봉　　(대감마님이 사과를? 다행이지만 놀랍다) ?!

순덕은 "이렇게 순순히 사과를?", 정우는 "이렇게 순순히 승낙을?" 생각지도 못한 서로의 말에 의아해하며 잠시 침묵이 흐르는데…

순덕	단, 조건이 있어요.
정우	(동시에) 한다니 조건이 있다.
순덕, 정우	(뜻하지 않은 찌찌뽕이라 당황스러워 또 침묵)
오봉	은근 둘이 잘 맞아. 사람 불안하게. (둘이 말을 섣불리 꺼내지 못하자) 여기 앉아서들 이야기하시죠.

정우, 순덕 탁자에 마주 보고 앉는다.

정우	중매를 서겠다니 조건을 말하겠다. 혼례는 유월이 되기 전에 끝내야 하며, 이번 일은 어명이므로 중매 과정을 미리 나에게 고지하고 모든 과정에 내가 동행할 것이다. (광부명단을 꺼내 놓으며) 그리고 상대는 여기서 골라야 한다.
순덕	그 철 지난 광부명단에서요?
정우	(?) 다들 표지만 보고… 왜 철이 지났다고 말하는 것이냐?

[INS] 2화 42씬.
하나 "그 철 지난 광부명단이 좋은 집 자제라고요?"

순덕	계사년 이후 한성부에서는 광부와 원녀 조사를 하지 않

앉거든요. 그러니까 이 명단은 최소한 2년 전에 작성됐다는 거죠. (광부명단 펴서 보며 그중 한 곳을 짚으며) 여기, 관훈동 현빈은 작년에 혼인하여 지난달 아들 돌잔치를 했습니다.

정우   판윤은 광부명단을 최신정보로 바꾸지도 않고 바쁜 척하긴. 내 출사만 하면 한성부의 체계를 다 바꿔버리겠어!

순덕   (알아들었다) 신랑은 이 명단에서가 아니고, 광부면 되는 거군요. 조건을 정리하면 기한은 두 달, 상대는 광부로만 해야 하고, 모든 과정을 나리와 함께한다. 끝입니까?

정우   그렇다.

순덕   그럼 제 조건을 말씀드리겠습니다. 중매쟁이는 저니까 저의 중매 방식에 무조건 따라주셨으면 합니다.

정우   그 말은 나보고 너의 지시를 받으라는 것이냐?

순덕   지시라기보다 제가 전문가니까 주도를 하겠다는 거죠.

정우   그 말이 그 말이다.

순덕   (해맑게 웃으며) 아~ 그런 거예요?

정우   (심쿵! 습관적으로 가슴으로 가는 손, 붉어지는 얼굴)

오봉   (그런 정우를 흥미롭게 보며) 반했네… 홀딱.

순덕   계약금은 선금입니다.

정우   (헛기침) 도승지 대감께 들었다. (눈짓하면)

오봉   (주머니에 든 엽전 꾸러미를 탁자에 올려놓는다)

정우   한 사람에 백 냥, 도합 삼백 냥. 그중에 계약금은 백오십 냥. 나머지 잔금은 혼례 당일 주겠다.

순덕   [E] 도승지 대감께 모두 백 냥 부른 건데… 한 사람에 백 냥이라니. 완전 호구들이다! (바로 엽전 꾸러미를 움켜쥐는데 끌려오지 않는다) ?

보면, 오봉이 엽전 꾸러미 반대편을 잡고 순덕이 가져가려는 것을 막고 있다.

정우   (계약서와 붓을 꺼내 놓으며) 먼저 수결부터 하거라.

순덕, 두 달 안에 정우를 도와 세 딸을 모두 혼인시켜야 하며, 불이행 시 계약금의 두 배를 물어내야 한다는 계약서를 보며 잠시 망설이다, 이내 탁! 계약서 수결란에 왼손바닥을 쫙 펴서 내려놓는다.

정우   (붓으로 순덕 손 모양 그리며) 오월 안에 혼례를 모두 성사시키지 못하면 받은 돈의 두 배를 돌려줘야 할 것이다.

순덕   저 중매의 신, 여주댁입니다. 저에게 실패란 없습니다. (엽전 꾸러미 확 낚아채며) 중매는 아가씨들을 모두 뵙고 본격적으로 시작할 것이니 사흘 뒤 객주에서 일정과 계획을 세워보죠.

정우   내일 당장이 아니고 왜 사흘 뒤냐?

순덕   제가 끝내야 할 다른 중매가 있어서요. (돈을 챙겨 나간다)

씬7. 홍월객주 앞. 낮

장옷을 걸친 순덕, 객주를 나와 어깨 들썩인다. 우나? 보면
너무 좋아 웃고 있다. "으흐흐 일인당 백 냥!" 지나가는 사람들,
순덕을 이상하게 본다. 이어 객주에서 나오는 정우. 오봉
나온다. 순덕, 들썩이던 어깨를 멈추고 정우와 오봉을 향해
씨익 웃는다.

오봉	(뜨악! 하는 얼굴로 정우에게) 상태가 안 좋아 보이는데요.
정우	(웃는 순덕을 헤벌쭉 바라보고 있다) …
오봉	(버럭) 대감마님!
정우	어?
오봉	돈 괜히 준 거 아닐까요? 가지고 튀면…
정우	의인물용, 용인물의. 사람을 의심하면 쓰지 말고, 사람을 썼으면 의심하지 말라, 했다. 여주댁의 명성은 충분히 알아보지 않았느냐.
	[자막 - 의인물용 용인물의(疑人勿用 用人勿疑)]
오봉	(단단히 빠졌군) 반했다는 말도 참 학문적으로 하시네…
정우	(순덕이 사라질 때까지 눈으로 쫓으며) 참으로 바람 같은 여인이다.

씬8. 여주댁 초가집 / 마당. 낮

순덕은 붉은 나비 장옷을 여주댁에게 쓱~ 밀면서

순덕	(눈웃음) 내일 우리 집에 와줄 거지?
여주댁	(다시 장옷 밀어주며) 안 간다고요.
순덕	여주댁 진짜 이상하다. 김씨부인댁은 대신 가주고 그랬잖아.
여주댁	거기랑 같아요? (묘한 눈빛) …좌상대감댁은 못 가요.
순덕	(그런 여주댁의 눈빛을 읽고) 혹시… 우리 집이 무서운 거야?
여주댁	…
순덕	(진짠가?) 설마 우리 어머니가 첫째 며느리 죽이고 자결로 꾸며 열녀문 하사받았다는 그 소문 때문에?
여주댁	(복잡한 얼굴) 그걸 알고도, 그 집에 시집간 거예요?
순덕	어머, 미쳤나 봐. 그 소문 다 거짓말이야.
여주댁	…마님이 시집가기도 전의 일인데 어떻게 거짓말이라고 확신해요?
순덕	(푸하) 여주댁, 집 안에 처박혀 분만 만들더니 세상 물정 너무 모른다. 그다음 소문은 못 들었어?
복희	(끼어들며) 들었어요, 좌상집 별당마님 괴담.

[INS] 좌상집 별채 안. 밤
머리를 산발하고 소복을 입은 순덕, 방에서 나와 몽유병
환자처럼 맨발로 마당으로 나오더니 담벼락에 멈춰 서서 벽을
들이받는다. 쿵! 쿵! 이내 머리에서 피가 흘러 얼굴을 타고
내려 피눈물처럼 섬뜩하다.

복희   [E] 마님이 첫째 며느리 귀신에 씌어서 별당에서 나가려
         고 온종일 머리를 벽에 박아서 이마에서 피가 흐르고 뼈
         가 보인다고…

순덕   그러니까 내가 기도 안 차다니까. (자기 이마 치며) 내 이
         마 이렇게 멀쩡하잖아. 소문이란 게 원래 9할 9푼은 거짓
         이야.

복희   (고개 끄덕) 아…

여주댁   (다급히 말 돌린다) 나 이제 곧 함경도 상단에 출장도 가야
         하고…

순덕   다음 달에나 간다며! (하다가?!) 여주댁 지금 디게 이상한
         거 알아? (갸웃) 이 정도면 단순히 우리 집 소문 때문이 아
         닌 것 같은데… (예리한 눈빛) 뭐 있지?

씬9.   홍월객주 / 행수 방. 낮

홍천수   (여주댁의 도화분 개수 세다가) 미쳤어? 거기가 어디라고 간
         다고 해? 조영배… 아니 좌상대감이랑 마주치기라도 하
         면 어쩌려고?

여주댁   8년 전에 죽은 걸로 아는데, 봐도 모를 거야. 그리고 좌상
         은 새벽부터 궐에 가 있는데 일부러 만나기가 더 힘들어.

홍천수   그건 그렇지…

여주댁   괜히 유난 떨다 눈치 빠른 마님이 추린가 뭔가 해서 내가

168

누군지 알게 되는 게 더 무서워.

홍천수   그건 좀 무섭지. 아니…. 생각하기도 싫다. 그래도 조심
          해. (다시 도화분 하나하나 확인하고 개수를 센다)

씬10.   산속. 밤

보부상 여럿이 불을 피워놓고 노숙하면서 수다를 떨고 있다.
[자막 - 부산 동래]

보부상   (나무 상자 속에 든 도화분을 보여주며) 이게 쌀 반 가마니짜
          리야.

보부상2   이게 뭐래요?

이때 털썩, 하는 소리가 들리자 보부상들 일제히 소리 나는
쪽을 돌아본다. 밧줄에 묶인 도망 노비와 함께 나무에 기대앉는
안동건, 머리는 산발에 얼굴엔 긴 칼자국, 허리춤에 칼을 차고
있다.

보부상   추논가 보네… (슬쩍 보고 다시 대화를 이어간다) 내가 이 도
          화분 구하느라 얼마나 고생했게.

보부상2   보기에도 귀해 보이네. (뚜껑을 열려고 하자)

보부상   (보부상2 손을 치며) 만지지 말어… 보기만 햐. 귀한 거야…
          (하는데)

안동건, 어느새 도화분을 낚아채, 뚜껑의 복숭아무늬를
심상하게 본다.

보부상   지… 지금 뭐 하는 거요?

안동건   이 도화분을 만든 자가 이잔가?

안동건, 품에서 두루마리 족자를 꺼내 보여준 용모화는
여주댁의 얼굴이다!(용모화는 현상수배 전단지 중 수배자 몽타주만
펴서 보여준 것)

보부상   고지평 도자기 할배한테 구한 거라… 누가 만든진 모르는
데…

[CUT TO]
잡은 도망 노비를 그대로 두고, 급히 길을 나서는
안동건을 보고.

보부상2   큰 건인가 보네, 다 잡은 노비도 놔두고 이 밤에 나서는
걸 보니…

보부상   (소매로 도화분을 닦아 상자에 넣으며) 얼핏 보니까 노빈 아
니고 현상금이 엄청 걸린 살인자 같아.

씬11.   좌상 집 앞. 낮

좌상집 대문 앞에 서 있는 여주댁. 결심하고 문을 두드리려는데
스륵 열리는 문! 순덕이 안에서 고개를 내민다.

순덕   (여주댁 보고 반색) 뭐야 와 있었네. 난 또 안 오나 하고 걱
       정했잖아. 어서 들어가자. 어머님이 기다리고 계셔. (여주
       댁을 데리고 들어간다)

씬12.   좌상 집 / 안채 대청마루. 낮

순덕, 여주댁과 안채 마당으로 들어서자 대청마루에 박씨부인
앉아 있다.

순덕   어머니, 방물장수 여주댁이 왔습니다.
여주댁   (장옷을 벗고, 목례를 한다)
순덕   (먼저 대청마루에 올라가려는데)
박씨부인   (순덕에게) 너는 그만 별채로 돌아가거라.
여주댁   (긴장하고) !
순덕   어머니 저도 같이…
박씨부인   과부가 장사치와 말 섞으면 괜히 좋지 않은 소문만 도는
          법이다.
순덕   네… (그대로 뒤로 빽하며 여주댁에게 속닥) 연습한 대로만 해.

여주댁은 애써 여유로운 표정을 하고 대청마루로 올라가
않는다.
그런 여주댁을 자세히 살피던 박씨부인, 먼저 입을 연다.

박씨부인   한양 장사치라면 우리 집안 혼사는 중매쟁이를 거치지 않
            는다는 걸 잘 알 텐데 굳이 중신을 서겠다 하니, 그 용기
            가 가상해 오라고 했네. 어떤 집안인지 들어나 보세.

순덕, 대청마루를 한번 돌아보고, 중문을 통해 안채를
빠져나간다.

씬13.   좌상 집 일각 (교차) 안채 대청마루. 낮

/ 좌상집 일각
순덕, 안채 중문으로 나오면 예진이 팔짱을 끼고
기다리고 서 있다.

순덕   아우 깜짝이야.
예진   내가 혼담 파투 내달랬지, 다른 선 자리를 가져오면 어
          떡해.
순덕   혼담 파투는 다른 혼인으로 막는 것이 중매의 기본이에요.
          참판집 아들이 싫은 거지, 혼인을 안 할 건 아니잖아요.
예진   (이게 아닌데 하는 표정) 그건 그렇지만…

순덕	(!!) 아가씨 혹시 따로 만나는 도령 있어요?
예진	(짜증) 뭐래? 천한 연애 같은 거 해서 신세 망칠 일 있어요?
순덕	(의심스럽게 보다가) 하긴, 아가씨 나이가 빨리 혼인하고 싶다가도 자유로운 처녀 시절을 더 즐기고 싶기도 한 오락가락할 때죠. 하지만 이번 도령 완전 괜찮아, 놓치면 후회한다니까.
예진	(뚱) 나 얼굴도 보는 거 알죠?
순덕	알죠, 알죠. 이 도령 공부를 잘함에도 불구하고 잘 생겼어, 근데 놀랍게도 착하기까지 해. 이거 진짜 어려운 거거든.

/ 안채 대청마루

여주댁	성균관 대사성인 이대감 댁에서 따님과의 혼인을 원합니다.
박씨부인	(인상이 굳는다) !

/ 좌상집 일각

예진	언니는 중매 선다면서 대사성이 우리 집하곤 정적인 것도 몰라요? 우리 엄마, 그 집과 사돈 안 맺을걸. (왠지 안도한다)
순덕	보면 아가씨는 나보다도 더 어머니를 모르는 것 같아. 아마 허락하실걸요. 어머님 안목이 좀 거시적이잖아요, 나처럼.

/ 안채 대청마루

박씨부인　　우리 집과⋯ 그 댁이 정적인 걸 모르고 온 건 아닌 것 같고, 이대감댁 정씨부인이 먼저 혼담을 꺼낸 건 확실한 건가?

여주댁　　　(시열의 사주단자를 꺼내며) 그 댁 도련님의 사주단자입니다.

박씨부인　　왜 다들 자넬 중매의 신이라 부르는지 알겠군. (예진이 사주단자를 꺼내주며) 이건 우리 딸 사주단자일세.

여주댁　　　!

박씨부인　　혼례 전까지 비밀을 유지하고, 혼인 날짜는 초파일 이후에 줄 터이니 그때 다시 들르게.

씬14.　궁궐 일각. 낮

화전놀이 중인 박씨부인과 숙빈박씨. 궁녀들이 화전을 부쳐 바로 내놓는다.

박씨부인　　예진이 혼처가 성균관 대사성댁 장남으로 정해졌습니다.

숙빈박씨　　대사성이면 남장파인 도승지 쪽 사람이 아닌가요?

박씨부인　　그렇긴 하지만 청렴하고 학식이 뛰어나 저희 쪽 젊은 선비들도 따르는 이가 많습니다. 그런 사람이 우리 쪽 인사가 되면 진성군에게 큰 힘이 될 것입니다.

숙빈박씨　　언니가 어련히 잘 알아서 하셨겠죠.

박씨부인　　(화전을 먹으려다 멈추고) 경운재 의빈?

숙빈박씨, 박씨부인 보는 쪽으로 돌아보니 관복을 입은 정우,
부용정 쪽으로 가는 것이 보인다.

숙빈박씨   (대수롭지 않게) 경운재 의빈이 상소만으로 부마에서 벗어
           날 수 없다고 생각했는지, 요즘 부쩍 전하를 찾네요.

박씨부인   (의미심장하게 보면) …딴 뜻이 있을 수도 있죠.

숙빈박씨   그런들 뭐가 문젭니까, 경운재 의빈은 확실한 우리 쪽 사
           람인데.

박씨부인   확실한 사람이 돌아서면 가장 무서운 적이 되는 법입니다.

씬15.   궁궐 / 부용정 연못 / 배 안. 낮

정우, 배를 젓느라 고군분투하고 있고 임금은 못마땅한 얼굴로
보고 있다.

임금   계속 같은 곳을 돌고 있지 않느냐?

           보면, 상선과 궁녀들이 서 있는 연못가에서 1미터도 떨어지지
           않은 곳에서 임금과 정우가 탄 배가 같은 자리를 돌고 있다.

임금   자네 부친도 몸 쓰는 것을 못 하더니, 하필 그걸 닮았군.

정우   (아버지 이야기가 나오면 얼굴이 굳는다)

임금   (그런 정우를 짠하게 보며) 이번만 내가 친히 저어주마.

임금 능숙하게 배를 저어 연못 중앙으로 가자, 정우 살짝
놀란다.

임금   (그런 정우를 보고) 중전이 뱃놀이를 좋아해서. 남자가 돼
        서 여인인 중전에게 노를 저으라 할 순 없지.

        배가 연못 중앙에 도착하자, 임금 노 젓기를 멈추고 편안하게
        기대앉아 하늘을 본다. 임금은 정우의 보고를 받기보다 쉬러
        나온 느낌이다.

정우   원녀들 혼례는 솜씨 좋은 중매쟁이를 섭외했으니, 더는
        걱정 안 하셔도 됩니다.
임금   내가 무슨 걱정이겠느냐, 실패하면 니가 걱정이지.

씬16.   좌상 집 / 안채 전경. 밤 (비)
        비 내리는 밤. 안방에 불이 켜져 있다.

씬17.   좌상 집 / 별채 / 순덕의 방 안. 밤 (비)
        순덕. 안절부절 초조하게 방안을 왔다 갔다 하고
        예진은 방 가운데서 술을 마시며 수를 놓고 있다. 곧잘 놓는다.

예진	새언니, 그만 왔다 갔다 해요. 어지러워.
순덕	나 때문이 아니고 술 때문에 어지러운 거예요. 그만 마셔요. 아 진짜, 모레 가시는 거면 지금쯤은 말씀이 있어야 하는데… 혹시 이깟 비 때문에 안 가시는 거 아니겠죠?

그 순간, 번쩍 쿠르릉 쾅! 벼락이 친다. 순덕과 예진 움찔하고,

예진	이번엔 어느 집 중매를 맡았길래 이 난리예요?
순덕	(납작 예진 앞에 앉아 자랑) 놀라지 마요. 나 남산골 맹박사댁 중매 서요.
예진	(놀라서) 늙은 아씨들을? 누구? 설마 처녀귀신 붙었다는 첫째?
순덕	아니요, 전부 다요.
예진	대박! 세 명 다 할 수 있겠어요?
순덕	당연하죠. 나 중매의 신이잖아요. (자신만만하다가) 그러려면 어머님이 내일은 선화사에 가셔야 하는데… 왜 말씀이 없지. (초조하다)

이때 번쩍 우르르 쾅쾅 요란한 천둥 번개 치고,
동시에 방문이 벌컥 열린다. 순덕과 예진, 놀라 비명을
지르는데 베개를 끌어안고 서 있는 근석이 보인다.

| 예진 | (술병을 뒤로 감추며) 근석아 이 밤에 어쩐 일이야? 설마…. |

열두 살이나 돼서 천둥이 무서운 거야?

근석   (무서워 오긴 했지만, 창피해 방에 선뜻 들어오지 못한다) …

순덕   이 어미와 고모가 천둥에 무서울까 봐 지켜주러 온 거니?

근석   (냉큼) 맞습니다.

순덕   근데 왜 그러고 서 있어? (옆에 바닥을 툭툭 치며) 어서 엄마에게 오지 않고.

근석   (바로 들어와 순덕 옆에 찰싹 앉는다)

예진   지켜주긴… 지가 무서워서 왔구만~

근석   선비는 천둥 따위 무서워하지 않는 법입니다.

근석의 말이 끝나기가 무섭게 천둥 번개가 또 치고,

근석 "으악" 순덕의 품에 안긴다.

그런 근석이 귀여운 순덕과 예진.

예진   고모가 옛날얘기 해줄까?

근석   (신나서) 좋습니다.

예진   무슨 이야길 해줄까… 무시무시한 선녀와 나무꾼 이야기 해 줘야겠다.

순덕   (황당) 선녀와 나무꾼이 뭐가 무시무시해요?

예진   결국 헤어지잖아. (하는데)

밖에서 삼월어미 "작은마님, 마님께서 건너오시랍니다."

고하는 소리 들린다.

| 순덕 | (화색이 돌며) 아싸! 됐어. 예정대로 가시려나 봐요~ |

순덕은 신나서 나가고 예진은 근석에게 '선녀와 나무꾼'
이야기를 해준다.

씬18. 좌상 집 / 안채 / 안방. 밤 (비)

잠자리에 들기 위해 쪽 찐 머리를 푸는 박씨부인.

순덕	[E] 어머니, 근석 어밉니다.
박씨부인	들어오거라. (순덕 방에 들어와 앞에 앉으면)
박씨부인	예진이 혼삿날도 받을 겸, 내일부터 초파일까지 선화사에서 지낼 것이다.
순덕	네.
박씨부인	초이튿날 마포의 김서방이 오니, 쌀 일곱 말과 그치의 양식 한 말과 아울러 여덟 말을 주면 된다. 어물은 해삼을 많이 맡아두고 마른 전복하고 담치하고 대구 알, 고둥을 받아오라 하고….

박씨부인은 순덕에게 자신이 없는 동안 할 일을 조곤조곤
알려준다.

씬19.   좌상 집 / 대문 앞. 낮

박씨부인을 배웅하는 순덕. 옆에는 가마꾼과 삼월어미
대기하고 있다.

박씨부인   나 없는 동안 집안 잘 건사하고, 초파일 선화사 올 때 예
진이와 근석이 새 옷 입혀서 데리고 오너라.

순덕   예. (다소곳이 배웅하다 가마가 멀어지자 양손을 깍지 껴 쭉 뻗
으며) 내일부터 빡세게 중매에 돌입해야 하니, 오늘은 집
안일을 싹 해놔야겠다. (씩씩하게 집 안으로 들어간다)

씬20.   북창동 뒷골목. 낮

거친 왈패들이 오가는 뒷골목, 정우와 오봉 불안한 얼굴로
주변을 둘러본다.

정우   이 길 어디라고 했는데…

오봉   저기 아니에요? 영 느낌 안 좋은데요.

보면, 험악하게 생긴 사병이 대문 앞을 지키는 집이 보인다.

씬21.   작은 기와집 / 마당. 낮

마당까지 물건이 쌓여있는 ㄷ자형 기와집.

곳곳에 험악해 보이는 명나라풍의 무사들이 왔다 갔다 한다.

대청마루에 명나라 상인(2화 17씬)은 건장한 남자(20대, 무사

복장)가 내민 인삼이 가득 든 상자를 보고 흡족해하며,

자신 옆에 작은 상자를 연다. 상자 안에 기름종이에 싼 약

금잠고독 두 개가 보인다. 명나라 상인, 하나를 꺼낼까 두 개 다

꺼낼까 망설이는데, 사병이 다가와

사병   (명나라 말로) 홍객주가 보냈다는 사람이 왔는데, 어쩔까

              요?

명상인   (명나라 말로) 들어오라고 해. (금잠고독 한 개만 꺼내 건장남

              에게 준다)

건장남이 받은 금잠고독을 품에 넣고 나가는 옆으로 사병의

안내를 받으며 들어오는 정우와 오봉.

[CUT TO]

대청마루에 명상인과 정우 마주 앉아 있다.

명상인   (명나라말로) 금잠고독이 뭔지 알고 구하는 건지.

정우   (명나라말로) 증거가 안 남는 독.

명상인   (!) 보아하니 역관은 아닌 것 같은데… 명나라 말을 잘 하

              시네.

정우   조선말을 잘하시는 걸 보니 이 일을 오래 했나 보오.

명상인	오래 했으면?
정우	과거에도 금잠고독을 구한 사람이 있나 해서.
명상인	(인상 굳으며) 이 양반, 장사꾼에게 공연히 궁금한 게 많네… (마당에 무사들에게 눈짓하면)

마당에 어슬렁거리던 험악한 무사들 정우 쪽으로 다가오더니 곧 칼을 뺄 것 같은 위협적인 행동을 한다.

명상인	살 거요, 말거요?
정우	(버럭) 어허~ 아무리 명나라 장사치라지만 내 누군지 알고…
오봉	(은괴 두 개를 앞에 꺼내놓으며) 사겠네.
정우	(오봉을 보면) ?!
오봉	(정우에게 속닥) 여기서 봉변당하고 싶어요? 얼른 사서 나가요.
명상인	(금잠고독을 꺼내주며) 구하기 힘든 물건인데… 운이 좋으시네.
정우	(기름종이에 싸인 금잠고독을 가만히 본다) ….

씬22. **백초방 / 치료실. 낮**
앞 씬의 금잠고독을 가운데 두고 마주 앉은 정우와 유의원.

유의원	(당황한 얼굴) 이걸 왜 사신 겁니까?
정우	그게, 최근 구해본 명나라 의서에 나온 금잠고독이라는 독의 증상이 8년 전 공주의 병세와 너무 비슷해 알아만 본다는 것이 이리되었네. 이왕 구했으니, 이 약의 성분을 분석하면⋯
유의원	(정우의 말을 막으며) 대감님 이제 그만하십시오. 공주마마는 독살이 아니라 알 수 없는 병으로 돌연사하신 겁니다.
정우	⋯⋯

씬23.　　좌상 집 / 부엌. 밤

저녁 준비가 한창인 부엌, 순덕이 들어와 열 개 미만의
소반들을 보고

순덕	(소매를 걷으며) 예상대로 소소하네. 찬 많이 준비 안 하길 잘했지?
개동	사랑채 손님이 확 줄 거 어떻게 아셨어요?
순덕	어머님이 절에 가셨잖아. 사랑채 손님 절반 이상이 어머님 때문에 머무는 손님들인데 빠지는 게 당연하지. 아마 선화사에 우르르 몰려갔을 거야. 어디에 줄을 서야 하나 하고.
개동	양반님들도 참 구차하게 사시네요들.
순덕	어머님이 없으면 손님도 줄고~ 내 일도 줄고~ 일 년 열

두 달 초파일 같기만 하면 며느리도 할 만한데.

개동   (웃다가, 표정 굳으며) 아 맞다, 병판대감님께서 와 계십니다.

순덕   (인상을 쓰며) 어머님도 없는데 숙부님이? (찬을 둘러보며,

어쩌지 하는 얼굴)

씬24.   좌상 집 / 사랑채 / 방 안. 밤

박복기는 기름종이에 싼 금잠고독을 조영배의 서안에

올려놓으며.

박복기   8년 만에 다시 구하다 보니… 품이 많이 들었습니다. 저나

되니까 구했다는 것만 알아주십시오.

조영배   (기름종이를 펼치자 누런색 환이 들어 있다)

박복기   근데 중전이 직접 음식을 만든다고 하던데… 어찌 먹이

시려고?

조영배   (인상을 쓰며) 자넨 알지도 못하고 어찌 그리 넘겨짚고 앞

서가는가!

박복기   (울컥하며) 제가 뭘 모른다고… 세자에게 쓰려는 거…

조영배   (문밖의 인기척을 느끼고 조용히 하라고 손짓)

박복기   ! (무관답게 몸을 민첩히 움직여 방문을 열자)

순덕, 전형적인 엿듣는 포즈로 문 앞에 서 있다!

순덕	(어색한 웃음) 대화가 끊기시길 기다렸는데… 숙부님이 저녁을 드시고 가시는지… 여쭈려고요. 어머님이 안 계셔서… (금잠고독을 본다)

박복기, 괜찮냐는 듯 조영배를 보면, 조영배 괜찮다는 눈짓.

박복기	곧 나갈 것이니 저녁은 됐다.
순덕	알겠습니다. (문을 닫고 떠난다)
박복기	이야기를 들은 것 같은데 괜찮겠습니까?
조영배	상관없네. 우리가 무슨 이야기를 하는지도 모를 것이니.
박복기	(찜찜한 얼굴로) 그래도…
조영배	조심은 자네나 하게. (누런 환을 다시 접어 넣는다)

씬25.   경운재 / 서재. 밤

정우, 금잠고독 설명이 나온 의서와 기름종이에 담긴 누런 환(금잠고독)을 번갈아 보고 있다.

유의원	[E] 그 누구도 공주마마를 독살할 이유가 없지 않았습니까?

정우, 한숨을 쉬며 금잠고독을 다시 싸서 서안 서랍에 넣는다.

씬26.   좌상 집 / 부엌 쪽 마루. 밤

순덕, 광에서 사기그릇을 꺼내 부엌으로 들고 온다.

부엌 마루에 개동이 100개쯤 되는 놋그릇을 꺼내 쌓아놓고

있다.

개동이   초파일도 안 지났는데 너무 일찍 사기그릇으로 바꾼다고,

         큰 마님이 한 소리 하지 않으실까요?

순덕   (사기그릇 광주리를 조심히 마루에 내려놓으며) 뭐라고 하시

         겠지, 하지만 어머닌 선화사에 가셨잖아.

개동이   (더 이해가 안 감) 근데 우리 이걸 왜 벌써 닦아야 하는 거죠?

순덕   어머니가 초파일 지나고 집에 오셨을 때, 산뜻하게 사기

         그릇으로 바꿔 있고 겨우내 쓴 놋그릇은 반짝반짝 닦여서

         정리되어 있으면 우리 며느리, 내가 없는 동안에도 놀지

         않고 집에 딱 붙어서 일 진짜 많이 했구나, 하지 않겠어?

개동이   그 말은 큰 마님 절에 계신 동안, 이 많은 놋그릇 닦는 걸

         나한테 맡기고 작은 마님은 밖으로 돌겠다는 거죠?

순덕   (돈을 쥐여주며) 사람 써, 혼자 하지 말고.

개동이   (넉넉한 돈에 좋아하며) 이거 얼마 된다고 사람을 써~요.

         내가 찬찬히 하면 되지.

씬27.   청계천 광교 남단. 낮

연분홍 도포로 한껏 차려입은 정우는 나귀 옆에 서서 남촌

쪽을 살피며 순덕을 만나기 전 최대한 멋있는 자세로 나무에도 기대고, 나귀 옆에도 서보는 등 여러 자세로 고쳐 서본다.

정우의 뒤편(북촌 쪽)에서 오던 순덕, 그런 정우를 뒤에서 구경하다가

순덕   나리!

정우   (자세를 잡다가 놀라 돌아보며) 아니 왜 그쪽에서 오는 것이냐?

순덕   어느 쪽에서 오는 것이 문제가 됩니까? (환한 웃음)

정우   (심쿵! 습관적으로 가슴으로 가져가는 손) …

순덕   (주변을 둘러보고) 오늘은 아랫사람도 없이 혼자 나오신 겁니까?

정우   (나귀의 끈을 주며) 하인이라면 네가 있지 않으냐?

순덕   (나귀의 끈을 받으며 '풋' 실소)

정우   왜 웃는 것이냐?

순덕   나귀는 어린 도령이나 아녀자들이 타는 것만 보았지, 다 큰 선비님이 타는 건 처음이라. 저희 오라버니는… (하다가) 하여간 제가 아는 어른 양반… 님들은 모두 말을 타서요.

정우   그런 것을 두고 성급한 일반화의 오류라 한다.

순덕   예?

정우   얄팍한 너의 경험을 전체의 속성이라 판단하는 데서 발생하는… 됐다. 어리석은 네가 이해하기를 바라고 한 말은 아니니 앞장이나 서거라.

정우, 나귀에 올라타려는데 조심성 없는 무관이 빠르게 말을
타고 달려온다. 위험하다 느낀 순덕은 팔을 잡아, 안듯이
정우를 길 안쪽으로 몬다.

순덕   (멀어지는 무관에 대고) 술을 자셨나, 앞을 보고 말을 몰아
         야지!
정우   (순덕이 가까이 붙자 가슴이 벌렁거려, 손을 가슴에 가져간다)
순덕   (그런 정우의 변화는 알지 못한 채 해맑게) 어서 타십시오.
정우   (멀어져가는 건장한 말에 비해 나귀는 한없이 작아 보인다)…

씬28.   목멱산 밑 농가 길. 낮
정우는 내리쬐는 햇살을 부채로 가리며 모내기를 끝낸
초록의 논길을 걷는다. 순덕, 길가의 들꽃도 보고 팔랑거리며
앞서가다가 힘들어 보이는 정우에게

순덕   날도 더운데 나귀를 괜히 맡기고 왔나 봅니다.
정우   내가 내키지 않아 그런 것이니 신경 쓰지 마라.
순덕   네, 네. (주변 둘러보며) 예전에 오라버니와 목멱산 정상까
         지 올라갈 때는 다 밭이었는데, 이제는 여기까지 집이 들
         어섰네요. 그때 이 길 참 예뻤는데…
정우   판윤이 무능하여 생각 없이 난잡하게 개발해놔서 그런 것
         이다.

순덕	아~ 그런 거군요.
정우	(순덕의 반응에 으쓱하다가, 동네 강아지가 짖자) 으악! (그 자리에 얼어붙는다)
순덕	(나뭇가지를 던져 강아지를 멀리 보내며) 강아지인데 무서우십니까?
정우	무서워하는 것이 아니라 개라는 것이 본디 움직임이 많으면 더 달려드는 습성이 있어 가만히 있었던 것이다. ("쯧쯧" 혀를 차며 빠른 걸음으로 그곳을 벗어난다)

씬29. 목멱산 중턱. 낮

순덕은 먼저 날다람쥐같이 가뿐하게 언덕길을 오르다가
단발의 비명이 들려 돌아보니 정우가 발목을 잡으며 바위에
주저앉은 것이 보인다.

순덕	(급히 다가와) 괜찮으십니까?
정우	(발목을 부여잡고) 안 괜찮다. 발목이 부러진 것 같다.
순덕	(가까이 다가와 정우 발목을 살피며) 벗어보십시오.
정우	(!!) 무얼 말이냐?
순덕	버선이요, 발목 상태를 봐야겠습니다.
정우	됐다, 내가 나중에 의원에 가서… (순덕, 이미 신과 버선을 벗겼다) (당황) 지금… 뭐 하는 것이냐!!
순덕	(부어오른 발목을 보며) 부러진 건 아닌 것 같습니다.

정우	(순덕이 가까이 있자 가슴이 쿵쾅거려 괴롭다) 나도 안다! 지금 내 발목의 상태는 접질린 것이다. 내가 알아서 할 터이니… (손가락으로 순덕의 이마를 밀어내며) 제발 나한테서 물러나거라.
순덕	(머리통에 힘을 주고 밀리지 않으며) 발목이 접질렸을 때 처치법을 오라버니에게 배운 적이 있습니다. (두둑- 정우가 말릴 틈도 없이 정우의 발목을 맞추자)
정우	(비명) 아아악~!!
순덕	(풋 엄살은) 그리 아프셨습니까? 이제 곧 괜찮아지실 겁니다.
정우	(버럭) 누군 할 줄 몰라 그러고 있은 줄 아느냐? 마음의 준비도 안 됐는데… (욱한다) 아무리 배운 것 없는 장사치라지만 어찌 그리 경거망동이냐. 제발 떨어지거라!
순덕	(이해 안 된다) 왜… 화가 나신 겁니까?
정우	(설명하기 힘들고)…
순덕	이유 없이 역정을 내시니… 꼭 울분남 같습니다.
정우	(!!) 지금 뭐라 했느냐?
순덕	아! 죄송합니다, 울분남 같은 개진상 경운재 대감과 나리를 비교해서.
정우	개… 개진상? 넌 경운재 대감을 만나본 적도 없지 않느냐!
순덕	그게… 공주님과 혼례장에 들어갔으면 낙장불입이지, 남자가 돼서 구질하게 혼인무효를 주장하는 게 진상이시지 않습니까?

정우	(자신이 울분남이라 말 못 하고 열받아 꿍얼거린다) 진상이시
	지… 그것도 존댓말이라고…
순덕	(잘 못 들었다) 네?
정우	(순덕에게 휘휘 손사래 치며) 너와 나는 신분 차이가 지엄하
	니, 앞으로 나와 세 걸음의 거리는 유지하거라.
순덕	(뒤로 물러나며) 네~ 네.
정우	대답은 한 번만 하거라, 거슬린다.

씬30. 남산골 / 초입. 낮

봄꽃이 가득한 마을길을 세 걸음 거리를 두고 걷는 순덕과
정우. 앞장서 가는 순덕, 자꾸 뒤를 돌아보자

| 정우 | 졸렬하게 힐끗거리지 말고 할 말 있으면 해라. 심히 신경 |
| | 쓰인다. |

순덕이 뒷걸음질로 정우 옆에 오자, 정우는 옆으로 세 걸음
거리를 둔다. 순덕은 픽 웃으며 정우 주변을 빙빙 돌며
이야기를 이어간다.

순덕	두 달 안에 세 명의 중매는 가능하겠지만, 혼례까진 무리
	아닐까요? 반가에서는 첫째 혼례 후 반년은 지나야 다음
	자녀의 혼사를 치르는 게 관례거든요.

정우	내 그런 것도 모르고 시작했을까 봐. 나는 셋 모두 같은 날 동시에 혼례를 치를 것이다.
순덕	합동 혼례… 오~ 좋은데요? 어떻게 그런 생각을 하셨습니까?
정우	(으쓱하여) 첫째부터 혼인을 시켜야 한다는 예법은 있지만 동시에 하면 안 된다는 말은 없으니, 반가의 도리에 어긋나지 않는다. 더욱이 혼례는 신붓집에서 치르니 자매의 경우 합동혼례가 적합하다.
순덕	어사 나리라 그런지 다방면에 영민하십니다.
정우	(광대 승천) 내 무척 똑똑하고 모르는 것이 없는 사람이다.
순덕	[E] (미소) 이 양반, 근석이 같이 귀여운 구석이 있네.
정우	연습한 혼인 압박 계획은 차질 없이 진행되는 거겠지?
순덕	지금쯤 셋째 아가씨가 객주에서 출발하셨을 겁니다, 걱정 마십시오.

꽃길을 걷는 정우와 정우 주변을 팔랑거리는 순덕, 보기 좋다.

씬31. 홍월객주 / 비밀창고 (교차) 세책방. 낮

/ 비밀창고. 벽에 난 구멍으로 밖을 보는 삼순(화록 복장).

/ 세책방 안. 종사관 복장이 아닌 일반 도포 차림의 순구에게 홍천수 "마님의 사생활" ㄴ편을 등 쪽 허리춤에서 꺼내주며

홍천수	화록이 쓴 원본 책입니다.
순구	(책을 받으며) 고맙네. 근데 이 권이 나올 때 지은이와 만나게 해준다고 약조를 하지 않았나?
홍천수	지은이는 왜 만나려고 하십니까? (벽장 뒤쪽 눈치를 본다)

/ 비밀창고. 삼순, 긴장과 기대를 동시에 하며 엿본다.

(삼순이 엿보는 세책방 안 홍천수와 순구)

홍천수	선물을 가지고 만나자는 마님들은 많아도 선비님은 또 처음이라…
순구	화록의 글은 일어날 수 없는 일이 예상을 깨고 번번이 일어나지만, 그 또한 정합성이 있어 마음에 호쾌함이 일고, 실로 오랜만에 현실의 근심이 풀려, 감사 인사를 직접 전하고 싶어서 만나고자 하는 걸세.
삼순	(밖을 엿보는 눈빛 하트로 바뀌며) 멋있다…. (크게) 야옹~

/ 세책방 안. '야옹' 어색한 고양이 소리 들리자

홍천수	(미적거리던 태도 돌변) 그러셨구나! 아이쿠 저기 오셨네.

순구, 홍천수의 시선을 따라 뒤돌아 출입문 쪽을 보지만,
아무도 없다? 다시 고개를 돌리자, 홍천수 대신 삼순이
마술같이 서 있다.

순구	(어디서 나타난 거야?) !!
삼순	저를 만나고자 하셨다고요?
순구	화록…님?
삼순	(고개 끄덕) 저도 선비님을 뵙고 싶었습니다. 저의 책 원본을 항상 고가에 매입해주시는 분이라 들었습니다.
순구	("마님의 사생활" 二편을 내밀며) 자필 서명을 부탁해도 되겠습니까?
삼순	물론이죠, 선비님의 함자가 어찌 되십니까?
순구	정순구입니다.

삼순, 책과 같은 필체로 '정순구님께 늘 행복하시길.
화록 드림'이라 한글로 쓰고 캐리커처 같은 책 속 마님의
그림까지 작게 그려준다.

순구	필체를 보니 화록이 확실하시군. (오라를 꺼내 삼순의 팔목을 묶으며) 너를 이초옥 위법치사 혐의로 추포한다!
삼순	!!

삼순, 순발력 있게 바로 순구의 정강이를 걷어차고 내빼려
하지만, 순구가 의외로 끄떡하지 않고 오라를 잡아당기자,
삼순, 순구를 덮치는데 "어어어~ " 둘은 동시에 넘어가고
삼순은 순구 위로 쓰러진다. 둘은 눈도 맞고 입술도 맞는다!!!
눈이 커진 순구는 그 순간 머리가 하얘지고 몸은 돌처럼

굳지만, 삼순, 그 사이 손목에 걸린 오라를 풀고 도망친다.

바닥에 돌처럼 굳어 누워 있던 순구, 눈을 껌벅거리다 정신을

차리고 벌떡 일어나 밖으로 튀어 나간다.

씬32. 홍월객주 앞 → 운종가 거리. 낮

객주에서 나온 순구, 사람들을 헤치고 빠른 속도로 삼순의 뒤를

쫓는다.

씬33. 남산골 / 조씨부인 집 / 마당. 낮

조씨부인 집 마당에 들어선 순덕과 정우, 당황스럽다.

오래되어 낡은 집은 전체적으로 좁고, 지붕 기와는 깨지고,

흙담도 군데군데 무너져 말만 기와집이지 초가집만 못한

상태다.

순덕   세 쌍이 동시에 혼례를 치르기엔 집이 턱없이 작네요.

정우   (맞는 말이라 할 말이 없다)

순덕   (장난스럽게) 중요한 어명이라더니 한 번도 안 와보셨나

            봐요. 그런 걸 두고 탁상공상이라 하는 거 맞죠?

정우   탁상공상이 아니고 탁. 상. 공. 론이다!

순덕   아~ 네. 탁상공상이 아니라 탁상공론…

정우   제발 알지 못하면 문자 쓰지 마라, 턱없이 무식해 보인다.

| 순덕 | (해맑게 웃으며) 그래도 제가 한번 틀린 건 다시 틀리지 않습니다. |

| 정우 | 그리고 그리 웃지 마라. 심히 기분 나쁘다. (먼저 들어가 버린다) |

| 순덕 | 웃는 게 왜 기분 나쁘지? 난 누가 웃는 거 보며 기분 좋던데… |

마침 방에서 나오던 하나, 정우를 보고

| 하나 | 혼인할 마음이 없다 말씀드렸는데 어찌 집까지 찾아오셨습니까? |

| 순덕 | 〔E〕 빼어나게 예쁜 걸 보니 첫째 하나아가씨군. (하나를 자세히 살핀다) |

| 정우 | 내, 모친을 직접 만나 이야기를 하고 싶으니 말씀 좀 여쭤주십시오. |

| 하나 | 말씀은 한번 드려보지요. (방 안으로 들어간다) |

| 순덕 | 듣던 대로 혼인하기 싫은 마음이 굳건하군요. |

| 정우 | 예로부터 내려오는 삼대 거짓말이 있다. 늙은이가 빨리 죽고 싶다는 것, 장사치가 밑지고 판다는 것, 그리고 노처녀가 혼인하기 싫다는 것이다. 저 처자는 시집을 가기 싫은 것이 아니라, 얼굴만 믿고 신랑을 고르느라 나이를 먹어 못 간 것이다. 중매의 신이란 자가 그런 기본도 몰라서야 원. |

순덕	그거야말로 성급한 일반화의 오류 같은데요.
정우	(황당하며) 뭐?
순덕	(해맑게) 제가 좀 이해력이 뛰어나 잘 배우고 잘 응용합니다.
하나	(방에서 나와) 뵙겠다고 하시네요, 들어오시지요.

씬34. 조씨부인 집 / 방 안. 낮

좁고 낡았지만, 벽에 원앙 그림이 걸려 있는 정갈한 방안.

상석에 꼿꼿하게 앉아 있는 조씨부인, 정우와 순덕이 앞에

앉지만, 시선이 묘하게 맞지 않는다.

하나	(조씨부인 옆에 앉으며) 어사나리와 중매쟁이가 함께 들었습니다.
정우, 순덕	? (보면)
조씨부인	(허공을 응시) 내가 앞이 보이지 않습니다. 어사께서 나에게 할 말이 있다고요.
정우	원녀로 지내는 따님들 혼인을 시켜드리고자 찾아뵀습니다. 배필이며, 혼수는 제가 다 알아서 할 터이니 걱정 안 하셔도 됩니다.
조씨부인	헛걸음하셨네요. 내 딸들은 혼인할 생각이 없고, 나도 억지로 시킬 생각이 없습니다.
정우	그게 무슨 말도 안 되는 말씀이십니까?

조씨부인	무엇이 말이 안 된다는 것입니까?
정우	여인이 나이를 먹고도 혼인을 안 하면 그 원한이 화가 되어 재앙으로 나타납니다. 가령 지금의 가뭄이…
조씨부인	이틀 전 비가 왔습니다만.
정우	(물러설 수 없다) 가뭄을 해소하기엔 턱없이 부족한 양입니다.
조씨부인	우리 딸들은 스스로 비혼의 길을 선택했기에 원한이 없습니다. 그러니 이 가뭄에 책임도 없습니다.
정우	부인, 여인이란 무릇 혼인을 하여 지아비를 받들고 후사를 잇는 것이 인간의 도리인데 따님들을 방치하는 연유를 여쭤도 될까요?
조씨부인	방치라니요, 제 딸들의 의사를 존중하는 것입니다. 그리고 제 딸들이 혼인하여 생판 남인 시부모님을 모시는 것보다 눈먼 홀어머니인 저를 봉양하는 것이 도리에도 맞다, 생각하고요.
정우	(처음 듣는 이론이라 할 말이 없는데) !
순덕	(충격) !!
조씨부인	내 딸들 중신이 필요 없는 줄 아셨으니 이제 그만 돌아가 주십시오.
정우	(이게 아닌데) 부인…
조씨부인	어서 손님 배웅해 드려라, 피곤하구나.

씬35.　조씨부인 집 / 마당. 낮

샀바느질 감을 들고 마당에 들어서는 두리. 이때, 방문이
열리고 하나에게 밀려 마루로 나오는 정우와 순덕을 본다.

정우　　(밀려 나오며 하나에게) 어머니께서 노망이 나신 것 같은
　　　　데… 윽!

순덕　　(급히 정우의 발을 밟아 말을 막으며) 따님 앞에서 그런 망발
　　　　을…

두리　　(흥분) 저 미친놈이 우리 어머니 보고 노망났다고 그러는
　　　　거야?

순덕　　〔E〕 (두리를 보며) 장안의 화제 막말바느질녀! 둘째 딸 맹
　　　　두리.

정우　　으윽… (발을 잡고 아파하다가) 미친놈? (고개를 들어 두리를
　　　　본다)

두리　　(정우 얼굴을 보며) 북촌 꼰대?

정우　　(두리를 보며) 남녀유별?

이때 집을 향해 뛰어오는 삼순이 보인다.

순덕　　(정우를 툭 치며) 삼순아가씨 와요, 실수하지 마세요.

정우, 집으로 뛰어오는 삼순을 긴장하며 보는데

씬36. (회상) 홍월객주 / 행수 방. 낮

[자막 - 하루 전]

황당한 표정의 정우와 오봉 나란히 서 있고, 그 앞에 대치하듯이
순덕과 남장한 삼순이 서 있다. 홍천수는 한쪽에서 무심하게
책을 정리 중이다.

정우   화록이 늙은 아씨들 중 셋째라고? 어허~ 이 나라 조선이
          어찌 되려고, 처녀가 미혼금소설을 쓰는 것도 망측한 일
          인데 남자 행세까지?

순덕   여인이 썼다고 하면 제값을 쳐주지 않으니 어쩔 수 없지
          않습니까.

정우   애초부터 여인이 글을 쓴 것이 문제가 아니냐. 남녀유별,
          남자와 여자의 일이 구별되거늘…

순덕   그래서 진정 못 하시겠다는 겁니까? 삼순아가씨를 한성
          부에 고발하고 이 혼사 접을까요?

정우   …

오봉, 삼순 (불안하게 보고)

정우   됐다, 삼순낭자가 혼인을 하는 것이 붕괴된 삼강오륜을
          복구하는 가장 빠른 길이니… 아까 말한 작전이 뭔지 말
          해보거라.

순덕과 삼순, 오봉 안도하고,
홍천수 피식 웃으며 "그래도 양반이라고 명분을 빨리 찾았네".

씬37.   (회상) 홍월객주 / 세책방. 낮

삼순, 세책방으로 뛰어 들어오면 대본을 든 정우와 순덕,

가슴에 [맹하나] 종이를 붙인 오봉과 [맹두리]를 붙인 홍천수 서

있다.

순덕   (짐짓 놀라는 연기를 하며) 화록님이 여긴 어인 일로…

삼순   (책 읽듯이 또박, 또박) 자네야말로 우리 집에 무슨 일인가?

순덕   이곳은 홀어머니와 딸들만 사는 곳인데, 선비님 집이라뇨?

삼순   (말실수했다! 입을 막는데)

정우   (대본을 보며) 어허~ 지금 여인의 몸으로 남장을 하고, 사

        대부를 능욕하는 소설을 쓰다니, 내 당장 관아에 고발할

        것이오!

오봉, 홍천수   (정우가 꽤 잘하자) 오~

순덕, 정우에게 엄지척 해주면,

정우 아닌 척하지만, 꽤 좋아한다.

순덕   (삼순을 감싸며) 어사 나으리, 아픈 노모를 보살피기 위해

        돈이 필요해 그런 것 같으니 이번 한 번만 눈감아 주시면

        안 될까요?

정우   효를 다하려다 생긴 일이라면 기회를 한번 줘보겠다.

순덕   기회를 주신다는 것이 어떤?

정우   자매 모두 혼인에 적극적으로 협조한다고 약조하면 고발

하지 않겠소.

오봉   (귀 뒤로 머리 넘기며. 여자 목소리로) 적극 협조하겠습니다.

홍천수   (마지못해 여자 목소리로) 저도요.

순덕   (박수) 모두 너무 잘하셨습니다. 자연스럽게 한 번만 더해
         볼까요?

         삼순, 다시 문밖으로 나가더니, 다시 상점 안으로 뛰어
         들어온다.

씬38.   조씨부인 집 / 마당. 낮

         집을 향해 뛰어오는 삼순.
         순덕, 정우를 보면 정우, 알았다는 듯 고개를 끄덕인다.

순덕   (삼순이 마당에 들어서자) 화록님이 여긴 어인… (일로… 묻
         기도 전에)

삼순   (순덕을 그대로 지나쳐 부엌으로 들어간다)

정우   (순덕에게 속닥) 왜 연습한 대로 안 하는 것이냐?

순덕   그러니깐요…. 헉! (눈이 휘둥그레진다)

         보면 이어 마당으로 순구가 삼순을 쫓아 들어오고 있다.

정우   (순구를 보고) 여기 또 무슨 일입니까?

순구	작은 키에 얼굴이 하얀 선비가 여기로 도망치지 않았습니까?
하나, 두리	(긴장한다) !
정우	모… 못 봤소. (순덕을 보며) 자네도 못 보았지 (하는데) ??! (조금 전까지 옆에 있던 순덕은 사라지고 없다?) 어딜 간 거야?

씬39.   조씨부인 집 / 방 안. 낮

순덕, 방 안으로 몸을 급히 숨기고는

순덕	(문고리를 잡고) 오라버니가 여긴 왜 온 거야?
순구	[E] 집안을 좀 살펴봐야겠습니다.
순덕	(미치겠다) 살피긴 뭘 살펴?
조씨부인	(서늘한 목소리로) 거기 누구냐?
순덕	(깜짝이야! 밖에 들키겠다 싶어 안절부절 소리 낮춰서) 마님… 저는 어사나리와 같이 온 중매쟁이입니다. 길을 잘못 들어서요. 이제 나가려고요. (하며 고개를 돌리는 순간)

방문이 벌컥 열리고, 방을 살피는 순구와 눈이 마주친다.

순덕	[E] 망했다! (순구를 보고 얼어붙었다)
조씨부인	(소리 나는 쪽을 향해) 무슨 일인가?

순구	이 집으로 도망친 범인을 찾고 있었습니다.
조씨부인	내 비록 눈은 안 보이지만 이 방엔 저 장사치 말고는 없네.
순구	(순덕을 보면)
순덕	아니 그게… (순구에게 변명하려는데)
순구	실례하였습니다. (방을 나간다)
순덕	(다행이지만 힘이 빠진다) 지금 친동생인 날 몰라본 거야…?

씬40. 조씨부인 집 / 마당. 낮

순구, 건넛방을 확인하고 마지막으로 삼순이 숨은 부엌문을 열려고 하자.

두리	(급히 막아서며) 그만 좀 하지! 여긴 아녀자만 사는 집이라고.
순구	갑자기 이리 막으시니 의심스럽군요.
두리	뭐래… (정우를 보며) 북촌 꼰대도 도망친 남자 따위 못 봤다잖아!
정우	(꼰대 소리 짜증나지만) 나도 보지 못했으니, 그만하게나.
삼순	[E] 무슨 일 났어요?

삼순이 치마저고리로 갈아입고 채소가 든 바구니를 들고

대문으로 들어온다.

삼순   (세상 참하게) 다들 누구셔?

순구   ! (삼순을 보고 홀린 듯 다가간다)

정우   (부엌으로 들어가 어떻게 거기서 나와? 놀란다)

삼순과 순구가 마주 서자 갑자기, 정우 가슴 통증이 밀려오고
습관적으로 가슴에 손을 가져가는데…

두리   (여자 옷을 입은 삼순을 보고 안도하며 순구에게 버럭) 그렇
게 보고 싶으면 얼른 확인하고 꺼져! (부엌문을 호기롭게
여는데)

부엌 안에는 남자 도포며 갓이며 어지러이 널려 있고, 삼순의
도주 동선을 말해주듯 부엌 뒷문이 활짝 열려 있다! 놀란 두리,
황급히 문을 닫는다.

순구   (다행히 부엌은 살필 생각도 안 하고 삼순만 뚫어지게 보다가)
확인하고 싶은 건 다 확인했습니다. 오늘은 그만 돌아가
겠습니다. 결례했습니다. (성큼성큼 나간다)

정우   (가슴 통증이 잦아들자 숨을 몰아쉬며) 이초옥의 진범을 조사
하기에 좀 다른가 했더니, 역시나 생각 없는 체제 순응적
인간이었군. 쯧쯧.

하나	(정우에게) 어사나리께서도 그만 결례하시고 돌아가시지요.
정우	따님 세 분이 모두 한자리에 모였으니, 제가 할 말이 있습니다.
하나	동생들도 저와 생각이 같습니다. 헛수고 마십시오.
정우	제 말을 들으면 생각이 바뀔 겁니다. (삼순을 보며) 아니 그렇습니까? 한성부 종사관에게 쫓기는 화룡님.
삼순	(객주에서 연습한 과장된 놀란 얼굴) !
하나, 두리	(일순 표정 굳는다) …

씬41. 조씨부인 집 담벼락. 낮

세 딸이 집 밖 담벼락에 순서대로 쪼르륵 붙어 서 있고,
그중에 삼순은 언니들 눈치를 보며 죄인처럼 고개를 푹 숙이고
있다.

정우	다시 정리해 보겠습니다. 모두 오월 안에 혼인하는 것에 적극적으로 협조해야 합니다. 비협조 시 어떻게 된다 했습니까?
하나	한번 말한 건 다 기억합니다, 되묻지 마십시오.
두리	근데 어사나리, 우리는 힘껏 협조했는데도 혼인이 삐그러지면? 그건 우리 책임은 아니죠?
정우	삐그러지면… (머리 아프다) 그런 험한 말을 하는 것 자체가 이미 비협조적인 행동입니다. 말은 부드럽게 하시고…

두리	(인상 팍) 아악! 생겨 먹은 게 이런 걸 어쩌라고…
정우	(순간 무서워서 움찔)

씬42.   조씨부인 집 / 마당. 낮

조씨부인 방에서 나오며 주변을 살피는 순덕.

"다들 어디 간 거야?"

아악! 하는 두리의 비명소리에 놀라서 집 뒤로 뛰어간다.

씬43.   조씨부인 집 / 담벼락. 낮

순덕	무슨 일입니까?
정우	(순덕 옆에 붙으며) 어디 갔다 이제야 나타나느냐? 지금 낭자들에게 혼인에 대한 협조를 구하는 중이다.
두리	협조는 개뿔. 협박이지.
하나	맞습니다. 어머님도 원치 않는 혼인을 선비란 자가 치졸하게 약점을 잡아 이리 불효를 조장하다니, 참으로 분하고 못마땅합니다.
정우	(흥분하여) 치졸?! 불효 조장?!
순덕	마님께 아가씨들의 중신 허락을 받았습니다.
하, 두, 삼	(놀란다) !!
하나	(믿기지 않는다) 어머니께서 중매를 허락하셨다고?

두리	말도 안 돼.
순덕	사실 여부는 어머니께 직접 확인하시고요, 제 소개부터 하겠습니다. 저는 여러분의 만족스러운 혼인을 책임질 여주댁입니다.
삼순	(다들 들으라고 연기) 자네가 그 유명한 중매의 신, 여주댁 이군! (순덕의 손을 덥석) 잘 부탁하네.
두리	(버럭) 뭘 잘 부탁해?! 지금 누구 때문에 이 사달이 났는데! (정지)

그대로 팔짱 낀 채 못마땅한 얼굴의 하나와 소리치는 두리,

놀라 움찔하는 삼순의 정지화면 밑으로 자막 뜬다.

[자막 - 첫째: 하나-24세 / 둘째: 두리-23세 / 셋째: 삼순-21세

얼굴 모두 확인!]

씬44.　남산골 → 청계천 다리(돌아오는 길). 낮

순덕은 정우의 세 발짝 뒤를 따라 걷는다.

순덕	삼순아가씨가 진짜 종사관에게 쫓겨 들어올지 생각도 못 했습니다.
정우	난 맹박사의 딸들이 저 정도로 이상할지는 생각도 못 했다.
순덕	(웃음) 저도 없는데 제가 말한 대로 삼순아가씨를 고발한다, 아가씨들을 겁박하신 건 잘하셨습니다.

정우	이제 너도 느꼈겠지만 내가 뭐든 잘한다. 헌데 진짜 모두 혼인시킬 수 있는 것이지?
순덕	당연하죠. 삼순아가씨를 고발한다고 했으니 하나와 두리 아가씨는 혼인에 협조할 것이고…… 거의 된 거나 다름없습니다. 더욱이 삼순 아가씨가 오라버… 아니 종사관에게 진짜 쫓기는 바람에 다들 고발한다는 것을 굳게 믿으니 오히려 잘됐습니다.
정우	이런 사기가 퍽이나 능수능란해 보이는구나.
순덕	사기라기보다… 중매의 기술이죠. 참, 나리께서는 매우 똑똑하다 하셨죠?
정우	맞다. 나는 조선에선 제일 똑똑하다.
순덕	그럼 쌍연술사가 뭔지도 아십니까?
정우	(줄줄) 연인지감을 타고난 산신으로 고려 민담에 나오는 인물이다. [자막 - 연인지감(戀人之鑑): 연인을 알아보는 감식력]
순덕	와~우. 진짜 모르는 게 없으시군요.
정우	(으쓱) 뭐든 궁금한 건 내게 다 물어보거라.
순덕	쌍연술사에 대해서 좀 더 자세히 알아봐 주십시오.
정우	그건 왜?

씬45.   (회상) 조씨부인 집 / 방 안. 낮 (3화 39씬 연장)

순구   실례하였습니다. (방을 나간다)

순덕   (다행이지만 힘이 빠진다) 지금 친동생인 날 몰라본 거
        야…? 이건 아니지. (안도와 허탈이 밀려오는데)

        조씨부인은 어딜 보는지 알 수 없는 표정으로 꼿꼿하게 앉아
        있다. 순덕은 잠시 생각하다가 조씨부인 앞에 앉으며

순덕   마님, 저는 한양에서 중매를 서는 여주댁이라고 합니다.

조씨부인   …

순덕   제 자랑 같지만, 북촌 마님들이 절 중매의 신이라 부른답
        니다. 제가 중신을 서면 부부의 정이 깊고 자녀가 잘 생겨
        따님이 있는 댁에서 특히 절…

조씨부인   (순덕의 말 막으며) 자네가 쌍연술사라도 된다고 말하는 중
        인가?

순덕   (?) …쌍연술사가 뭔지는 모르겠지만, 제가 따님들과 인
        연인 신랑을 구할 수 있단 말씀을 드리는 중입니다.

조씨부인   됐네, 딸들이 모두 혼인하면 누가 눈먼 날 봉양한단 말이냐.

순덕   (잠시 방 안을 살피고는) 왜 마음에도 없는 소릴 하십니까?
        5년 전 무슨 일이 있었기에.

조씨부인   !

순덕   마님은 여느 어머니들처럼 따님의 혼인을 원하셨잖습니

까?

조씨부인   뭘 안다고 그리 지껄이는가?

순덕   저 벽에 걸린 원앙도의 낙관을 보니 신묘년에 그려진 것
          으로 5년 전 첫째 따님의 혼수로 장만하신 거 아닙니까?.
          따님이 혼인하면 금실 좋게 잘 살길 기원하며.

조씨부인   ...

순덕   이번 혼사는 나라에서 맘먹고 원녀를 없애고자 나선 일이
          니, 더 버티실수록 아가씨들과 맞지 않는 상대와 혼인 할
          수 있습니다. 저는 그걸 막고 싶습니다.

조씨부인   혹, 3년 전 하대감과 안대감집 혼사의 중신을 선 것이 자
          네인가?

순덕   네, 맞습니다. 제가 자랑하는 중신 중 하납니다.

조씨부인   당파가 다른데 어찌 중신을 설 생각을 했는가?

순덕   너무 어울려 중신을 안 설 수 없었습니다. 당장은 못 믿으
          시겠지만 제 눈엔 보입니다. 서로 어울리는지 아닌지가.

조씨부인   (진짜 쌍연술산가? 라고 생각하다가) ...하나 더 묻겠네. 왜
          신분을 속여 가며 천한 중매쟁이 짓을 하는가?

순덕   (어떻게 알았지? 놀라는데) !

조씨부인   (자신과 같은 처지의 쌍연술사라고 생각하여) 대답을 못 하는
          걸로 내가 원하는 대답은 됐네. 내 딸들의 중매를 자네가
          맡아주게.

씬46.   남산골 → 청계천 다리(돌아오는 길). 낮

정우   쌍연술사가 민담에 나오는 인물이라 실존 인물이 아닐 수
        도 있다.

순덕   실존 인물일 수도 있지 않습니까? 제가 쌍연술사 같아서
        그렇습니다. 저에게는 아주 중요한 일이니 부탁드립니다.

정우   됐다, 원녀 중매도 바쁜데 그런 것까지 알아볼 시간 없다.

순덕   알겠습니다, 이번 중매가 끝나면 제가 직접 알아보겠습니
        다. 저는 그만 가보겠습니다.

정우   벌써? 원녀들의 중매 계획에 대해서는 아직 한마디도 안
        했는데…

순덕   그건 모레 만나서 알려드리겠습니다. 오늘과 같은 시각
        객주 세책방으로 오십시오. (휘리릭 가버린다)

정우   아니… 장사치 주제에 저리 매번 바쁜지…

씬47.   궁궐 / 동궁전 도서관. 낮
책상에 앉아『삼국유사』별권을 펼쳐보며

정우   여기 있었군, 쌍연술사… (그 부분에 책갈피를 꽂으며) 아!
        고려 가요에서도 본 것 같은데…

        서가 안쪽으로 들어가 높이 놓인 고려 가요집을 꺼내 그

자리에서 펴서 살피며 "역시 여기 있었어. 이 미친 기억력…"

하며 책상으로 가는데

세자   이곳에서 오랜만에 봅니다.

정우   세자저하, 이 시간에 여긴 어인 일이십니까?

세자   여긴 동궁전의 서재입니다. 경운재 의빈이야 말로 어쩐

            일이십니까? 이곳의 책은 모두 읽은 것 아닙니까? (앞에

            앉으며)

정우   (앉으며) 고려 서책 중 찾아볼 것이 있어서요.

세자   (정우가 정리한 것을 보며) 쌍연술사?

정우   사람들의 연분을 만드는 술사로 신선 같은 인물입니다.

            전하께서 저에게 하명하신 일과 관련된 것이라 정리 중이

            었습니다.

세자   아주 재미있는 신선이군요. 쌍연술사가 있다면 저의 연분

            도 만들어줄까요?

정우   저하의 배필은 중궁전에서 간택으로 정해지는 것입니다.

            쌍연술사는 무지한 백성들이 지어낸 허구의 인물일 수 있

            습니다.

세자   무지한 백성이라니요, 백성의 뜻은 하늘의 뜻이라 했습니

            다. 아무리 혼인이 후사를 위함이라지만, 좋은 배필을 원

            하는 것은 저나 백성이나 같지 않겠습니까?

정우   …

씬48.　　경운재 / 서재. 밤

촛불 아래 『삼국유사』 별권을 읽는 정우. (1화 1씬)

정우　　　　[NA] 고려까지 큰 영향력을 행사했던 쌍연술사는 대부분
　　　　　　여성인 탓에 유교 사회인 조선에 들어서면서 자취를 감추
　　　　　　기 시작했다.

　　　　　　[CUT TO]
　　　　　　정우, 도서관에서 빌려온 참고서적을 보며 한글로 공책에 옮겨
　　　　　　적는다. 공책의 내용 [C.U.]

　　　　　　"만 명 중 한 명은
　　　　　　연분을 알아보는 능력을 가지고 태어난다.
　　　　　　이 특별한 능력을 갖춘 사람들은
　　　　　　어느 시대에나 존재했으며.
　　　　　　신라 시대에 이르러 쌍연술사로 불리게 되었다."

순덕　　　　[E] 내가 인연을 찾아 불나방처럼 뛰어다닌 이유를 알았
　　　　　　어요.

씬49.　　좌상 집 / 별채 / 순덕의 방 안. 밤

순덕, 엎드려 "마님의 사생활" ㄷ편을 읽고 있는 예진에게

순덕   내가 처녀 때부터 여러 쌍 이어줬거든요.

예진   (책을 보며 건성으로) 안 봐도 그랬을 것 같아.

순덕   그리고 지금도 중매쟁이를 하고 있잖아요. 위험을 무릅쓰고.

예진   돈 때문에 일한다면서요.

순덕   아니, 아니. 나 쌍연술산가 봐요.

예진   (잉?) 그게 뭔데요?

순덕   이제부터 알아볼 건데, 연분을 알아보는 산신이래요, 멋지죠? 그래서 제가 그렇게 중매에 목을 맨 거죠, 타고난 운명이라서. 사실 그동안 남다르게 나대는 내가 비정상인가 걱정했거든요. 근데, 쌍연술사여서 그랬던 거죠. 쌍연술사… 이름도 너무 맘에 들어.

         예진이 반응이 없어 보면, 잠들었다.
         순덕, "나 누구한테 말하고 있니?" 피식 웃다 옆에 놓인 빈
         술병을 보며

순덕   요즘 너무 마시네… 무슨 걱정 있나? (이불을 가지러 가는데)

인국   [E] 우리 예진이 시집갈 때까지 잘 좀 돌봐줘요.

         순덕, 천천히 돌아보면 색동저고리를 입고 잠든 어린
         예진(12살)에게 이불을 덮어주는 인국.

순덕	(이미 눈물이 글썽거리며) 서방님이 돌봐줘요. 왜 나한테 부탁하는데?
인국	(선한 웃음) 예진이가 당신을 좋아하잖아요.
순덕	…아가씨는 서방님을 좋아해서 나도 좋아한 거예요.

순덕, 기어이 흐르는 눈물을 닦고 다시 보면 과거의 기억 속
인국은 사라지고 잠든 현재의 예진만 있다.

순덕	(예진에게 이불 덮어주며) 왜 그렇게 빨리 갔어요… 뭐가 급해서.

씬50.　한양 전경. 아침 (해가 뜬다)

씬51.　조씨부인 / 집 마당. 낮
짐꾼들이 집에 옷감과 곡식을 내려놓는다. 마을 사람들도
모여 호기심 어린 눈으로 본다. 이때 방문이 열리고, 하나가
조씨부인을 부축해서 나온다.

조씨부인	무슨 소란이냐?
하나	(짐꾼에게) 이것을 왜 우리 집에 내려놓은 것이오?
짐꾼	저희는 중매쟁이 심부름을 하는 중입니다.

하나	여주댁이?

하는데, 이씨와 한성부 참군과 포졸이 집 안으로 들어온다.

이씨	여주댁이 아니라서 미안하네요. 병판대감께서 이 집 큰딸을 첩실로 맞이하겠다고 하셨습니다.
하나	(인상 꽉) 지금 병판대감이라 했나?
이씨	첩실이라고 하나, 중매쟁이까지 거치고 신혼집은 필동에 새로 지은 기와집인데다 하인도 두 명 보내셨어요. 이 정도면 나이 어린 처녀도 못 가서 안달인 조건이에요.

모인 동네 사람들 "썩어도 준치라더니 얼굴이 예쁘니 그 나이에 병판댁 첩실로 들어가고", "그래도 명색이 양반인데… 첩실은 좀…", "그 험한 소문에 첩이라도 혼인을 하는 게 어디야" 한마디씩 한다.

조씨부인	어미인 내 허락도 없이 혼사라니.
이씨	아이고, 저는 다 말이 된 걸로 알고 왔는데… 아닌가 보네? (뒤에 같이 온 포졸들을 본다)
하나	(느낌 싸하다) !!
조씨부인	나는 이 혼사 허락 못 하니 다들 돌아가게!
참군	죄인을 포박하라!

하나와 조씨부인은 물론 마을 사람들 모두 죄인이라는 말에
어리둥절한데, 포졸들은 조씨부인을 오라로 묶는다.

씬52.   경운재 / 마당. 낮

객주에 가기 위해 나서는 정우. 오봉, 급히 다가오더니

오봉   늙은 아씨들 모친이 어제 한성부에 잡혀갔답니다.

정우   무슨 죄로?

오봉   그 댁 마님이 병판댁 첩실 자리를 마다한 것이 문제된 모
        양입니다.

정우   (바로 이해) 첫째 딸 나이가 스물네 살이었지. 효를 입에
        달고 사는 처자니 꼼짝없이 병판의 첩으로 들어가겠군.
        오래 살다 보니 우매한 판윤과 호색한 병판이 날 돕는 날
        이 다 있구나. 어서 객주로 가자.

씬53.   홍월객주 / 세책방. 낮

정우, 안으로 들어서자 화장이 유난히 빡쎈 순덕, 도끼눈을
하고 서 있다!

순덕   (이글이글 분노의 눈빛을 쏘며) 나리께서 그리하신 겁니까?

정우   뭐…얼 말이냐?

순덕	스물넷이 넘도록 시집 못 가면 그 책임이 부모에게 있다는 법으로 하나아가씨를 병판댁 첩실로 가게 만든 것 말입니다.
정우	아… 그 일이라면 소문 나쁜 첫째가 쉽게 혼인하게 되어 잘된 것 아니냐?
순덕	(!!) 설마 했는데 역시 나리 머리에서 나온 것이군요. 나리께 완전히 실망했습니다.
정우	(심장이 쿵, 내려앉는다) 나한테 실망했다고… 무엇 때문에?
순덕	저의 중매 방식을 따르기로 한 약조를 먼저 어기셨으니 나리와 저의 중매 계약은 이 시간부로 깨졌습니다. 이제부터 저는 나리께서 절대로 그 어명을 수행하지 못하게 온 힘을 다해 막을 것입니다.
정우	!!

결연한 순덕과 당황하는 정우에서…

三話終

第四話

사랑에 빠지는
시간은 4.5초

씬1.   오프닝 오봉 인터뷰: 선화사 / 암흑의 벽 앞. 밤

탁자에 광부들 번호 띠를 정리하고 있는 오봉,

[자막 - 김오봉 / 28세 / 정우네 집사(중인) / 특이사항: 신혼]

오봉   지금요? (정면을 보며) 제가 혼인을 하고 나니 대감마님이
더 짠하죠. 그 좋은 나이에 부부의 정이 뭔지도 모른 채
홀아비로 늙는 게… 저는 대감마님 출사보다 이번 중매
성공해서 장가나 갔음, 좋겠어요. (갑자기 이를 악물고) 그
래야! 혼인하고 처음 맞는 초파일에 야근시키는 것이 얼
마나 극악무도한 일인지를 알 테니까요. (말하다 당황하며)
지금 말은… 삭제해 주세요.

씬2. **오프닝 개동이 인터뷰: 좌상 집 / 별채 마당. 낮**

개동이 별채 마당의 꽃밭에 물을 주다가

"지금 해요?"라며 정면을 본다.

[자막 - 개동이 / 30세 / 출퇴근 노비 / 특이사항: 돈을 좋아함]

개동이   작은 마님을 보면 늘 불안불안하죠. 시어머니가 얼마나
         무서운 사람인지도 모르고 겁도 없이 밖으로 도는 게…
         (잠시 사이) 소문 못 들으셨어요? 첫째 며느리 죽여서 열
         녀문 받은 거. 어디 가서 저한테 들었다는 소린 마세요.
         (소란스러워 뒤를 돌아보면)

         "이게 어떻게 연꽃입니까?" 근석은 요상한 모양의 등을 들고,
         울상이다. 근석과 순덕, 예진은 마루에 모여 앉아 초파일에
         쓸 등을 만들고 있다. 순덕 "안 되겠다, 내일 저잣거리에 가서
         예쁜 걸로 그냥 사자~" 저잣거리 가서 사자는 말에 예진과 근석
         환호한다. 순덕도 웃는다.

개동이   (그런 순덕을 보며 미소) 작은 마님은 천성이 사랑인 사람이
         에요.

"사랑에 빠지는 시간은 4.5초"

씬3.　　침가 / 대청마루. 낮

다양한 색의 비단을 마루에 내려놓는 순덕, 예진과 함께다.

| 침가주인 | 쓰개치마를 세 개나요? |

침가주인　쓰개치마를 세 개나요?

순덕　(가장 수수한 색 천을 옆으로 빼고) 이거 하나 빼고 나머지 두 개는 꽃수를 놓아야 하니, 저번에 바느질 잘하던 그 사람에게 맡겨주게.

예진　내 거랑 언니 거랑… 나머지는 누구 거예요?

순덕　우리 거 아니고 예비 신부님들 거예요. 아가씨는 쓰개치마 많잖아요.

예진　막상 보면 쓰고 나갈 게 없어요. 나도 새 쓰개치마 하나 해줘~

침가주인　(천을 확인하며) 급하신 겁니까? 사실 바느질한 이가 남산골 사는 양반 아가씨인데…

순덕　(혼잣말) 자기가 만든 걸 자기가 쓰겠군.

침가주인　그 집 난리가 나서 맡길 수 있을지 모르겠어요.

순덕　난리가 나다니?

침가　그 댁 마님이 망령 나서 딸들 시집을 안 보내는 바람에 관아에 잡혀갔답니다.

순덕　뭐? (벌떡 일어나자)

예진　(순덕을 잡아 앉히며) 언니 안 돼, 저녁 할 시간이야.

순덕　아 진짜… (침가 주인에게) 자세히 좀 말해보게.

씬4.　　한성부 일각. 낮

김문건은 투덜거리며 부하들과 함께 이동하고 있다.

김문건　　아~ 아무리 병판의 부탁이라도 판윤인 내가 이런 것까지
　　　　　해야 해? (체념한 듯) 해야지, 앞으로 어찌 될지 모르니…

씬5.　　한성부 마당. 낮

조씨부인과 하나, 관아 마당에 서 있고,
앞에 김문건이 앉아 있다.

하나　　　저희 어머니가 죄인이라뇨? 죄명이 무엇입니까?

김문건　　법률에 처녀가 24세가 넘어도 혼인을 못 하는 이유가 가
　　　　　난에서 비롯된 것이 아니면 그 책임은 부모에게 있다. 이
　　　　　에 첩실이지만 혼인을 하겠다는 자가 나왔는데, 부모 된 자
　　　　　가 거절을 하는 것은 중죄에 해당한다. 하여 판윤의 권한으
　　　　　로 맹상천의 부인 조씨에게 장 서른 대를 처한다.

하나　　　판윤 나리, 모친께서 병환이 깊습니다. 제 혼처는 지금 알
　　　　　아보는 중이니, 형을 거둬주십시오.

김문건　　3년 전 대대적인 원녀 광부 혼인 기간에도 그리 말하지 않
　　　　　았느냐? 내 들어보니 모친의 그릇된 생각이 문제인 듯하
　　　　　여, 이번엔 그냥 넘어갈 수가 없다. 다만 조씨부인이 지금
　　　　　이라도 딸의 혼인을 허락한다면 이 일은 없었던 것으로

하겠다.

조씨부인	설사 내 딸이 원한다 해도, 난 절대 허락할 수 없소.
하나	어머니…

씬6.　　한성부 / 감옥. 밤

감옥에 갇혀 있는 조씨부인.

밖에서 세 딸이 걱정스러운 얼굴로 서 있다.

간수, 다가와 "이제 그만 돌아가시오" 하며

딸들을 감옥 밖으로 몬다.

하나, 끝까지 조씨부인을 돌아보다 감옥을 나선다.

씬7.　　의정부 / 병판 집무실. 밤

박복기에게 소식을 전하는 이좌랑.

이좌랑	맹하나의 모친이 한성부에 잡혀 와 있답니다.
박복기	효심 깊은 딸이니, 어미가 장형을 당하는 걸 보고 있지는 못하겠지. 살다 보니 경운재의 뻘짓 덕에 가지고 싶은 걸 손에 다 넣는군.

씬8. **(회상) 모란각 / 야외 정자. 밤**

박복기   (짜증) 좌상대감은 내가 자기 아랫사람도 아닌데 이래라

                 저래라, 어차피 우리 누나 말대로 하는 주제에.

                 한쪽에서 가야금 연주를 하고 있고, 가장 상석에 앉은 박복기,

                 양옆으로 앉은 김문건을 비롯한 측근 양반들과 기생들.

                 박복기의 비위를 맞추느라 열심이다.

김문건   제 술 한잔 받으시고 기분 푸십시오. (박복기에게 술을 따르

                 며) 진성군이 왕위에 오르면 좌상대감이 아니라 병판대감

                 께서 왕의 숙부가 되는 것이 아닙니까?

양반들   (다들 맞다 동조한다)

박복기   어허 이 사람들이… 어찌 이리 맞는 소리만 골라 하는가.

                 (기분 좋다) 아~ 그 경운재가 늙은 아씨들 중매 선다는 건

                 어찌 되었나?

김문건   (갑자기?) 글쎄요… 그래도 이왕 들쑤시는 거, 그 집 첫째

                 딸이라도 시집 보내줬으면 좋겠네요. 나이가 벌써 스물넷

                 이니.

박복기   스물네 살이 왜?

김문건   처녀 나이 스물네 살이 넘도록 시집을 못 가면 가난이 아

                 닌 이상에 부모와 한성부 책임이라… 괜히 저까지 문책을

                 받을 수 있어서…

박복기	그런 법이 있었어?
김문건	사문화된 법이긴 합니다. 하지만 처녀귀신이 붙어 밤마다 냇가에서 남자를 덮친다는 소문이 자자한데 데려갈 집이 어디 있겠습니까?
박복기	(비릿하게 웃으며) 내가 판윤대감의 고민을 해결해줄 수 있겠네.
양반, 기생들	?
박복기	맹박사댁 첫째 딸을 내가 첩실로 거둬주겠단 말일세.
김문건	(뜨악) 첩이요? 그렇게 음란한 처자를…요?
박복기	처녀귀신 붙었다는 거 내가 낸 헛소문이야. 노처녀 주제에 하도 콧대 높게 굴길래 내 버릇 좀 고쳐주려고.

가야금을 연주하던 기생, 놀라 삑사리 났다가, 연주 다시
이어지고 그 순간 양반들도 저런 미친놈을 봤나 하는
표정들이다.

김문건	(엄한 분위기 수습) 아… 그러시구나. 근데 병판대감께서는 지난달에도 첩실을 하나 들이지 않았습니까?
박복기	능력만 되면 첩이야 많으면 좋은 게지. 여인을 탐하는 건 응당 장부의 기개가 아닌가? (호방하게 웃는)

양반과 기생들 모두 '저 호색한'이라 생각하지만, 입으로
"맞습니다" 김문건을 시작으로 박복기 말에 다들 어색하게

동조한다.

북촌 전경 → 좌상 집 담벼락. 새벽

/ 해가 뜨기 전이라 어두운 북촌 거리.

야간통행금지 해지를 알리는 북소리가 울린다.

/ 어두운 좌상집 앞.

끼이익 조심스럽게 대문이 열리고 순덕이 나온다.

쓰개치마를 둘러쓰고 빠르게 어둠 속으로 사라지는 순덕.

한성부 감옥. 새벽

/ 감옥을 지키는 간수에게 돈을 건네는 순덕(화장 전).

간수 "금방 나오셔야 합니다"라며 감옥 안으로 들어가게

해준다.

/ 감옥 안으로 들어온 순덕, 옥에 갇혀 있는 조씨부인을

발견하고는

순덕   마님, 저 여주댁입니다. 제가 하나아가씨와 정오 전에 반

드시 해결할 터이니 최대한 형 집행 전에 시간을 끌어주

십시오.

씬11.   한성부 앞. 새벽

순덕, 초조하게 한성부 앞을 서성이다 출근하는 순구를 보고

순덕   오라버니!

순구   (놀라서) 아니 이 시간에 여긴 무슨 일이냐?

순덕   그러니까, 내가 아침도 해야 하는데 급한 부탁이 있어서.

순구   무슨 일인데?

순덕   억울한 일을 당한 아가씨가 있어서 그런데 신문고 문 좀
         열어줘.

씬12.   좌상 집 / 마당. 아침

예진 대문 밖을 내다보며 "새벽에 나가서 왜 안 오는
거야?"라며 초조해한다. 사랑채에서 관복을 입고 나오는
조영배를 보고

예진   아~ 몰라 난 할 만큼 했어. (쪼르르 조영배에게 간다)

조영배   아침잠 많은 예진이가 아비 배웅을 다 나오고, 오늘 해가
         서쪽에서 뜬 거 아니냐?

예진   어머니가 안 계시잖아요. 당연히 제가 배웅 나와야죠. 다
         녀오세요.

조영배   (기특해하며 나가려다) 근석어미는? 아침 조반 때도 못 본
         것 같은데.

예진	그게 언니가… 아(파서라고 변명하려는데)

대문이 벌컥 열리더니, 순덕, 당당하게 들어온다.

조영배 놀라 인상 굳고, 예진이 들켰다, 큰일이네 싶은데…

조영배	(순덕에게 엄하게) 이 아침에 어딜 나갔다 오는 것이냐?
순덕	(긴장한다) …
조영배	혹여 외박을 한 것이냐?
순덕	외박이라뇨? 아버님이 타실 가마, 의자를 닦고 왔습니다.
	(손에 든 걸레를 내보인다)
조영배	(그런 거야…?) 그런 건 아랫것들을 시키지.
순덕	아버님 타시는 것이라 제가 직접 하고 싶어서요.
예진	(안도하며, 혼잣말) 하여간 입만 열면 거짓말이야.
조영배	예진어미 없을 땐 네가 집안의 안주인이니, 아랫사람 잘 건사하고 손님들 대접하는데 소홀함이 없어야 한다.
순덕	(세상 조신하게) 네. 아버님.

씬13. 한성부 여기저기. 아침

/ 한성부 마당. 포졸들은 장형 틀을 설치한다.

/ 한성부 감옥. 갇혀 있는 조씨부인.

앞에 걱정스럽게 서 있는 두리와 삼순.

조씨부인 앞엔 주먹밥 바구니가 놓여 있다.

삼순   어머니, 좀 드세요. 이런 때일수록 속이 든든해야 합니다.

조씨부인   알았다.

두리   아~ 진짜, 무슨 법이 이렇게 개 같아!

삼순   여주댁하고 큰 언니는 해결한다더니 어딜 간 거야?

조씨부인   …

포졸   (다가와서) 이제 형을 집행할 시간입니다.

조씨부인   아직 식전이니 기다리게.

          포졸, 당황하지만 조씨부인은 느긋하게, 천천히 주먹밥을 먹기

          시작한다.

          / 한성부 마당. 김문건이 나와 있다.

김문건   (짜증) 대체 밥을 얼마나 먹길래 이리 늦는 것이냐?

          이때 조씨부인이 두리와 삼순의 부축을 받으며 포졸과 함께

          마당으로 나온다. 딸들의 도움을 받아 형장의 멍석에 앉는

          조씨부인.

김문건   어찌 밤새 생각이 바뀌진 않았소?

조씨부인   내 맞아 죽는 한이 있어도 생각은 바뀌지 않을 것이오.

두리, 삼순   (너무 걱정되고)

김문건   (어쩌지 하다가, 모르겠다) 죄인을 형틀에 묶어라.

[T] 둥. 둥. 둥. 힘찬 신문고 소리

씬14.   육조거리 / 광화문 앞 신문고. 아침

/ 광화문 앞. 신문고, 북을 치는 하나, 가냘픈 몸이지만 당차다.

하나   〔E〕 한나라의 관리인 병판대감은 가뭄에 굶주린 백성을
돌보긴커녕 고리채를 이용해 재물을 편취하고, 백성들의
어린 딸을 이자 대신 취하고 있습니다. 병판대감의 호색
한은 여기서 그치지 않고 법률을 핑계로 저를 강제로 첩
으로 삼으려 하고 있습니다. 장녀의 도리로 눈먼 홀어머
니를 모시려는 것뿐인데 이것이 어찌 어머니의 죄가 된단
말입니까?

/ 육조거리.
지나가던 사람들 걸음을 멈추고 신문고를 치는 하나를 본다.
"뭔 일이래?", "병판의 고리채를 고발했대…",
"여인이 장하네…"라며 다들 박복기 험담을 한다.

/ 광화문 앞.

의금부 관원들 북을 치는 하나를 데리고 궐 안으로 들어간다.

/ 신문고를 기준으로 좌우에서 지켜보던 순덕과 정우,
서로를 노려보더니 순덕은 한성부 쪽으로, 정우는 궐 안으로
각각 반대 방향으로 가버린다.

씬15.   한성부 마당. 낮

포졸들이 조씨부인을 곤장 틀에 묶으려는데,
의금부도사, 다급하게 달려와

의금부도사   형을 멈추시오! 조씨부인에 관한 억울함이 신문고에 접수
되어 의금부에서 조사가 끝날 때까지 형 집행을 보류하라
는 어명입니다.

김문건   (걱정된다) 법률적으로 문제 되는 거 없겠지… 병판대감
도우려다 내가 경치는 거 아니야?

두리와 삼순은 조씨부인을 보필하며, 한숨 돌린다.

씬16.   신문고 반응 몽타주

1) 궁궐 / 중전의 처소

중전   신문고를 울린 것이 남산골 늙은 아씨들 중 장녀라고?

최상궁	호색한인 병판대감을 고발하는 내용이었습니다.
중전	그래? 내용을 상세히 말해보거라.

2) 궁궐 / 숙빈박씨의 처소

숙빈쪽궁녀	한 달 전에도 고리채 이자 대신 어린 딸을 첩으로 들인 일이 있다 보니 병판대감을 비난하는 여론이 형성되고 있습니다.
숙빈	(머리 아프다) 하필 이 시기에 오라버니도 참… 전하 쪽 분위기는 어떠한가?

3) 궁궐 / 임금의 처소

임금, 도승지의 보고를 받는다.

임금	병판이 비싼 이자의 식리로 백성들의 고충이 크다 하지 않았느냐? 이번 기회에 고리채를 놓은 병판의 죄를 물을 수 있겠구나. [자막 - 식리: 사채업]
도승지	(난감한 얼굴) 병판의 보복이 무서워 고리채를 쓴 걸 증언할 자가 나서지 않을 것입니다. 또 신문고를 친 이유가 고리채 때문이 아니라, 어머니의 처벌을 막아달라는 것이라… 사실 따지자면 법률을 어긴 쪽은 조씨부인이라, 이번 일로 병판을 벌하긴 쉽지 않을 듯합니다.

임금 답답한데, 밖에서 내관이 "전하~" 고하는 소리 들린다.

4) 의정부 / 병판 집무실

박복기   (열받아) 발칙한 년. 감히 신문고를 쳐?!

이좌랑   (집무실로 들어오며) 선화사에서 정경부인이 서찰을 보내

          오셨습니다. (서찰을 내민다)

박복기   (움찔) 누님이… 벌써 아신 거야? 미치겠네. (서찰을 펴보

          는데)

5) 선화사 / 신자 숙소

박씨부인과 박씨부인의 모친, 박복기의 처 등 친정 쪽 집안

여인들이 모여 앉아 차를 마신다.

박씨부인모   (아들이지만 못마땅) 얘는 첩을 들인지 얼마나 됐다고… 또

          [자막 - 박씨부인과 병판의 모친]

박복기처   (달관한 듯) 제가 이곳에 있을 때 해치우려고 했나 보죠.

          [자막 - 병판의 부인]

박씨부인   너무 걱정하지 마십시오. 아무 말도, 아무 대응도 하지 말

          라고 서찰을 보내놨으니.

'그게 무슨 말이야?' 모두 의아한 얼굴로 박씨부인을 보지만,

박씨부인은 태연하게 차를 마신다.

씬17.   좌상 집 / 사랑방 (교차) 선화사 / 신자 숙소. 낮

/ 좌상집 사랑방. 조영배, 노여운 얼굴로 앞에 앉은 박복기에게

조영배	자넨 이 상황에 가만히 있겠다고?
박복기	(곤욕스러운 표정으로) 누님이 그냥 가만히 있으라고…
조영배	아녀자가 정치에 대해 뭘 안다고 그 말을 듣고 있나?
박복기	(조영배 말에 그런가 싶은 혹한 얼굴) …

/ 선화사 신자 숙소

박씨부인	병판이 법률적으로 잘못한 일은 없고, 소문뿐인 고리채 부분도 증명하기 힘들 터, 이런 일은 아무 대응하지 않는 것이 최선입니다.

/ 좌상집 사랑방

조영배	지금 궐 안팎으로 분위기가 매우 안 좋네. 납득할 해명을 안 하면, 금상이 고리채를 잡고 늘어질 걸세.
박복기	그럼 무슨 방도라도…
조영배	내가 손을 써놨으니 자네는 지금 경운재로 가보게나.

씬18. 경운재 / 사랑채 누마루. 낮

/ 사랑채 정원에 들어온 심명우, 만삭의 부인과 열 살 전후의 아들, 딸을 데리고 "불쌍한 표정으로 서 있어"라고 이르고는 사랑채로 들어간다.

/ 사랑채 누마루에 심명우와 마주 앉은 정우.

심명우	이번 일만 도와주면, 좌상께서 지방에 관직을 알아봐 주시기로 했으니 부탁 좀 하자. 그런 명분을 만드는 건 너한테 일도 아니잖아.
정우	(못마땅한 얼굴)
심명우	장남인 내가 잘못되면 우리 가문은 끝이야. 그럼 돌아가신 아버님께서 얼마나 널 원망하시겠니.
정우	제가 언제까지 형님 뒷바라지를 해야 합니까?
심명우	이번이 마지막이다. (사랑채 정원에 서 있는 부인과 자녀를 보며) 애를 가진 형수와 조카들을 봐서라도…
정우	(안 보는 것 같아도 조카들에게 눈길이 간다) …

씬19.   경운재 앞. 밤

가마를 타고 온 박복기, 가마에서 내려 이좌랑과 경운재로 급히 들어간다.

씬20.   경운재 / 사랑채 툇마루. 밤

박복기, 정우 맞은편에 앉자

정우	좌상대감께 기별을 받았습니다.
박복기	재수가 없으려니까… 원. 어떻게 피해갈 명분은 있겠지?
정우	이번 사안이 엄중하여 꽤 비싼 값을 치러야 하는데 괜찮

으시겠습니까?

박복기가 눈짓을 하자 이좌랑, 은괴가 가득 든 상자를 정우
앞에 놓는다.

박복기   얼마가 들어도 상관없으니 명분이나 내놓게.
정우   …

[CUT TO]
박복기, 하늘을 보며 떠듬떠듬 말을 한다.
손에 종이가 들려 있다.

박복기   작년에 이어 가뭄으로 작년에 곡식을 꾼 백성들이…
정우   (부채로 서안을 탁탁 치자)
박복기   (손에 들린 종이의 내용을 슬쩍 보며) 내 아직 안 틀린 것 같
           은데…
정우   작년에 이어 올해까지… 올해까지가 빠지지 않았습니까?
           초장부터 이러시면 이 많은 내용을 전하 앞에서 어찌 고
           하겠습니까?
박복기   (한숨) 내용을 대폭 줄일 수 없을까?
정우   더는 못 줄입니다.
박복기   (정우가 써준 종이 던지며) 명분이 아무리 좋은들 무관 출신
           인 내가 이 긴 내용을 어찌 오늘 밤 안에 다 외운단 말인

가?

정우   이리하면 어떨까요?

씬21.   궁궐 / 편전 앞. 아침

편전으로 속속 들어가는 문무 대신들.

씬22.   궁궐 / 편전 안. 낮

문무 대신들이 모두 모인 자리.

임금   과거 성균관 박사를 지낸 적이 있는 맹상천의 장녀 맹하
         나가 어제 신문고를 울려 병판의 처사에 대한 억울함을
         토로하였다. 이에 대해 병판은 할 말이 있는가?

박복기   (앞으로 나와) 전… 하… 소인… 콜록콜록… (말을 잇지 못
         한다)

도승지   병판대감이 갑작스러운 고뿔로 인해 목소리가 나오지 않
         아, 오늘 편전에 들기 전 이 사건에 대한 입장을 글로 써
         올렸습니다.

임금   그래? 병판이 쓴 사유를 도승지는 읽어보아라.

도승지   (문서를 펴 읽기 시작한다) 이번 사건의 발단은 소신의 충심
         에서 비롯된 것임을 알립니다.

임금   첩을 들이고 고리채를 놓은 것이 나라를 위함이다?

박복기	(콜록콜록)
임금	도승지는 계속 읽도록 하라.
도승지	연이은 가뭄으로 백성들이 작년에 꾼 곡식을 갚지 못하고 또다시 곡식을 빌리는 일이 왕왕 발생하고 있습니다. 이에 저 역시 작년에 이어 올해까지 굶주린 백성들에게 저렴한 수수료만 받고 곡식을 융통해 주었습니다.

[INS] 한성부 / 곡식 대출부서

관원, 장부를 보며 앞의 농민(김태진)에게

관원	작년에 빌린 것도 아직 다 갚지 못하였으니, 추가로 곡식을 빌려줄 수 없다.
김태진	보리 수확 때까지 버틸 것만 융통해 주십시오. 가솔들이 다 굶어 죽게 생겼습니다.
관원	병판대감 댁에 가면 곡식을 빌릴 수 있을 것이다.
김태진	(망설인다) 거긴 이자가 갑리나 돼서… (고민한다)

[자막 - 갑리 - 100% 이자율]

도승지[E]	채무를 이행하는 과정에서 과거 우리 집의 소작인인 김태진이 자신의 딸을 식솔로 거두고 채무를 변제해달라 청한 바, 김태진의 식구를 구해준 것이 오해의 발단이 되었습니다.

[INS] 김태진의 초가집에 왈패 같은 장정들이 와서 세간살이를 부수고, 이좌랑은 "딸은 이자이니 원금은 갚아야 한다"라며

어린 딸을 데리고 가자, 맞아서 쓰러진 김태진 "이놈들아 내
딸은 안 된다~"라며 울부짖는다.

임금   (인정하는 듯) 그런 사연이 있었군.

도승지   (계속 읽는다) 또 맹하나를 첩으로 들이려는 것 역시 충심
            에서 비롯된 것입니다. 선대왕부터 백성의 원망이 하늘에
            닿으면 나라에 역병과 천재지변이 돈다, 하였습니다. 이
            에 백성의 한 중 가장 큰 한이 원녀의 한인지라 스물네 살
            이 넘었음에도 행실이 어지럽다는 소문 때문에 혼인할 가
            망이 없는 맹하나를 살신성인의 마음으로 제가 식솔로 거
            둬 백성의 한을 줄이고자 하였습니다.

            [INS] 의금부 조사실에 앉아 있는 하나.
            [INS] 한성부감옥에 갇혀 있는 조씨부인과 그 앞을 지키는
            두리와 삼순.

임금   이리도 나라를 생각하는 병판을 과인이 잠시나마 오해를
            했군. 내, 병판의 충심에 감복하여 면포 열 필을 하사하
            노라.

            반대파 대신들 술렁거린다. 조영배와 박복기, 흐뭇한 얼굴이다.

도승지   나머지 부분을 마저 읽어보겠습니다.

박복기	(불쑥) 나머지? 그것이 단데… (하다가 아차! 콜록콜록)
임금	병판은 아픈데 자꾸 말하려 하지 마시오. 계속 읽어보아라.
도승지	우매한 백성들이 저의 깊은 뜻을 알지 못하기에 백성들의 눈높이에 맞춰 충심의 방법을 바꾸도록 하겠습니다.

[INS] 정우, 박복기 대신 임금에게 고하는 글을 쓰고 있다.

정우	〔E〕맹하나는 법률이 정한 24세를 넘긴 것은 아니기에 올 해가 가기 전 자발적으로 혼인하도록 권고하겠으며.
도승지	작년에 관아와 저에게 곡식을 빌린 백성들은 원금만 갚도록 처리하고 올해 곡식을 빌리는 것 역시 무이자로 처리하도록 하겠습니다. 관아의 이자 부분은 저의 사비를 털어 구휼토록 하겠습니다.
박복기	(당황하여) 아니… (반박하고 싶지만 말할 수 없고)
조영배	(인상 싸늘하게 굳는다)
임금	병판이 고한 대로 이행하도록 의금부 관원들은 행정적 도움을 주고 그 결과를 신속히 보고하도록 하여라.
도승지	바로 시행토록 하겠습니다.

씬23. 박복기 집 / 곳간. 낮

의금부 관원들의 지휘 아래, 박복기의 곳간에서 곡식과
재물을 꺼내 싣는다. 박복기, 텅 빈 곳간을 보고 망연자실

털썩 주저앉는다.

박복기   내 어떻게 모은 재물인데!! 심정우~ 부숴버릴 거야!

씬24.   궁궐 / 빈청 / 좌상 집무실. 낮

정우가 조영배 앞에 앉아 있고, 박복기 벌받는 학생처럼
한쪽에 서 있다.

조영배   앞의 내용만으로 명분은 충분한데, 어찌 시키지도 않은
             해결 방법을 제시했는가?
정우   추문을 미담으로 바꾸기 위해서는 파격적인 후속 행보가
             꼭 필요하였습니다. 이 또한 병판대감께서도 사전에 허락
             하신 내용입니다.
박복기   내가 언제?!

             [INS] 4화 20씬.
정우   이번 사안이 좀 엄중하여 꽤 비싼 값을 치러야 하는데 괜
             찮으시겠습니까?
박복기   얼마가 들어도 상관없으니 명분이나 내놓게.

박복기   (버럭) 나는 명분을 만드는 대가인 줄 알았지. 이런 거라
             고 말을 정확히 했었어야지.

정우	그보다 어찌 더 정확하게 말한단 말입니까?
조영배	(박복기를 한심하게 쳐다본다)
박복기	(억울하다) 아니… 진짜로 정확히 이야길 안 했어요.
정우	그럼 저는 이만 물러가 보겠습니다. (목례하며 희미한 미소, 나간다)
박복기	(정우의 미소를 캐치하고!) 지금 경운재가 웃는 것 못 보셨어요? 저 자식 작정하고 우릴 물 먹인 거라고요.
조영배	…이번 거사만 끝나면 경운재 의빈의 쓸모도 다할 터, 그때 그의 형과 엮어 뇌물수수죄로 유배를 보낼 생각이었네.
박복기	아~ 매형은 다 생각이 있으셨군요. 그럼 다시는 한양에 못 들어오게, 탐라로 유배 보내죠.
조영배	(한심하게 보며) 자네는… 그걸 외우질 못해 이 사단을 만들어? 아니 외우질 못하면 내용을 꼼꼼히 읽기라도 하던가!
박복기	(불똥이 왜 나한테… 억울) 아니… 워낙 길어서…
조영배	이래서 내가 무관들과는 일을 도모할 수가 없다니까.
박복기	(기분 나쁘다)

씬25. 한성부 앞. 밤

조씨부인을 부축해 나오는 세 딸. 순덕이 한성부 앞에서
기다리고 있다.

순덕	고생하셨습니다.

조씨부인	자네가 하나에게 신문고를 치라 했다고? 이번 일에 자네에게 크게 신세를 졌군, 고맙네.
순덕	사실 저보다는 어사 나리의 공이 컸습니다. 입궐하여 임금께 직접 부탁하셨다고 합니다.
두리	북촌 꼰대가?

씬26. (회상) 홍월객주 / 세책방. 낮 (3화 마지막 씬)

화장이 유난히 빡센 순덕, 도끼눈에 팔짱 끼고 짝다리 짚고
정우를 기다린다. 안으로 정우 들어서자 이글이글 분노의
눈빛을 쏘며

순덕	(득달같이) 나리께서 그리하신 겁니까?
정우	(주춤 뒤로 물러서며) 뭐… 얼 말이냐?
순덕	스물넷이 넘도록 시집 못 가면 그 책임이 부모에게 있다는 법으로 하나아가씨를 병판댁 첩실로 가게 만든 것 말입니다.
정우	아… 그 일이라면 소문 나쁜 첫째가 쉽게 혼인하게 되어 잘된 것 아니냐?
순덕	(!!) 설마 했는데 역시 나리 머리에서 나온 것이군요. 나리께 완전히 실망했습니다.
정우	(심장이 쿵, 내려앉는다) 나한테 실망했다고… 무엇 때문에? 첫째가 그리 처리되어 혼사가 훨씬 수월해지지 않았

246

느냐.

순덕   (빠직) 혼사를 처리라 말하지 마십시오!

정우   (움찔) 알았다.

순덕   저의 중매방식을 따르기로 한 약조를 먼저 어기셨으니 나
            리와 저의 중매계약은 이 시간부로 깨졌습니다.

정우   아니, 그건 내가 한 게… (아니라고 말하려는데)

순덕   저는 앞으로 두 달 안에 맹박사댁 아가씨 중 그 누구도 혼
            인하지 않도록 온 힘을 다해 막을 것입니다.

정우   그게 무슨 말이냐?

순덕   저는 나리께서 절대로 그 어명을 수행하지 못하게 할 거
            라는 말입니다!

정우   !!

이때 쿵. 쿵. 쿵. 작지만 선명하게 신문고 울리는 소리 들린다.

정우   이 소리는… 설마? 맹하나가 신문고를 치거나 하는 거…
            아니지? 아닐 거야.

순덕   맞습니다. 하나아가씨가 치는 신문고입니다.

정우   신문고로 정녕 병판을 벌할 수 있다고 생각하느냐?

순덕   네. 병판대감이 고리채를 놓아 백성들을 괴롭히고, 호색
            한이란 건 도성 사람들이 다 아는 일이니까요. 한 달 전에
            고리채 이자라며 아직 혼기도 안 된 열네 살짜리 어린아
            이를 첩으로 들였습니다. (흥분) 그건 인신매매라고요! 그

런 사람을 처벌하지 못한다는 게 말이 안 되죠.

정우   (다 듣고) 우선 고리채는 이 사안과 별개이며 증명이 쉽지
        않아 죄를 물을 수 없고, 남자가 호색한인 건 법적으로 죄
        가 되진 않는다. 법적으로 죄가 되는 건 원녀인 딸의 혼인
        을 막는 조씨부인 쪽이다. 죄를 지어놓고 신문고까지 쳤
        으니 공무집행방해죄가 추가되겠구나.

순덕   그런 말도 안 되는 법이 어디 있습니까?

정우   법은 너보다 어사인 내가 훨씬 더 잘 알지 않겠느냐.

순덕   (급 걱정) 아… 괜히 신문고를 치라고 했나? 어떡하지…

정우   내가 해결해주마.

순덕   왜요?

정우   너의 성급한 오해와 달리 이 일은 내가 한 일이 아니고,
        내가 해결할 수 있는 능력이 있기 때문이다.

순덕   어사 나리께서 하신 일이 아니라고요? 그럼 제가 흥분하
        여 날뛰기 전에 미리 말씀을 하시지…요.

정우   네가 어디 말할 틈이라도 주었더냐? 그리고 분명히 해둘
        것이 있다. (한발 순덕에게 다가가서) 나는 너를 실망시키는
        그런 남자가 아니다.

순덕   (가슴이 설렌다) …

씬27.   **(회상) 육조거리 / 광화문 앞 신문고. 아침 (4화 14씬)**

의금부 관원들, 하나를 데리고 궐 안으로 들어간다.

신문고 좌우에서 이를 지켜보던 순덕과 정우, 서로를 바라본다.

순덕   [E] (두 손 모아 잡고 기원) 부디 잘 해결 부탁드립니다.

정우   [E] 걱정 마라, 난 네가 무엇을 상상해도 그 이상을 해내는 사람이다.

정우는 어깨를 쫙 펴고, 순덕 보란 듯 당당하게 궐 안으로
들어가고 순덕은 한성부 쪽으로 간다.

씬28.   **(과거) 궁궐 / 임금의 처소. 낮 (4화 15씬-3)**

도승지   … 사실 따지자면 법률을 어긴 쪽은 조씨부인이라 사안이
        복잡합니다.

내관   [E] 전하~ 경운재대감이 들었습니다.

임금   (의아해하며) 들라 해라.

정우   (들어와 예를 갖춘 뒤 임금 앞에 앉는다) 맹상천의 장녀 맹하
        나의 신문고 건으로 병판의 고리채를 벌할 해결책이 있습
        니다.

임금   갑자기? 그래 말해보거라.

정우	해결 방법은 병판이 스스로 들고 올 것이니, 전하께서는 대신들을 모아 이번 신문고 건으로 병판을 문책하는 자리를 만들어주십시오.

정우   해결 방법은 병판이 스스로 들고 올 것이니, 전하께서는 대신들을 모아 이번 신문고 건으로 병판을 문책하는 자리를 만들어주십시오.

임금   알겠다. 헌데, 원녀 혼인은 잘하고 있는 것이냐? 두 달도 채 안 남았는데 이런 일까지 나서는 게… 괜히 병판 일로 원녀 혼인 건을 까달라고 하는 건 아니겠지?

정우   병판의 죄를 묻는 것이 원녀 혼인 추진 일 중 하나입니다.

임금   어쩐지… 득달같이 입궐했다 했어. 다들 목숨은 소중한 법이니까.

정우   (긴장한다) …

씬29.   (현재) 한성부 앞. 밤

하나   의금부에서 해결된 내용을 듣고 병판이 그럴 리 없다 생각했는데, 어사 나리의 머리에서 나온 거였군요.

삼순   (벌써 반한 것 같은 눈빛) 오~ 어사 나리 좀 멋진데?

두리   뭐가 멋져? 올해 시집 못 가면 언니가 병판의 첩 되는 건 그대론데.

     두리의 말에 하나와 삼순, 잠시 침묵이 흐르는데

순덕   시집가면 되죠! 오월 안에 세 분 모두 원하시는 분과 혼인

	하게 되실 겁니다. 저만 믿으세요.
조씨부인	피곤하구나. 어서 집으로 가자.
하나	네 어머니. (조씨부인을 부축한다)
두리	(순덕에게 무심히 툭) 오늘 고마웠네.
순덕	(두리 인사에 기분 좋아) 조심히 들어가세요. 조만간 찾아뵙겠습니다.

조씨부인과 딸들이 가고 순덕 돌아서는데,

사인방과 딱 마주친다.

마산댁	오~ 늙은 아씨들 중신을 진짜 서기로 한 거야?
순덕	나리에게 형님들이 저를 추천해주셨다는 이야기 들었어요. 감사합니다. (꾸벅)
이씨	(이게 아닌데) 고마울 것까지… 자네가 워낙 중매를 잘하니까.
전주댁	잘되고 있는 거야?
순덕	그럼요, 형님들의 기대에 어긋나지 않게 꼭 성공하겠습니다!
이씨	(어색한 웃음) 그래…
순덕	다시 한번 추천 감사합니다. (꾸벅 인사 후 빠르게 사라지고)
마, 전, 개	(이씨를 동시에 보면)
이씨	뭐지? 괜히 여주댁을 돕고 있는 이 찝찝한 느낌은.

씬30.　　선화사 / 신자 숙소 일각. 밤

야외 탁자에 박씨부인과 차를 사이에 두고 앉는 박복기,

야단맞는 학생처럼 주눅이 들어 있다. 좀 떨어진 곳에 이좌랑이

보초를 서고 있다.

박씨부인　　(차를 마시며) 편전에서의 일은 들었네.

박복기　　　(송구하다) 저는 누님 말대로 가만히 있으려고 했는데 매
　　　　　　형이 해명을 해야 한다고 해서, 괜히 경운재한테 부탁했
　　　　　　다가…

박씨부인　　좌상대감께서 그리했으면 다 이유가 있었겠지. 따지고 보
　　　　　　면 이번 일의 발단은 자네의 경솔함 때문 아닌가.

박복기　　　그래도 매형이 부추기지만 않았어도…

박씨부인　　이미 지나간 일을 따져서 무엇 하겠나. 차후에 같은 일 반
　　　　　　복되지 않게 단속을 해야지.

박복기　　　?

박씨부인　　그 처자에게 신문고 문을 누가 열어준 것인지는 알아보았
　　　　　　는가?

박복기　　　(생각 안 해봤는데) 아직…

박씨부인　　관아 쪽에 연이 없는 맹박사의 여식이 신문고 문을 열려
　　　　　　면, 누군가의 도움을 받았을 것 아닌가.

박복기　　　아~ 그러네. 당장 알아보겠습니다.

씬31.　궁궐 / 성수청 마당. 밤

밤하늘 괴이한 달무리.

도무녀 걱정스러운 얼굴로 하늘을 올려다보고 있다.

씬32.　궁궐 일각. 밤

불길한 달무리 아래, '금잠고독' 이 든 기름종이를 동궁전

궁녀에게 건네는 조영배.

동궁전궁녀　(기름종이를 받는 손 떨린다) … 저희 집에 피해가 없는 것

이 확실한 것이지요?

조영배　네가 의심받는 일도 없을 것이니, 너희 집안에 화가 가는

일은 당연히 없을 것이다. 걱정 말거라.

씬33.　궁궐 / 중전의 처소. 밤

중전이 잠자리에 들 준비를 하고, 밖에서 궁녀의 소리 들린다.

궁녀　〔E〕 도무녀가 뵙기를 청합니다.

중전　들라 해라.

문이 열리고 도무녀가 들어와, 중전에게 절을 하고 앉는다.

중전	무슨 일인가?
도무녀	주위를 물러주십시오.
중전	(방안 최상궁에게) 나가 있거라.

최상궁이 방을 나가자,
도무녀는 중전의 앞쪽으로 바싹 다가와 앉는다.

도무녀	궁궐 안 기운이 심상치 않습니다. 공주마마가 돌아가신 8년 전 그날처럼 말입니다.
중전	(놀란다) !!
도무녀	세자저하를 궐 밖으로 피신시키지 않으면 목숨이 위태로울 것입니다.
중전	(심각한 얼굴) …

씬34. 울산 / 도자기 만드는 집. 낮

가정에서 쓰는 식기, 소품 도자기 등이 선반에 놓여 있다.
그중에 도화분을 담는 도자기 용기를 만지는 손, 보면
안동건이다.
[자막 - 울산 고지평 가마]

도자기노인	그건 주문받은 거라 안 파는 거요. 그 뒤에 있는 걸로 보시오.

안동건	이걸 주문한 사람을 찾고 있소.
도자기노인	여주댁을?

[CUT TO]

안동건	(족자를 용모화만 보이게 펴서, 도자기 노인에게 보여주면)
도자기노인	여주댁이 맞네, 계절에 한 번 공납시기에 한양 여주댁 집으로 분 단지를 만들어 가져다준다네.
안동건	여주댁…이라.

씬35. 홍월객주 / 행수 방. 낮

순덕의 맞은편에 홍천수와 여주댁이 미안한 얼굴로 앉아 있고, 복희는 행수 방안 물건을 구경하며 놀고 있다.

순덕	(놀라며) 함경도에 초파일 전에 간다고?
홍천수	같이 움직이기로 한 보부상들이 좀 일찍 출발한다고 해서요.
여주댁	상황이 이래서 초파일 지나고 예진아가씨 혼인 날짜 받으러 마님 댁엔 못 갈 것 같은데 어떡하죠?
순덕	큰돈 벌러 간다는데, 가지 말라고 할 수도 없고… 내가 알아서 해볼게. 복희도 데리고 가는 거야?
홍천수	복희는 우리 객주에 있기로 했어요.

순덕	초파일에 엄마가 없어서 우리 복희가 속상하겠네.
복희	(뚱하게) 어차피 갈 거, 빨리 갔다 오는 게 나아요.
순덕	어디서 이런 듬직한 딸내미는 얻었대?
여주댁	복희는 마님이 구해줬잖아요.

[INS] [자막 – 8년 전 평양 인근]
댕기머리의 순덕과 순구, 강가를 걷고 있다.

순덕	금강산을 실제로 보다니, 너무 기대돼. 빨리 가자, 빨리.
순구	또 엎어진다. 조심해.

앞으로 뛰어가던 순덕, 강가에 떠밀려 온 천을 보고 "뭐지?"
하며 다가간다. 가까이 가서 보면, 상처 입은 여주댁이다.

순덕	(다급히 순구에게) 오라버니, 도와주세요. (여주댁을 끌어내어 감싸 안으며) 정신 좀 차려보게…

순덕	그러네. 그때 여주댁 배 속에 있었던 애가 복희니까… (복희에게) 들었지? 널 구해준 게 난 거. 나중에 거상되면 나 모른 척하면 안 된다.
복희	제 배필 공짜로 구해준다고 한 마님 약속이 먼전 건 아시죠?
순덕	아~ 진짜 야무져.

256

씬36. 홍월객주 / 세책방 안. 낮

정우, 안으로 들어서자 홍천수 "오셨습니까, 나리" 친절하게
맞이한다.

정우   오늘은 여주댁을 만나러 왔네.

홍천수   이야기 들었습니다.

홍천수, 다짜고짜 안쪽으로 들어가자 정우도 따라 들어간다.
안쪽 책장에 다다른 홍천수, 책장으로 보이는 미닫이문을 열며
들어가라 눈짓

정우   (책장 같은 비밀문 안의 반지하 공간을 보고) 여기 이런 공간
             이…

홍천수   여주댁이 책임진다 하여 여기에 들이긴 하는데, 중매를 가
             장하여 한성부나 의금부와 관련된 일을 하는 건 아니시죠?

정우   나도 한성부와 의금부가 싫다. 이 안에 여주댁이 있다는
             거지? (안으로 들어가는데)

씬37. 홍월객주 / 비밀창고. 낮

정우, 비밀창고 벽에 걸린 노골적인 춘화 족자에 눈을 어디에
둬야 할지 몰라 당황한다. 그때 쿵! 뒤에서 문이 닫힌다.

정우	(놀라 문을 두드리며) 문은 왜 닫는 것이냐! (안쪽에서 문고
	리도 없자 더 다급) 나는 진짜 한성부 관리가 아니다! 문 열
	어라! 내 누군 줄 알고!
순덕	[E] 진짜 겁이 많으시네요.
정우	(돌아보면 안쪽 공간에서 순덕이 나온다) 흠… 거기 있었던
	것이냐?

정우, 순덕이 있는 창고 안쪽으로 들어가자,

순덕	소설을 필사하는 곳인데, 한성부 감시가 엄해서 당분간
	빈다고 하여 이곳을 중매 작전기지로 쓰려고 합니다. 아,
	그리고 일하는 중간에 저에게 급하게 전할 내용이 있으면
	객주 행수에게 서찰을 맡기시면 됩니다.
정우	계획되지 않은 급한 일은 만들지 말거라.
순덕	네~ 네~ 하지만 만약이란 게 있으니까요.
정우	대답은 한 번만. (창고 둘러보면)

창고 한쪽 벽면에 커다랗게 [孟박사 三자매 中매 大작전] 붙어
있다.

순덕	(자랑스럽게) 의욕 고취를 위해서 한번 써봤습니다.
정우	(한숨을 쉬더니 휴대용 붓을 꺼내 中자 옆에 亻을 첨가한다)
순덕	아~ 어쩐지 좀 허전하더라. 읽는 건 하겠는데 쓰는 건 좀

어려워서요.

정우   한자에 자신이 없으면 모두 언문으로 적든지.

순덕   (해맑게) 모두 언문이면 없어 보이잖아요.

정우   틀리는 게 더 없어 보인다. 이제 어서 네가 말하는… (말로
         하긴 민망한지 망설이다가) 중매 대작전을 설명해보거라.

순덕   중매 대작전의 전체 일정을 알려드리겠습니다. 지도를 봐
         주십시오.

         탁자 위에는 순덕이 간략하게 그린 도성 안 지도가 깔려 있다.
         인왕산 근처 선화사는 [四月 八日], 수성동은 [五月 五日],
         남산골 조씨부인 집은 [五月 十五日], 한성부는 [五月 二十五日]
         날짜가 적힌 깃발 말이 놓여 있고, 그 깃발 말을 가리키며 순덕,
         설명한다.

순덕   맨 처음, 초파일에 아가씨들에게 맞는 인연을 찾은 다음,
         단오에서 인연을 운명으로 만들어 오월 보름에 납채를 받
         고, 그달 스무닷샛날 합동 혼례를 하게 됩니다~
         [자막 - 납채: 신랑 집에서 신부 집에 혼인을 구하는 의례]

정우   일정은 적당하구나.

순덕   감사합니다. (지도 선화사 위 [四月 八日] 적힌 깃발 말 가리
         키며) 시작은 초파일, 선화사입니다. 선화사는 도성 안 광
         부들이 모이는 곳으로, 여기서 '첫눈맞기'를 하여 아가씨
         들에게 맞는 배필을 찾을 것입니다.

[INS] 지도 위 간략하게 그려진 선화사는 실제 초파일 밤 선화사로 변한다. 무심히 쓰개치마를 내리는 하나, 연등 빛을 받아 더욱 아름답다. 주변 광부들 시선 일제히 하나에게 쏠린다.

순덕   저의 필살기 '첫눈맞기'는 집안의 배경이나 그 사람에 대한 평판을 무력화하는 강력한 힘을 가지고 있으니, 헛소문에 시달리는 아가씨들에게 딱 맞는 작전입니다. (일시 정지)

순덕이 정지된 옆으로 분할화면〉 경운재 /서재
정우, "雙緣術士 白書(쌍연술사 백서)", 부제는 한글로 '쌍연술사의 모든 것'이라는 공책을 펴고 자료 책을 참고하여 글을 쓴다. [C.U.]

"쌍연술사의 연분을 **만**드는 방법은
기록치 않아 알 수는 없지**만**
그들은 각자**만**의 연분 맺기 기술을 보유하고 있다."

정우   (순덕을 보며) [E] 진짜… 쌍연술산가?
순덕   그래서 지금 우리가 해야 하는 건 선화사 '첫눈맞기' 준비입니다.
정우   '첫눈맞기'라는 게 설마… 말 그대로 눈이 마주친다는 건 아니지?

순덕   왜 아니겠습니까? 말 그대로 남녀가 처음 눈이 마주치는
            그~ 순간! (생각만 해도 설렌다)

정우   그딴 것으로 어찌 평생을 같이 할 배필을 찾는단 말이냐?
            차라리 내가 말한 대로 집안을 보고 찾는 것이 훨씬 합리
            적이다.

순덕   남녀가 연모의 마음이 생기는데, 얼마의 시간이 걸리는
            줄 아십니까? 바로 일각의 백분의 일의 절반, 거의 순식
            간이죠.
            [자막 - 일각: 15분 / 100분의 1의 절반: 4.5초]

정우   (못 믿겠다는 얼굴로) 그렇게 짧은 순간에?

순덕   한 번이라도 경험이 있는 사람은 알 수 있는데…

정우   (알 수 없는 표정) …

순덕   (정우의 표정 오해하고) 대부분 양반은 첫눈맞기를 못 해보
            거나 운이 좋으면 혼례식장에서나 하니 너무 속상해하지
            마십시오. 저는 첫눈맞기로 우리 서방님을 만났거든요.
            세책방에서.

정우   (못마땅한 눈으로) 책방에서?

순덕   네~ (꿈꾸듯이) 첫 만남부터 소설의 한 장면 같았죠.

씬38.   (회상) 운종가 / 길가 작은 세책방 안. 낮 (5년 전)
            댕기머리의 순덕, 세책방에서 까치발을 하고 책장 위 칸에 놓인

책을 꺼내려는데 키가 모자라 쉽지 않다.

이때 뒤에서 나타난 섬섬옥수! 서책을 가볍게 꺼내준다.

돌아 올려다보는 순덕, 책을 꺼내는 하얀 얼굴의 조인국과 눈이
마주친다.

[자막 - 초시계가 빠르게 흐르다 4.5초에서 멈춘다]

좁은 세책방에서 마주 보고 있는 순덕과 인국, 사랑의 기운이
가득하다.

씬39.   홍월객주 / 비밀창고. 낮

순덕   (그때를 생각하며 헤벌쭉한 얼굴로 몸을 꼬며) 높은 곳에 책을
           꺼내주는 남자, 이야기 속에서야 흔하디흔하지만, 현실에
           서는 절대 일어나지 않는다는 그 일이 그날 저에게 일어
           났죠. 혼인 후 들으니 서방님도 그때 저에게 반했다고…

정우   (짜증) 너 같은 장사치의 경험을 감히 양반들 혼사에 갖다
           붙이느냐? 원래 사대부의 혼인이라는 것이 위로는 조상
           을 받들고 아래로는 후사를 잇기 위함이지 사랑은 꼭 필
           요한 것이 아니다.

순덕   아뇨, 아뇨. 사랑은 곳곳에 있고, 모든 것의 시작입니다.
           위로는 부모를 사랑하는 마음, 아래로는 자식을 사랑하는
           마음, 그 시작은 부부간의 사랑입니다.

정우   …참으로 감성적인 여인의 궤변이로구나.

순덕	진짠데.
정우	…
순덕	그럼 아가씨들에게 첫눈맞기 기술부터 알려주러 가시죠.
정우	눈이 마주치는 데 기술이 필요하단 말이냐?
순덕	당연하죠, 첫눈맞기만 잘되면 혼사의 절반은 성공하는 건데. 아주 정교하고 섬세한 기술이 필요합니다.
정우	?

씬40. 도성 밖 / 신촌 거리. 낮

초가집으로 이루어진 농가 초입 거리. 개동에게 돈을 주는
예진.

예진	한 시진 뒤에 여기서 다시 만나세.
개동	(돈을 받아 챙기고는) 저야, 돈도 받고 쉬기도 해서 좋은데 외가댁엔 안가도 괜찮으시겠어요?
예진	자네만 입 다물면 되네. 특히 우리 새언니한테도 비밀인 거 알지?
개동	돈을 받았는데 당연히 말 안 하죠.

씬41. 윤부겸의 초가집. 낮

방 하나에 마루, 부엌이 있는 단출한 초가집.

싸리문 열고 마당으로 들어오는 예진.

집 안을 둘러보는데, 뒤쪽에서 지게를 지고 나오는 윤부겸.

윤부겸   (예진을 보고 놀랍고 반갑다) 어쩐 일이냐?

예진   오라버니 보러왔지.

씬42.   산속. 낮

부겸, 나뭇가지를 주워, 지게에 싣고

예진은 주변에서 봄꽃을 꺾고 있다.

부겸   외갓집에 안 가고 여기서 이러고 있어도 괜찮아?

예진   외할머니는 선화사 가셔서 안 계시고, 외할아버지는 정신
이 깜박깜박하셔서 내가 가도, 난지도 몰라.

부겸   …

예진   손 좀 줘봐. (부겸 머뭇거리자) 빨리, 빨리…

부겸, 흙 묻는 손을 대충 털고 손바닥이 위로 오게 내밀면

예진, 부겸의 손을 손등이 위로 오게 돌리고는 꽃반지를

끼워준다.

부겸   (거친 손에 어울리지 않는 꽃반지) 이게 뭐야…

예진   (자신의 손에 낀 똑같은 꽃반지를 보여주며) 빼기만 해.

[CUT TO]

나무를 지고 산길을 내려오는 부겸. 옆에 나란히 걷는 예진.

예진	초파일에 선화사 올 거지?
부겸	아니… 그날 논 가래질하기로 해서.
예진	밤까지 일하는 거 아니잖아.
부겸	그것 말고도… 일이 많아서 못 갈 것 같아.
예진	(칭얼) 그럼 올해 내 등은 누가 만들어줘?

씬43.　조씨부인 집 마당. 낮

중앙에 절구와 좀 떨어진 곳에 바가지가 놓여 있다.

삼순은 눈을 반짝이며 순덕과 정우를 바라보고 서 있지만,

두리는 마루에 걸터앉아 쓰개치마의 꽃수를 놓기에 여념이

없고 하나는 방에서 조씨부인에게 책을 읽어주고 있다. (방 창문

열려 있음) 순덕은 마루의 두리와 방안의 하나에게 애원하듯

순덕	하나와 두리아가씨, 잠깐이면 되는데 마당으로 나와 함께
	해주시면 안 될까요?
하나	내 여기서 보기만 해도 잘할 수 있으니 걱정 말게나. (조씨
	부인에게) 어머니 오늘은 『한서열전』으로 읽을까요?
순덕	(미치겠다, 두리에게) 그럼 두리아가씨라도…
두리	바느질거리 밀린 거 안 보여?

순덕   (어쩔 수 없지) 그럼 삼순아가씨부터 해보죠. 나리는 저기
        담벼락에 서 계십시오.

정우   (담 앞에 선다)

순덕   좀 더 좌측으로… 예, 거기 좋네요.

정우   뭘 하는 건지 참… (소매 춤에서 책을 꺼내서)

        담에 기대 책을 읽는 척하지만, 신경은 온통 순덕에게 향해
        있다. 순덕은 앞의 삼순은 물론 마루와 방에 있는 두리와
        하나를 둘러보며

순덕   오늘은 첫눈맞기 기술에 대해 배워보겠습니다. 제가 먼저
        시범을 보일 테니 잘 보십시오.

        순덕은 쓰개치마를 눈만 나올 정도로 폭 뒤집어쓰더니,
        조신하게 걸어 절구를 천천히 돈다. 삼순만 초집중해서 본다.

        순덕은 절구를 다 돌고 바가지 앞에 도착하자 얼굴이 보이게
        쓰개치마를 어깨까지 내리더니 정우를 향해 환한 미소를
        짓는다. 정우, 완전 심쿵! 손에 들고 있던 책을 놓친다.

순덕   (쓰개치마를 다시 쓰며) 쓰개치마를 다시 쓰고 가면 됩니다.

삼순   (이게 뭐야?) 이게 끝?

순덕   네, 보기는 쉽지만 매우 섬세하고 까다로운 기술입니다.

	첫눈맞기의 핵심은 탑돌이 후 제가 말한 지점에 당도하면 살짝 얼굴이 나오게 쓰개치마를 정수리에 걸치고 (정우 가리키며) 앞에 보이는 담벼락을 향해 가볍게 미소를 짓는 겁니다. 한번 해보시겠어요?
삼순	아~ 나 느낌 알 것 같아.
순덕	"마님의 사생활"을 쓴 화록님은 너무 잘하시겠죠.

삼순은 절구를 천천히 도는데, 너무 흐느적거려 영 이상하고
마지막으로 쓰개치마를 내려 정우를 향해 미소를 짓는데,
이런… 무섭다.

정우	(헉!) 삼순낭자, 왜 인상을 쓰는 것입니까? 웃으라 하지 않았습니까?
삼순	저… 지금 웃고 있는 것입니다.
순덕	처음이라 어색할 수 있어요. 하지만 연습하면 나아집니다. 하나와 두리 아가씨도 저 있을 때 한 번씩 걸어보시겠어요?
정우	(반응 없는 두리와 하나에게) 협조하기로 하지 않았소?
하나	두리야, 어서 하고 치우자. 약속은 약속이니까. 어머니 잠시만요. (책의 읽던 부분에 갈피를 끼우고)

하나, 방에서 마루로 나와, 두리가 만들고 있는 쓰개치마 중
가장 수수해 보이는 것으로 집어 들고는 마당으로 내려온다.

두리	그거 주문받은 거라 때 타면 안 돼. 언니 거 써.
하나	지금 네가 만드는 쓰개치마 모두 우리 거 같은데, 꽃수가 없는 이것이 내 것이고 (순덕에게) 아니 그런가?
순덕	(그런 하나 보며) [E] 역시 똑똑해.
순덕	맞습니다.

두리는 '그런 거야?' 하는 얼굴이고,

삼순은 자신의 새 쓰개치마를 보고 좋아한다.

하나, 쓰개치마를 쓰고 절구를 도는데

걸음걸이 자연스러우면서 우아하다.

바가지 앞에서 정확하게 멈춰 쓰개치마를 내리고 잠시 얼굴을

보이더니 다시 쓰개치마를 쓴다.

순덕	(손뼉 치며) 완전 잘하셨습니다!
삼순	(억울) 큰언니는 담벼락을 보지도 않았고 미소를 짓지도 않았는데…
하나	막내야, 여주댁이 말하는 첫눈맞기 기술이라는 것은 댕기머리를 보이게 쓰개치마를 내려, 담벼락에 서 있는 남자들에게 내가 처녀라는 것과 얼굴을 보이는 것이 목적이니, 빼어나게 고운 나는 웃을 필요까지는 없단다.
삼순	(시무룩) 그 말은… 지금 나는 못생겼다는 거지?
하나	대신 넌 귀엽잖아.
삼순	언니 눈에나 귀엽지…

하나	예쁘지 않은 건 네 탓은 아니니, 그걸로 속상해하진 말어. (바로 방으로 들어가 조씨부인에게 다시 책을 읽어준다)
정우	첫째 딸이 멍청하단 건 빼어난 외모 탓에 생긴 헛소문이었군.

삼순이는 한쪽에서 순덕이 시키는 대로 첫눈맞기 기술을 연습한다. 별로 나아지지는 않는다.

순덕	(두리 옆에 가만히 앉으며) 아가씨도 한 번만 해보시죠.
두리	(꽃수를 놓던 바늘을 위협적으로 겨누며) 남자들에게 잘 보이기 위해 연습까지 해야 해?
순덕	두리아가씨, 이렇게 생각해 보세요. 이건 남자들에게 잘 보이기 위함이 아니라, 내가 원하는 남자들을 잘 고르기 위한 기술이라고.
두리	나는 원하는 남자가 없어.
정우	(두리에게 다가와) 이리 비협조적으로 나오면, 동생을 한성부에 고발하는 수가 있습니다.
두리	아~ 진짜! (바늘을 치켜들자)
정우	(움찔 몸을 움츠리며 순덕 뒤에 숨는데)
두리	(그대로 골무에 바늘을 꽂고 일어나며) 난 절대 남자 앞에서 웃진 않을 거야. (짜증스러운 얼굴로 쓰개치마를 쓰고 마당으로 내려간다)

순덕   (자신의 뒤에 숨은 정우에게) 나리는 어서 벽에 붙으세요.

두리가 쓰개치마를 성의 없이 푹 뒤집어쓰고 절구를 돌아,
바가지 앞에 서더니 쓰개치마를 내리며 벽에 선 정우를
쏘아본다. 하지만 나쁘지 않다, 아니 매력 있다.

정우   다들 옷 때문인 줄 알면서 기생집에 나간다는 헛소문이
           퍼진 이유를 알겠군, 저 야릇한 매력 때문이었어.
순덕   두리아가씨도 합격입니다. 어서 바느질하십시오. 그 쓰개
           치마 초파일까지 끝내야, 다들 쓰고 나갈 것이 아닙니까.
           자자, 삼순아가씨 다시 돌아볼까요?

순덕은 삼순에게 미소 짓는 시범을 다시 보인다.
그런 순덕을 보며, 저절로 입가에 미소가 지어지는 정우.

씬44.   북촌 거리. 밤

예진과 개동이 북촌 초입, 나무 아래에서 초조하게 순덕을
기다린다.

예진   왜 이렇게 안 와? 아버지 퇴청하실 시간이 다 됐는데…

바람을 가르는 소리가 선행되더니 쓰개치마의 순덕, 달려온다.

예진	(짜증스럽게) 왜 이렇게 늦었어요?
순덕	(숨을 몰아쉬며) 미안해요, 일이 생각보다 길어져서. 아가씨, 외가댁에서 안 좋은 일 있었어요? 왜 누가 싫은 소리 했어요?
예진	(움찔) 안 좋은 일 있을 게 뭐 있어요. 어서 가기나 해요.
개동	(집을 향해 앞장서며 혼잣말) 눈치는 진짜 빨라.
예진	(쉿! 조용히 하라고 개동이를 째려본다)

씬45.　좌상 집 앞. 밤

순덕 일행은 집 앞에서 가마를 타고 도착한 조영배와 마주친다.

조영배	(엄하게) 다들 밤늦게 어딜 다니는 것이냐?
순덕	아버님, 그게…
예진	제가 언니한테 외가에 같이 가달라고 했어요. 근데 외할아버지가 했던 말 또 하고 또 하고… 하셔서 외갓집에서 좀 늦게 출발했어요.
조영배	(딸에게는 세상 자상) 그랬구나. 근석 어미도 고생했다. 어서 들어가자.
개동이	(순덕에게 속닥) 작은마님 따라 아씨도 거짓말이 늘었어요.
순덕	(속닥) 그런 걸 청춘어람이라고 하는 거야.
개동이	오~ 작은마님, 진짜 양반 같아요.

예진과 조영배 먼저 들어가고,

순덕과 개동이 함께 따라 들어간다.

씬46.   궁궐 / 동궁전 궁녀처소. 낮

동궁전 궁녀(4화 32씬)가 사경을 헤매고 있고, 의원과 의녀가

치료 중이다. 그 모습을 보는 중전, 표정 심각하다.

씬47.   궁궐 / 임금의 처소. 낮

임금과 마주 앉는 중전.

중전   동궁전 궁녀가 세자가 남긴 야식을 먹고 사경을 헤매고
         있습니다. 독의 경로가 밝혀지지 않은 지금 세자를 동궁
         전에 둘 순 없습니다.

임금   중전이 직접 만든 음식 아닙니까?

중전   (거의 울상) 그러니 더 불안합니다.

임금   중전, 우선 진정을 하십시오. 어의도 독 때문이라 단정할
         수 없다고 하지 않았습니까? 동궁전 궁녀의 병일 수도 있
         습니다.

중전   그러기에는 동궁전 궁녀의 증상이 죽은 공주의 증상과 너
         무 비슷합니다. 8년 전에도 도무녀가 세자에게 갈 횡액을
         공주가 대신 받았다고 하지 않았습니까? 도무녀 말대로

당분간 세자를 사가에 머물도록 허락해주세요.

임금   무녀의 말만 믿고 일국의 세자를 궐 밖으로 보낼 순 없습
        니다.

중전   (대답은 안 하지만 임금의 말에 수긍하지 않는 얼굴) …

씬48.   좌상 집 앞. 초저녁

순덕, 예진, 근석이 연화등, 물고기 등을 들고 개동, 방자와
우르르 집에서 나온다. 순덕과 예진은 쓰개치마를 쓰고 있는데,
순덕은 쓰개치마 안에 봇짐을 메고 있다.

예진   (투덜투덜) 안 간다니까… 기어이 끌고 나와서는.

순덕   초파일에 입고 갈 새 옷에 쓰개치마까지 해내라더니, 왜
        갑자기 이래요?

예진   몰라, 다 시시해졌어요.

근석   고모님은 초파일 연등제가 왜 시시합니까?

예진   너도 내 나이 되면 알 거다.

개동   스무 살도 안 돼서 나이 타령은…

순덕   그러게 말이네.

근석이 신나서 앞장서 가고
방자와 개동, 순덕과 예진이 뒤따라간다.

순덕   신랑 될 도령 얼굴 안 볼 거예요?

예진   혼인하면 볼 텐데… 미리 본다고 바뀌는 것도 아니잖아.

씬49.   초파일 / 선화사. 밤

연등이 빼곡히 걸려 있는 선화사. 사람들로 발 디딜 틈 없이
복작거린다. 연화등을 손에 든 정우는 오봉과 함께 사람들
사이에서 순덕을 찾고 있다. 여자들 대부분이 쓰개치마나
장옷을 쓰고 있어 알아보기 힘들다.

오봉   여주댁이 어련히 대감마님을 찾아올 테니, 그만 좀 두리
        번거리십시오.

정우   하긴 내가 눈에 띄는 외모이긴 하지. 윽… (손으로 가슴을
        만진다)

오봉   또 가슴이 아프세요?

정우   사람이 많으니 이 정도는 예상했다… 참을 만하다. (응?)

인파 속 쓰개치마를 쓴 숙빈박씨를 보고 놀라 확인하기 위해
쫓아가지만 연등을 들고 뛰어다니는 아이들 때문에 놓친다.

오봉   (정우를 쫓으며) 왜요? 여주댁 찾았어요?

정우   아니다. 내 사람을 잘못 봤다. 궁에 있는 분이 여기 있을
        리 없지.

씬50.   선화사 / 신자들 처소. 밤

숙빈박씨가 박씨부인과 방안에 들어서자,

조영배와 박복기, 김문건을 비롯한 양반들 일어나 맞이한다.

조영배   숙빈마마 어려운 걸음 하셨습니다.

숙빈박씨   오랜만에 선화사에 오니 옛날 생각도 나고 좋네요.

[CUT TO]

가장 상석에 숙빈박씨가 앉고 옆에 박씨부인,

그 앞으로 조영배와 박복기 등 품계 순서대로 앉아 있다.

조영배   동궁전에 변화는 없습니까?

숙빈박씨   동궁전 궁녀 하나가 갑작스레 급사한 일이 있었어요.

[INS] 동궁전 궁녀 시신이 짚 가마니에 덮여 궐 밖으로 나가고

있다.

숙빈박씨   그 일 이후 품행 단속을 핑계로 감찰궁녀들이 제 나인들

의 숙소를 뒤진 일도 있었고요.

조영배   아마 독을 찾는 걸 겁니다.

숙빈박씨   (놀라서) 독이요?

다른 양반들 (술렁인다)

박복기   (조영배에게 시비) 일을 어떻게 하신 겁니까? 세자는 멀쩡

하고 괜히 우리 패만 까여서 숙빈마마의 운신의 폭만 좁
히는 거 아닙니까?

박씨부인   (표정 안 좋고) …

조영배   세자가 멀쩡한 것이 이 일의 목표입니다.

박복기   그것이 무슨 말도 안 되는 말입니까?

[INS] 4화 32씬.
기름종이에 싼 금잠고독을 동궁전 궁녀에게 주는 조영배

조영배   네가 의심받는 일도 없을 것이니, 너희 집안에 화가 가는
일은 당연히 없을 것이다. 그건 걱정 말거라.

[INS] 세자의 처소에서 야식상을 들고 나오는 동궁전 궁녀.

조영배   [E] 세자가 음식을 남기면, 그 음식과 함께 내가 준 약을
먹거라.

동궁전 궁녀, 주위를 살핀 후 세자가 남긴 쑥구리단자를 먹고,
조영배가 준 기름종이 안의 누런색 환을 입에 털어 넣는다.

박복기   (이해 안 된다) 지금 어렵게 구한 독을 왜 아무 쓸모없는 궁
녀에게 먹였단 말입니까?

박씨부인   세자를 궐 밖으로 나오게 하기 위함입니다.

숙빈박씨	이 일로 세자를 궐 밖으로 내보낼 수 있을까요? 오히려
	독의 출처를 찾아, 우리 쪽이 곤란해지지 않겠습니까?
박씨부인	그 부분은 걱정하지 마십시오. 8년 전에도 금잠고독을 독
	이라고 밝히지 못했으니, 이번 역시 독이란 걸 밝히지 못
	할 것입니다. 그럼 출처 또한 찾을 일 없습니다. 그리고
	세자를 궐 밖으로 나가게 할 인사를 섭외해 놨습니다. (밖
	에 대고) 들라 해라.

문이 열리고 도무녀(4화 31씬)가 들어와 숙빈박씨에게 절을
하고 앉는다.

숙빈박씨	(바로 알아보고) 성수청 도무녀가 아닌가? 내 자네를 중전
	의 사람으로 알고 있는데…
도무녀	저는 중전마마가 아니라 미래의 궁궐 주인을 따릅니다.
모인 양반들	(술렁)
박씨부인	그래, 세자는 궁궐에서 나갔느냐?
도무녀	사람의 왕래가 잦은 초파일을 택해 이동하라 중전마마께
	아뢰었으니,

[INS] 서씨 집 마당. 밤 (연등이 걸려 있다)
옆에 서씨 서 있고, 도령 복장의 세자에게 당부하는 중전.

중전	이곳에 머무는 것은 이 어미와의 비밀입니다. 궐로 돌아

갈 땐 이 어미가 직접 올 테니 그리 아세요.

도무녀   오늘 밤, 사가로 이동했을 겁니다.

조영배   세자는 어디에 머문다고 하더냐?

도무녀   중전마마는 조심성이 많아, 저에게도 알리지 않았습니다.

박복기   거처를 알 수 없으면 세자가 동궁전에 있는 거나 매한가
         진데 뭐 이리 복잡하게…

박씨부인 세자가 머무는 곳은 공주자가들의 집이나 봉보부인 집 정
         도일 것이니 그곳을 찾기는 어렵지 않을 겁니다. 또 일이
         성공했을 때 우리 쪽보다는 몰래 사가로 세자를 보낸 중
         전의 잘못으로 몰 수 있으니 결코 나쁜 방법은 아닙니다.
         [자막 - 봉보부인: 임금의 유모]

박복기   다들 이런 이야기를 왜 이제야 하는 겁니까? 처음부터 이
         야기를 하시지…

조영배   (박복기를 무시하며) 모르면 실수가 없는 법이지.

씬51.   초파일 / 선화사 곳곳. 밤

쓰개치마를 쓴 순덕, 대웅전에서 벗어나며 샛길로 접어들며

순덕   이제 슬슬 여주댁으로 변신해 볼까?!! (놀라 눈이 커진다)

중매쟁이 사인방과 딱 마주친 것!

순덕, 무의식적으로 아는 척을 하려는데…

사인방은 화장 안 한 순덕을 못 알아보고, 양반집 마님이라

생각, 몸을 숙이고 옆으로 길을 비켜준다.

이씨	(순덕이 지나가고 나자) 어느 댁 마님인가?
마산댁	(역시 못 알아보고) 나도 첨 보는데…
순덕	(만족스러운 미소) 내 화장술이 이리도 완벽하다니.

/ 순덕, 쓰개치마를 쓰고 사람 없는 나무 뒤쪽으로 가는데

처녀, 총각이 손을 맞잡고 있다.

/ 순덕, 다시 종종거리며 선화사 창고 문을 여는데

그 안엔 구석마다 쌍쌍이 들어차 있다. 순덕 창고 문을 닫으며

순덕   올해 사람이 왜 이렇게 많아? 나리를 만나야 하는데 화장

할 데가 없네. 헉! (갑자기 놀라 쓰개치마를 더 푹 눌러쓴다)

보면, 정면에 정우가 연화등을 들고 걸어오고 있기 때문이다.

순덕   긴장하지 말자… 나의 화장 전후는 친 오라버니도 몰라

본다.

빠르게 정우를 지나쳐 가려는데 쓰개치마가 나뭇가지에

걸린다. 그 바람에 쓰개치마가 흘러내려 화장기 없는 순덕의 얼굴이 그대로 드러난다. 서로를 바라보고 선 순덕과 정우. 순덕, 시선 피하며 쓰개치마를 주우려 하지만, 연화등 때문에 쉽지 않다. 이때 정우, 땅에 떨어진 쓰개치마를 주워 순덕에게 씌워준다.

순덕   (정우가 가까이 밀착하자 괜히 가슴이 뛴다) [E] 쫄지 마, 알아본 게 아니야… 그냥 도와주는 거야.

정우   너… 이 복장이 뭐냐?

순덕   (헉!!) 제가 누군지 아시겠습니까?

정우   (뭘 그런 당연한 걸 물어?) 어찌 몰라 볼 수 있느냐?

서로 다른 황당함으로 서로를 마주 본 두 사람에서…

四話終

第五話

선화사에서 생긴 일

씬1.   오프닝 두리 인터뷰: 조씨부인 집 마루. 낮

바느질하던 두리 정면을 보며 시니컬하게,

[자막-맹두리 / 23세 / 늙은 아씨들 중 둘째 / 특이사항: 별호-
막드녀(막말드센녀)]

두리   혼자 벌어먹으면 이리 편한데, 왜 시집가서 서방까지 먹
         여 살리고 떠받들기까지 해야 하는지… (잠시 사이) 남자
         다 거기서 거기지, 이상형이 어딨어. (하다가 사악한 미소
         지으며) 아~ 내가 원치 않는 상대와는 혼인을 안 해도 된
         다 했으니… 나의 이상형은 지 손으로, 지 주둥이에 들어
         가는 밥벌이를 할 수 있는 자로 하죠.

씬2.   **오프닝 윤부겸 인터뷰: 선화사 일각. 밤**

주마등을 들고 공양간 뒤뜰로 가던 윤부겸, 멈춰서 정면을 보고

[자막 - 윤부겸 / 27세 / 양반이나 농사를 지으며 홀로 삶 /

특이사항: 조실부모]

윤부겸   맹자께서 말씀하시길 농사는 천하지대본이라 하였습니

다. 양반이라고 농사를 짓는 것이 부끄러운 일은 아니지

요. (잠시 사이) 이상형이라…(순간 공양간 뒤뜰 평상에서 혼

자 술 마시고 있는 예진에게 시선 머물더니, 이내 정면을 보며)

말한 들 내 마음 따위가 무엇에 소용이 있겠습니까?

"선화사에서 생긴 일"

씬3.   **선화사 일각. 밤 (4화 마지막 씬)**

순덕, 창고 안을 보자 구석마다 쌍쌍이 들어차 있다.

순덕   (창고 문 닫으며) 올해 사람이 왜 이렇게 많아? 나리 만나

야 하는데 화장할 데가 없네. 헉! (갑자기 놀라 쓰개치마를

더 푹 눌러쓴다)

보면, 정면에 정우가 걸어오고 있기 때문이다.

순덕	긴장하지 말자… 내 화장 전후는 친 오라버니도 몰라본다.

빠르게 정우를 지나쳐 가려는데 쓰개치마가 나뭇가지에 걸려 흘러내리는 바람에 화장기 없는 순덕의 얼굴이 그대로 드러난다. 서로를 바라보고 선 순덕과 정우.
순덕, 시선 피하며 쓰개치마를 주우려 하지만, 연화등 때문에 쉽지 않다. 이때 정우, 땅에 떨어진 쓰개치마를 주워 순덕에게 씌워준다.

순덕	(두근두근 설렌다) …
정우	너… 이 복장이 다 뭐냐?
순덕	(헉!!) 제가 누군지 아시겠습니까?
정우	(뭘 그런 당연한 걸 물어?) 어찌 몰라볼 수 있느냐? (뱁새눈으로 순덕 위아래를 살피며) 이 복장이 도대체 무엇이냐.
순덕	(둘러댄다) 일하기 수월하게 북촌 며느리 풍으로 변복해봤습니다.
정우	그렇다고 장사치가 양반집 마님 행세를 하다니! 어허 내 당장~
순덕	고발하시게요?
정우	진짜… 이놈의 일은 내 신념과 어긋나 너무 비참하구나.
순덕	비참할 것까지.
정우	(순덕 얼굴을 새삼 보며) 그러고 보니 얼굴에 가득한 화장을 지우니…

순덕	(급하게 정우의 말을 막으며) 아무 말도 하지 마십시오. 화
	장 안 하고 애교점도 없는 제 얼굴, 밋밋한 거 저도 잘 아
	니깐요.
정우	(풋) 안다니 다행이지만 아주 못 볼 정도는 아니다. (지나
	가는 말처럼) 난 지금 쪽이 더… 낫다.
순덕	…네?
정우	어서 설명이나 해봐라. 왜 선화사가 특별한지, 네가 말한
	신상 광부들은 도대체 어디 있는지.
순덕	이 기회에 선화사 사랑의 탑돌이부터 낱낱이 알려드리겠
	습니다.

씬4.   선화사 / 탑돌이 몽타주. 밤

정우는 순덕을 따라 탑돌이에 합류한다.

연화등까지 손에 든 순덕은 바람처럼 자연스럽게 사람들

사이를 누비며 탑까지 파고드는데 뒤따르는 정우는 사람과

부딪치고 난리다. 탑돌이 중앙 부분에 도착하자 사람들로

복작이는 바깥과 달리 태풍의 눈처럼 고요하고 평화롭게

움직인다.

순덕	[E] 가장 안쪽은 확실한 목표 의식을 가진 부인들과 자녀
	들입니다. 현재 혼담이 오가는 상황으로 예비 며느리와
	사위가 사지육신이 멀쩡한가를 최종적으로 확인하는 구

간입니다.

순덕의 설명을 듣고 다시 보면, 마님들이 다들 미혼의 딸이나 아들과 함께 탑돌이를 하고 있다. 이때 순간 이동을 한 것처럼 방물장수 사인방 중 이씨가 마님1 옆에 나타나 "앞에 모란 쓰개치마 마님 옆이 석호 도령입니다" 말하고 빠지면 마님1은 딸과 지목한 도령을 자연스럽게 보고 지나친다. 모녀, 서로를 보며 만족스럽다는 듯 끄덕인다. (도령과 그 모친도 같은 상황)

순덕   [E] 간혹, 적극적인 마님들은 간선의 방법으로 방물장수를 가장해 그 집에 찾아가 예비 며느리나 사위를 확인하기도 하지만, 번거로워서 시기만 맞으면 선화사 탑돌이를 선호합니다.

정우   (놀라워하며) 탑돌이에 이런 암묵적 규칙이 있다니 놀랍구나.

순덕   한양 분이 선화사 탑돌이를 모른다니 더 놀랍습니다.

정우   우리 집은 용문사를 다녔다.

순덕   아~ 안타깝네요. 이제 제가 가장 좋아하는 설렘 구간으로 이동하실게요.

순덕, 말이 끝나기가 무섭게 탑돌이의 중간 부분으로 질러가고, 정우 힘겹게 쫓아간다. 두 개의 탑 사이 교차하는 중간 부분은

사람도 많고 처녀, 총각의 비중이 높아 분위기가 전체적으로
달떠 있다.

순덕   아직 혼처가 정해지지 않은 청춘들이 모이는 곳입니다.

정우   (불안하게 주변을 둘러본다)

순덕   (정우가 불안해하는 걸 미처 알아보지 못하고 신나서 설명) 여
             기가 첫눈맞기가 가장 많이 일어나는 구간이기도 합니다.

             무심결에 주변을 둘러보던 정우, 스치듯 지나가며 눈빛이
             맞는 남녀 청춘들이 왜곡돼 보이고, 심장이 빠르게 뛰며
             호흡 곤란으로 곧 쓰러질 것 같은데… 순간 나타나 정우의
             시야를 가리고 선 순덕, 정우와 눈을 맞추고는

순덕   어디 편찮으십니까?

             정우, 순덕으로 인해 주변이 안 보이자… 숨이 쉬어지고,
             시야도 정상으로 돌아오고 가슴 통증도 잦아든다.

정우   내… 인파 속에 있으면 까닭 없는 심계항진 증상이 있을
             때가 있다.

순덕   에? 조선말임에 틀림없는데… 왜 뭔 말인지 모르겠죠?

정우   (힘없는 와중에 웃음) 쉽게 말해 사람 많은 곳에 있을 때 가
             끔 심장이 빠르게 뛰어 가슴이 아프단 소리다. 사람들을 보

지 않으면 괜찮아지니… 잠시만 그렇게 가리고 서 있거라.

순덕   (남편 생각에 걱정스러운 얼굴로) 혹시… 죽을병은 아닌
          거죠?

정우   현시대의 의학이 원인을 알지 못할 뿐 죽을병은 아니다.
          (심호흡하더니) 이제… 된 것 같다.

순덕   잠시만요. (손에 든 연등을 길게 잡아 공간을 만들더니) 제가
          길을 틀 테니, 제 옆에 바짝 붙어, 저만 보고 걸으십시오.

정우   (심쿵!)

순덕   (해맑게 웃으며) 쉽게 말해 저를 방패 삼아 다른 사람들은
          보지 말란 말입니다. 그럼 가슴 아플 일도 없겠죠?

정우   …

          순덕, 그렇게 정우를 케어하고,
          정우는 순덕만 보며 천천히 탑돌이 구간을 빠져나간다.

정우   [E] 이렇게 여길 나가면 광부들을 못 만나는 거 아니냐?

순덕   [E] 이곳엔 광부님들은 없습니다. 광부님들이 모여 있는
          곳은 따로 있습니다. (정우를 케어하며 탑돌이 행렬에서 빠져
          나온다)

씬5.   선화사 / 암흑의 벽 앞 은행나무. 밤

순덕과 정우, 은행나무 아래에서 선화사 내부

담벼락을 바라보고 서 있다. 열 걸음 정도 떨어진 곳의
3~4미터 넓이의 담벼락, 유독 기이하리만큼 어둡다.

순덕	여기입니다, 광부님들이 모이는 곳. 중매쟁이들 사이에선 '암흑의 담벼락'이라고 부른답니다.
정우	저기 누가 있단 말이냐?
순덕	괜찮으시겠습니까? 저기도 광부들이 많이 모여 있는데…
정우	안 보여서 그런지, 지금은 더할 나위 없이 괜찮다.
순덕	그럼 세 걸음만 앞으로 가서 살펴보십시오.

정우, 다가가 보면 암흑의 벽 어둠에서 천천히 움직이는 검은
실루엣?!! 어둠 속이라 좀비같이 괴이하다.

정우	(소스라치게 놀라 뒷걸음질 치면)
순덕	또 가슴이 아프십니까?
정우	괜찮으니 수선 떨지 마라. 그리고 사람이 많다고 매번 아픈 것은 아니니 환자 취급하지도 말고.
순덕	아 넵. 하지만 아프시면 바로 말씀하십시오. 제가 방패가 되어 드리겠습니다.
정우	… (암흑의 담벼락을 보며) 저 어둠 속, 저것들은 무엇이냐?
순덕	탑돌이에도 끼지 못하는 공허한 영혼들, 혹시 하는 마음으로 선화사를 찾은 광부님들이죠.

이때 실루엣 중 한 명이 밀려 어둠에서 나오자, 광부 선비임을 알 수 있다. 실수로 어둠에서 밀려 나온 광부는 빛에 닿으면 타버리는 뱀파이어처럼 연등 빛 속에 노출되자 놀라 다시 어둠으로 들어가 버린다.

순덕	안에 들어가시면 확실히 보실 수 있습니다. (가보라는 눈짓)
정우	(내키지 않지만, 순덕의 눈빛에 밀려 어둠 쪽으로 걸어간다)

씬6.   선화사 / 암흑의 벽 어둠 속. 밤

정우, 벽의 그림자가 낭떠러지나 되듯 어둠의 경계선 밖에 서서 안을 살핀다.

그 안 광부들, 벽에 붙어 할 일 없이 지나가는 여인들 평을 하고 있다.

(광부4호) "저기 옥색 쓰개치마 괜찮지 않나?"

(광부1호) "키가 너무 커서 난 별로."

(광부4호) "나도 뭐 썩 맘에 드는 건 아니었네."

(광부7호) "자네들 혹시 좌상댁 고명딸과 만석꾼 송진사댁 장녀가 자네들에게 동시에 청혼한다면 누굴 고르겠는가?"

질문을 받은 광부1, 4호 "잠시 시간을 주게", "쉽지 않군" 심각하게 고민한다.

정우, 광부들 대화를 들으며 "왜 심각하게 고민하는데?" 어처구니없어 한다.

다른 한쪽에서는 두세 팀이 바둑을 두는 데 그중 광부
12호(김집)과 광부 15호(장춘배)는 바둑을 두며 나랏일을
걱정(?) 중이다.

(장춘배) "그렇게 북촌 집값을 못 잡나? 내 답답해서 원…"

(김집) "누가 해도 북촌 집값은 못 잡을 것 같습니다만…"

(장춘배) "이런 한 수 물려주게. 말하느라 못 봤네…"

정우, 어둠 속 광부들을 살핀 후 순덕이 있는 은행나무 쪽으로
간다.

씬7.   선화사 / 암흑의 벽 앞 은행나무. 밤

순덕, 까치발로 줄에 걸린 물고기 등을 떼려고 애쓰다,

정우가 오는 걸 보고

순덕	(물고기 등을 떼는 데 집중하며) 잠시만요.
정우	(순덕의 뒤에서 쉽게 물고기 등을 뗀다)
순덕	(그런 정우를 올려다보고 설렌다) …
정우	(물고기 등을 내밀지만, 순덕, 멍한 얼굴로 보기만 하자) 이 등이 필요했던 거 아니냐?
순덕	(정우를 넋 놓고 보다 정신 차리고) 네… 필요한 거 맞습니다. 나리는 담벼락 선비님들 모두 면담하고 기록해주세요. 전 계획대로 반 시진 후 아가씨들이 이곳을 지나가도록 하겠습니다.

[자막 - 반 시진: 1시간]

정우, 크게 심호흡하고 암흑의 담벼락 어둠을 향해
비장하게 걸어 들어가고. 순덕, 은행나무 아래 물고기 등을
놓고 빠르게 이동한다.

씬8.   선화사 / 장독대. 밤

장독이 족히 백 개가 넘는 커다란 장독대.
안쪽에서 불빛이 새어 나온다. 보면 순덕은 연화등을 조명
삼아, 독을 화장대 삼아 분장 중이다. 휴대용 화장 상자 안
분홍색 분으로 정성껏 볼 터치를 하고 눈썹 그리고, 붉은
연지를 붓에 찍어 입술을 새빨갛게 칠하는 순덕.
분장에 가깝게 화려하게 화장을 한 얼굴을 거울에 비춰보며

순덕   부처님 오신 날이라 그런가, 화장발 좀 받는데. 마지막으
          로 화룡점점을 찍어볼까. (붓으로 눈 아래 점을 그린다) 역시
          애교점이 있어야 얼굴이 산다니까.

          [INS] 5화 3씬.
          정우 "아주 못 볼 정도는 아니다. 난 지금 쪽이 더 낫다."

순덕   (거울 보며) 내가 본판이 나쁜 건 아니야. 매가리가 없어서

그렇지. …화장 안 한 나를 알아본 사람은 나리가 처음이네. (설렌다)

순덕은 저고리를 벗어 뒤집어 입고, 치마 역시 이중이라 뒤집어 입으면 완벽하게 장사치의 모습이 된다. 휴대용 화장품 상자를 봇짐에 넣고 어깨에 멘 후 그 위에 붉은 장옷을 걸치고 장독대를 빠져나가는 순덕. 이 모든 과정은 물 흐르듯 빠르게 이루어진다.

씬9.   선화사 / 암흑의 벽 일각. 밤

암흑의 담벼락 옆쪽으로 탁자와 의자를 가져다 놓는 오봉, 탁자 위 광부명단, 휴대용 먹과 붓을 올려놓으며 묘한 눈으로 정우를 본다.

정우   그 겸양치 못한 눈빛 뭐냐? 할 말 있으면 해라.

오봉   제가 웬만하면 말을 안 하려고 했는데요… 아까 저를 떼어놓고 몰래 만난 그 마님 누군데요?

정우   무슨 소리냐? 알아듣게 말을 해라.

오봉   같이 탑돌이 하는 거 다 봤으니까 딴소리할 생각 마시고요. 누군지 말을 해야 제가 도울 수 있습니다.

정우   뭘 보고 이 난린지… (하다가) 아~ 여주댁 말하는 거냐? 그치와 탑돌이를 한 것이 아니라, 중매에 대한 설명을 들느라…

오봉   (어이없는 얼굴) 아이고~ 제가 여주댁을 몰라요? 얼핏 보
       기에도 입성이 딱 양반집 마님이더만… 여자랑 사귀고 싶
       으시면 여주댁이랑 하다 말아요.

정우   (짜증) 뭘 하다 마냐?

오봉   장사치가 대감마님 성에 안 찰 순 있어, 하지만 괜히 양반
       집 마님하고 소문이라도 나면… 아우 생각하기도 싫네요.
       (번호표 더미를 챙겨 암흑의 벽 어둠으로 들어가 버린다)

정우   어허- 그런 거 아니래도!

씬10.   선화사 / 암흑의 벽 일각 - 광부들 인터뷰1. 밤

암흑의 담벼락 옆쪽, 탁자에 면접관처럼 앉아 있는 정우.
담벼락의 어둠 속에서 오봉의 안내를 받고 나온 광부는
정우 앞에 선다. (광부는 앞뒤로 번호(一號)가 쓰인 하얀 면 번호판을
메고 있다)
[자막 - 광부 1호: 김재광 / 31세 / 과거 준비생]

광부1호 지금의 조선은 공정성을 잃었다 생각합니다. 아버지가 고
        관대작이 아니면 자식은 벼슬도 혼인도 가망 없는 시대란
        말입니다.

정우   (광부1호 명단, 별첨(別添)에 "고질적 부의 세습"이라고 쓴다)

광부1호 원하는 처자 형은 예쁘고 어린 여인이요.

[CUT TO]

광부4호	한성은 목멱산 꼭대기까지 집값이 너무 올라, 혼인을 못 했습니다.

[자막 - 광부 4호: 정연서 / 32세 / 잡과 시험 준비 중]

정우	(광부 4호 명단, 별첨(別添)에 "한양 부동산 문제"라고 쓴다)
광부4호	원하는 처자 형은 예쁘고 어린 여인입니다.

[CUT TO]

광부7호	다들 혼인 때 최소 사대문 안에 집을 얻고, 일 년에 한 번 씩은 호연지기를 위해 팔도유람을 떠나지 않습니까? 이를 만족시켜 줄 처자를 찾다 보니 혼인이 늦어졌습니다. 제가 원하는 처자 형은 예…

[자막 - 광부 7호: 최영태 / 33세 / 과거 준비생]

정우	(안 들어도 알겠다) 예쁘고 어린 여인 아닙니까?
광부7호	(놀라며) 어찌 아셨습니까? 그리고 혼례 때 모양 빠지지 않게 처갓집은 최소한 서른칸 이상이면 좋겠습니다.
정우	(지친다) 이제 저런 말이 놀랍지도 않군. 다음~

씬11.   선화사 / 신자 처소 일각. 밤

이좌랑의 보고를 받는 박복기, 인상을 쓰며

박복기   그게 확실해? 알았어, 가봐.

씬12.   선화사 / 신자 처소 누마루. 밤
박씨부인과 숙빈박씨, 박복기가 차를 마시고 있다.

박복기   (들어와 앉으며) 누님, 사돈집 단속 좀 하셔야겠어요. 알아
          봤더니 일전에 신문고 문을 열어준 게 사돈총각이랍니다.

박씨부인   (뜻밖의 이야기라 표정 굳는데) …

숙빈박씨   사돈총각이 왜요?

박복기   그러게, 말입니다. 그놈은 누구 때문에 종사관이 된 지도
          모르고… 제가 불러서 따끔하게…

박씨부인   내가 알아볼 테니 자넨 잠자코 있게.

박복기   아…네.

숙빈박씨   맞다, 저 여기 오는 길에 경운재 의빈을 봤습니다.

박씨부인   (의외라는 듯) 경운재 의빈이 이곳에 왔다고요?

박복기   (못마땅해하며) 맹하나 중매를 선다더니, 그래서 왔나 보네
          요. 초파일 선화사는 중매쟁이들이 좋아하는 곳 아닙니까.

박씨부인   (느낌 안 좋다) 경운재 의빈이 중매를 선다…

씬13.   선화사 / 암흑의 벽 - 광부들 인터뷰2. 밤
낡은 옷과 찌그러진 갓을 쓴 김집.

김집   선화사가 팔도에서도 특히 아름답다고 하여 멀리서 찾아왔습니다. (사람 좋은 웃음) 재물이나 집안 말고, 나를 있는 그대로 받아주는 규수를 찾는다면 내 너무 낭만적인가요?

정우   조금 전까지만 해도 허황되다 생각했겠지만… 그나마 정상 같습니다.

[CUT TO]

장춘배   여기 온 사람들 목적이 다 그렇지. 내 뭘 쑥스러워 하겠소? 사실 돌총이오. 돌총 모르시오? 잠깐 갔다가 돌아온 총각, 돌총. 허나 자식이 없으니 초혼이나 진배없소, 이해되십니까? 명륜동에서 큰 서당을 오래 하여 성 밖에 밭하고 논이 꽤 있습니다. 튼튼하고 예쁘며 품행이 단정한 어린 신부면 좋소. 알아들으시겠소?

[자막 - 광부 15호: 장춘배 / 35세 / 과거 입시 전문 서당 훈장 / 특이사항: 돌총]

다음 광부(한종복)가 나오면서,
들어가는 장춘배를 한심하게 보며

한종복	예쁘고 어린 거 한때죠, 남자들은 안 늙습니까? 나이 비슷한 사람들끼리 만나야 잘 사는 법이지요.

[자막 - 광부 16호: 한종복 / 30세 / 과거 준비생 / 특이사항: 홀어머니]

정우	(고개를 끄덕이며 명단에 '정상'으로 메모한다)

[CUT TO]

오봉에게 떠밀려 어둠에서 툭 튀어나와 정우 코앞까지 온 말쑥한 허숙현, 손에는 어울리지 않게 국자가 들려 있다.

허숙현	(국자를 뒤로 숨기며) 저 같은 남자를 좋아하는 여인도 있겠습니까?

[자막 - 광부 23호: 허숙현 / 29세 / 사옹원 주부 / 특이사항: 내놓은 자식]

정우	(명단에 체크를 하며) 있을지도 모르니 이상형을 말해보십시오.
허숙현	그냥 절 이해해 주는 여인이면 다 괜찮습니다.

허숙현이 들어가고 한동안 나서는 광부는 없고, 어둠에서
(윤부겸) "내가 왜 면담을 해야 하나?"
(오봉) "여기 있는 선비님들은 다 면담해야 합니다" 실랑이
소리가 들리더니 번호표도 메지 않은 초라한 행색의 윤부겸,
오봉에게 끌려 어둠에서 나온다. 다시 들어가려는 윤부겸에게

억지로 24호 번호표를 묶어주는 오봉.

정우   (명단을 보며) 마지막 24호… 신촌 사는 윤부겸 선비요?

윤부겸   (오봉이 못 들어가게 막고 있어 마지못해) 그렇습니다.

          [자막 - 광부 24호: 윤부겸 / 27세 / 농사꾼 / 특이사항:

          조실부모]

정우   소과에서 상위의 성적으로 입격한 적도 있는데 어찌 계속

          과거 준비를 하지 않고 농사나 짓고 있는 것입니까?

윤부겸   동노파도 남장파도 아닌 제가 대과에 입격한들 출사 할 수

          있겠습니까? 아니 그전에 과거 합격이 가능하겠습니까?

정우   실력만 있으면 과거 급제를 하는 것 아니오?

윤부겸   그런 말을 하는 것을 보니. 나리께서는 동노파인가 봅니

          다. (획~ 돌아 어둠으로 들어간다)

정우   (윤부겸 칸에 "왜곡된 자격지심으로 점철(한자로 표기)"이라

          적으며) 왜곡된 자격지심으로 점철되어 속이 꼬였으니…

          (울분) 광부가 됐지!

광부명단을 탁 닫으면 [암흑의 담벼락 광부 면담 끝!] 자막이

뜬다.

씬14.   선화사 초입. 밤

          붉은 장옷을 걸친 순덕은 양반들이 타고 온 가마와 가마꾼들이

모여 있는 곳에서 서성거리다, 멀리 세 딸이 연등을 들고 오는
것이 보이자

순덕   (손을 흔들며 반색) 여기예요, 여기. .

씬15.   선화사 / 초입 공터. 밤

일주문 옆쪽 인적 드문 공터로 세 딸을 데리고 가는 순덕.

순덕   (손짓하며) 연화등은 잠시 내려놓고 다들 가까이 와보세요.

세 딸이 다가오자, 순덕은 자신의 연등을 바닥에 놓고 선화사
약식지도를 펴서 작전타임에 배구 감독처럼 설명한다.
삼순은 초집중하여 듣지만 하나와 두리는 심드렁하다.

순덕   (지도 짚어가며) 일주문을 통과하시면서 얼굴이 최대한 안
보이게 쓰개치마를 푹 쓰시고 대웅전 앞까지 가시는 겁
니다.

씬16.   선화사 곳곳. 밤

/ 탑돌이 장소. 하나를 선두로 조신하게 탑돌이 행렬에
합류하는 세 딸.

순덕   〔E〕 쌍탑에서 탑돌이를 하시고요.

탑돌이 중앙 고요의 구간엔 나이에 어울리지 않는 팔자걸음의
근석과 쓰개치마를 어깨에 걸치고 시큰둥하게 도는 예진이
보인다. 중간 부분에서 세 딸이 탑을 도는 동안, 주변
인파 속 대금명장(2화 2씬), 우울마님과 시중드는 마름(1화
33씬), 마님들에게 어느 집 자제인지를 알려주려 분주하게
뛰어다니는 방물장수 사인방 등이 보인다.

순덕   〔E〕 딱 두 바퀴만 도시고 하나아가씨부터

/ 일주문 근처 공터
순덕   (지도에 이동 동선 가리키며) 좌측으로 50걸음 정도 이동하
여 물고기 등이 놓인 은행나무 아래까지 가세요.

/ 지도와 실사가 겹치면, 탑돌이에서 나와 하나를 선두로
순덕이 말한 은행나무가 있는 쪽으로 줄줄이 이동한다.

/ 물고기 등이 놓인 기준점 은행나무(5화 7씬) 앞에 도착한 세 딸.
앞에 암흑의 담벼락이 눈에 들어온다. 극명하게 나뉜 빛과
어둠의 경계선을 주시하는 세 딸. 경계선을 따라 '사건의
어둠선'이라고 자막이 뜬다.

순덕   〔E〕 그곳에서 보면 제가 말씀드린 사건의 어둠선이 보일
           거예요.

           / 은행나무 앞에서 삼순은 물론 강단 있는 두리까지 살짝
           긴장하지만, 하나는 "먼저 걷는다" 하고 별 긴장 없이 앞으로
           우아하게 걸어간다.

순덕   〔E〕 하나아가씨부터 기준점에서 사건의 어둠선과 나란히
           걸어가다가 중간쯤에서 첫눈맞기 기술을 시전하시면 됩
           니다.

씬17.   선화사 초입 / 공터. 밤

순덕   (지도를 접어 소매 춤에 넣으며) 이제 연습한 대로만 하시면
           됩니다. 구호 한번 외치고 시작할까요?
두리   (짜증) 구호는 무슨…
하나   유치해.
삼순   난 구호 너무 좋네!

           순덕이 손을 내밀자, 삼순은 냉큼 포개지만 하나와 두리는 방관
           자세, 삼순은 하나와 두리의 손을 억지로 가져와 포갠다.

순덕	(큰 소리로) 지금의 인연을 잡아 화목하게 잘 살자! 지화자!
삼순	(우렁차게 제창) 지화자!
하나, 두리	(부끄러워 시선 외면)

씬18.   선화사 / 일주문 → 대웅전. 밤

순덕과 하나, 두리, 삼순은 느낌 있게 걸어와 일주문을
통과하면, 세 딸은 쓰개치마를 푹 눌러쓰고 탑돌이 장소로
향한다. 뒤로 빠진 순덕, 탑돌이에 합류하는 세 딸을 확인한 뒤
암흑의 벽 쪽으로 뛰어간다.

씬19.   선화사 / 암흑의 벽 일각. 밤

정우와 오봉이 있는 곳으로 온 순덕, 암흑의 담벼락 안이
소란스러운 걸 보고

순덕	(놀라서) 저 안 분위기 뭡니까?
정우	…
오봉	말도 마소. 바둑 두다 싸움이 났어.

[INS] 암흑의 벽 어둠 속.
바둑판을 사이에 두고 광부들 일부가 패를 갈라 다투고 있다.

정우	난 진짜 광부들이 싫다.
순덕	이제 곧 아가씨들 지나갈 텐데…

[INS] 탑돌이를 끝내고 하나를 선두로 암흑의 벽으로 오고 있는 딸들.
[INS] 암흑의 벽 안. 패를 갈라 싸우는 광부들과 싸움을 피해 자리를 뜨려는 광부들로 어수선하다.

순덕	(해결책이 안 보인다… 머리통을 부여잡고) 망했다!

이때 들려오는 로맨틱한 대금 연주 소리?! 보면 정우가 대금을 불고 있다.

[INS] 암흑의 벽 안. 싸우던 광부들, 감미로운 대금 소리에 마음이 말랑말랑해져 급 화해하며 산만한 분위기는 마법같이 정리된다.

씬20. 선화사 / 대웅전 탑돌이 곳곳 몽타주. 밤

[E] 선화사 전체에 깔리는 정우의 로맨틱한 대금 소리.
/ 대금명장, 발걸음을 멈추고 "사랑을 부르는 대금 연주로다~" 감탄하고,

/ 내내 어두운 표정으로 탑돌이를 하던 우울 마님도 시중을
드는 마름을 보고 미소를 짓고, 마름은 황송해하면서도
좋아한다.

/ 바쁘게 움직이던 사인방들도 잠시 멈춰서 얼굴에 미소가
걸린다.

/ 사람들, 자신이 살면서 가장 좋은 날을 생각하듯 마음이
포근해져 옆에 있는 사람을 사랑스럽게 본다. 그러나 예진만은
신경질이 폭발한다.

예진	짜증나게 대금을 불고 그래.
근석	고모님은 이 대금 소리가 싫으십니까? 저는 너무 듣기 좋습니다.
예진	지나치게 듣기 좋아 그런다.
근석	듣기 좋은데 짜증이 난다고요?
예진	(혼잣말, 투덜) 오늘 같이 왔으면 얼마나 좋아. (개동이에게) 난 공양간에 가 있을 테니, 근석이 잘 좀 봐줘요.

예진이 개동이에게 근석을 맡기고 탑돌이에서 빠져나가면
정씨부인과 시열이 나타난다. 정씨부인 탑을 돌면서 주변을
살핀다.

[INS] 이대감(시열) 집 / 안방. 낮

순덕   은밀하게 진행하는 혼사라 제가 나서서 알려드리진 못하
      지만, 좌상댁 따님은 열두 살짜리 조카와 함께 탑돌이를
      하기로 했으니 바로 알아보실 수 있을 겁니다.

      하지만, 둘러봐도 어린아이와 함께 도는 사람은 하인(개동이)
      뿐이다.

정씨부인   이상하다… 왜 없지? (못 찾아 짜증스러운데)
시열   어머니 누굴 그렇게 찾으세요? 저는 오랜만에 어머니와
         함께 탑돌이를 하니 너무 좋습니다.
정씨부인   (아들의 말에 마음이 풀려, 미소) 그래, 나도 좋구나.

씬21.   선화사 / 암흑의 벽 - 첫눈맞기 몽타주. 밤

/ 은행나무 앞.
물고기 등이 놓인 은행나무 앞에서 출발하는 하나.
/ 사건의 어둠선과 수평으로 걷는데 갑자기 빠르게 뛰어온
순덕은 하나 손에 연화등을 쥐여주고 슬쩍 어둠 속으로 민다.
하나, 살짝 휘청이며 어둠 속으로 들어가 버린다.

/ 은행나무 앞. 차례를 기다리던 두리, 삼순 놀란다!
/ 대금 불던 정우와 그 옆 오봉도 놀란다!

/ 암흑의 벽 안.

광부들도 놀라긴 마찬가지! 모두 하나를 보고 있다.

하지만 하나는 별 동요 없이 안의 광부들을 쓱 둘러본다.

그리고 바둑에 집중하는 김집과 장춘배를 발견하고 그들을

향해 걸어간다.(하나 손에 들린 연화등 덕에 어둠 속에서 하나

주위만은 보인다)하나가 걸으면 홍해 갈라지듯 갈라지는

광부(모두 번호판 메고 있다)들. 그 과정에서 간혹 어둠 밖으로

밀려나는 광부도 있다.

/ 일각(인터뷰 탁자 있는 곳).

순덕, 빠르게 돌아와 정우 옆에 선다.

정우   (대금을 내려놓고) 지금 뭐 한 거냐?

순덕   하나아가씨 외면면 모든 광부님들이 움직일 것이니, 이럴

             땐 아가씨가 간택하는 것이 인연을 만들기 수월합니다.

             (그대로 정지)

순덕이 정지된 옆으로 분할화면〉 쌍연술사 백서 공책이

펼쳐지고 문구 [C.U.]

"쌍연술사 중에서 높은 도력을 타고난 이는

자신도 모르게 연분을 만들어준다고 전해진다."

/ 암흑의 벽 안. 수가 막혀 고민하는 김집, 돌을 던지려고
하는데 막는 하나의 손! 하나는 김집의 바둑돌을 손끝으로
가져와 원하는 곳에 놓는다. 훈수를 두는 광부들은 물론 상대편
장춘배 입에서 탄성이 들린다. 그제야 김집은 훈수를 둔 하나를
보는데… 하나, 쓰개치마를 내려 댕기머리와 얼굴을 보이며

하나   이대로 돌을 던지긴 아까운 판인 것 같아서요.
김집   (하나를 보고 심쿵!!!) 선녀…다.

하나, 다시 쓰개치마를 눌러쓰고 어둠 밖으로 나올 때, 김집을
포함한 광부 전부 홀린 듯 하나만 본다.

/ 일각. 광부들의 반응에 새삼 순덕을 보는 정우.
순덕, 별거 아니라는 손동작을 보이고는 이번엔 북을 꺼내 치기
시작한다. 정우와 오봉, 갑자기 뭐냐는 표정으로 순덕을 본다.

/ 둥둥둥 울리는 북소리. 두리 사건의 어둠선을 걷는다.

/ 일각.

정우   북은 왜 치는 것이냐??
순덕   (북을 치며) 좋아하는 사람을 보면 가슴이 뛰잖아요. 북소
          리를 들어도 가슴이 뛰고, 광부님들이 두리아가씨를 보고

308

가슴이 뛰는 것이라 착각하게 하려고요.

정우   그건… 사기잖아.

순덕   사기라기보다 설렘을 증폭시키는 저만의 기술이라 해두
          죠. 혼인에 비협조적인 두리아가씨에겐 적극적인 광부님
          이 필요합니다.

/ 두리, 연습대로 중간지점에서 쓰개치마를 내려 댕기머리를
보이자 윤부겸과 한종복을 필두로 6~7명이 어둠에서 나와
두리에게 관심을 보인다.

두리, 빠르게 사건의 어둠선을 빠져나가자 한종복과 좀비 같은
광부들, 아쉬운 얼굴로 다시 어둠 속으로 들어가지만 윤부겸
만은 두리를 쫓아간다.

/ 일각. 북을 치던 순덕, 유심히 그 모습을 보며 눈을 반짝인다.

씬22.   선화사 일각. 밤

순덕의 시선을 벗어난 곳. 쫓아 나온 윤부겸은 예상과 달리
빠른 걸음으로 두리를 앞질러 가고, 그런 윤부겸의 시선 끝엔
공양간으로 향하는 예진이 있다.

씬23.   선화사 / 암흑의 벽 - 첫눈맞기 몽타주. 밤

/ 은행나무 앞. 과도하게 긴장하는 삼순에게 호리병을 주는
순덕.

순덕   봄꽃에서 추출한 진액이니 손목과 목, 치맛단에 뿌리고
        걸으세요. (나무 아래 기준점인 물고기 등을 들고 휑하니 간다)
삼순   꼬… 꽃에서? (난감한 표정이다가… 이내 결심하고 손목과 목,
        치마에 뿌린다)

        / 오봉, 순덕에게 받은 물고기 등을 어둠선 중간에 놓고 빠진다.
        / 일각. 정우, (저 등은 뭐냐는 듯) 순덕을 보자

순덕   안타깝게도 광부님들 대부분이 외모에만 집중하니, 벌을
        모으듯 꽃향기로 광부님들을 움직이게 하고 물고기 등의
        빛으로 삼순아가씨의 외모를 돋보이게 할 겁니다.
정우   (못마땅) 그거 역시 착시에 의한 사기 아니야.
오봉   (어느새 옆으로 돌아와) 저는 중매의 기술이라고 봅니다.
순덕   (오봉에게) 융통성 있으시다.
정우   (삐죽) 사기를 기술이라 하다니… 조선의 미래가 너무 어
        둡구나.

        / 삼순이 걷기 시작하자
        / 암흑의 벽 안. 일부 광부들 향기로운 향에 반응하며…

슬슬 움직이는데

/ 삼순, 꽃 알레르기로 인해 재채기를 참는 어색한 얼굴.
중간에 도착해 쓰개치마를 내린 순간, 참았던 재채기가 터져
나오고 그 모습이 물고기 등의 조명을 받아 선명하게 보인다!
/ 암흑의 벽 안. 향기에 끌려 나오던 광부들, 삼순의 재채기하는
얼굴을 보고 기겁하여 도로 들어간다.

/ 일각. 광부가 아무도 나오지 않자 순덕과 정우, 당황한다.

| 순덕 | (!!) 삼순아가씨 꽃가루에 재채기하는 형이네. 미치겠다, 말씀하시지. |

순덕   (!!) 삼순아가씨 꽃가루에 재채기하는 형이네. 미치겠다,
         말씀하시지.
정우   셋째가 아무하고도 눈이 안 맞았다. 어쩌냐?
순덕   혼례엔 지장 없게 할 테니 걱정 마십시오. (삼순에게 눈을
         못 떼며) (한걱정) 나 때문에 삼순아가씨 상처받았겠다….
정우   (당황) 첫눈이 맞지 않아도 혼례에 지장이 없다면, 이 난
         리굿은 도대체 왜 한 것이냐?
순덕   (당연한 거 아니야?) 아가씨들 마음에 드는 광부님을 찾기
         위해서죠.

씬24. 선화사 일각. 밤

암흑의 담벼락을 빠져나온 삼순, 우뚝 멈춰 서더니

| 삼순 | (마상) 난··· 아무랑도 눈이 맞지 않았어. 에취! (뒤를 돌며) 나, 다시 걸을래! 에취··· |
| 두리 | (가려는 삼순을 잡아 세우며) 여주댁 말 잊었어? |

[INS] 선화사 초입 공터

순덕	다시 한번 당부드리지만 걷기가 끝나면 뒤도 돌아보지 말고 그길로 집으로 가십시오. 이것이 첫눈맞기의 결정적 마무리입니다.
삼순	(알지만 속상하다) 그래도··· 나는 눈 맞은 사내가 없단 말이야.
두리	너는 진정 저 시커먼 것들과 눈 맞고 싶니? (연신 재채기하는 삼순을 끌고 그 자리를 벗어난다)

씬25. 선화사 / 공양간 뒤뜰. 밤

평상에 앉아 혼자 술을 마시는 예진, 한숨을 쉰다.

윤부겸	(어느새 다가와 주마등을 내려놓으며) 땅 꺼지겠다, 한숨은.
예진	(윤부겸을 보자 얼굴이 확 펴지며) 뭐야, 안 온다더니···
윤부겸	지나는 길에 들렀어. (예진이 옆에 앉는다)
예진	거짓말. 선화사를 어떻게 지나가다가 들러? 나 보러 온 거잖아. (주마등 보며) 올해는 거북이등이 아니고 주마등

이네. (빠르게 돌아가는 말 그림을 보며) 예쁘다~

윤부겸   (그런 예진을 가만히 본다)

예진   아~ 오라버니도 한잔해. 이 술 진짜 맛있어. (술을 따라준다)

윤부겸   (웃으며) 처녀가 이리 술을 좋아해서 누가 데려갈지 원…

예진   걱정 마세요. 성균관 다니는 잘생긴 도령한테 혼담이 들
어왔으니까.

윤부겸   …

예진   (신나서 말해놓고 말실수했다 싶은데)

윤부겸   (미소) 잘됐구나, 우리 꼬맹이 혼인하는데 축하주 한잔해
야지.

씬26.   선화사 일주문 근처. 밤

하나가 앞서가고, 그 뒤를 두리와 삼순이 따른다.

두리   (자꾸 뒤를 돌아보는 삼순에게 짜증) 그만 봐라, 목 돌아가
겠다.

삼순   언니야 나서는 선비가 많았으니 아쉬움이 없겠지.

하나   막내야, 그렇게 걱정되면 여주댁에게 괜찮은지 물어보
고 와.

삼순   그래도 될까?

하나   두리야, 네가 같이 가줘. 나는 어머니, 약 챙겨 드려야
하니.

두리	아~ 귀찮아. (삼순과 함께 다시 안쪽으로 들어가며) 니 마음에 드는 남자는 있었고?
삼순	재채기하느라 아무도 못 봤어. 난 나 좋다는 선비님이면 다 괜찮은데…
두리	(버럭) 다~아? 너는 남자가 그렇게 좋냐?
삼순	그러니까… 난 왜 언니들처럼 남자에 의연하지 못하고 음탕하게 덮어놓고 남자가 좋은 걸까? (자책하다가 놀라 자리에 멈춰 선다)

주위를 두리번거리며 누군가를 찾는 순구와 눈이 마주친 것!
삼순, 지레 놀라 절 안으로 냅다 도망치고 순구, 그런 삼순을
쫓는다.

두리	(상황을 눈치챘지만, 남장도 아닌데) 야, 왜 도망가? 저 똥멍충이… (뒤따라가려는데 돌에 발이 걸려 꺾인다) 아악~ (쓰러지려는데)
시열	(뒤에서 두리의 어깨를 감싸 안아 잡아준다)
두리	(시열을 보고) 헐!
시열	헐이요?
두리	놀랐다고. 어디서 나타난 거야?
시열	나도 무척 놀랐습니다. 이런 곳에서 또 만나다니.
두리	신경 끄고 가던 길이나 가지. (걸으려 하지만 아프다)
시열	또 발을 삔 것 같은데, 그냥 갈 순 없지요. 잠시 실례하겠

습니다. (두리를 번쩍 안아 올려 절 안쪽으로 간다)

두리   (놀라 버둥대며) 야- 안 내려놔~

씬27.   선화사 / 스님 처소. 밤

의원처럼 약초 많은 처소의 툇마루.

다부진 체구의 매골승이 두리 발목에 놓은 침을 뽑고 있다.

매골승   한번 다친 발목은 계속하여 삘 수 있으니 주의하셔야 합니다. 조금 지나면 괜찮아질 것이니 천천히 쉬었다 가십시오. (두리와 시열에게 합장하고 자리를 비켜준다)

두리   (혼잣말) 삼순일 따라갔어야 했는데… 괜찮겠지.

시열   (자기에게 하는 소린 줄 알고) 네? 잘 못 들었습니다.

두리   너한테 한 말 아니야. 그리고 이러면 내가 고마워할 줄 알아?

시열   저희 아버지께서 미안함도 고마움도 사랑도 바로 표현해야 후회가 없다 하셨습니다.

두리   …좋은 아버지를 뒀네. 너는 그렇게 해.

시열   내 예전부터 묻고 싶었습니다. 나이가 몇이기에 나에게 시종일관 하대하는 것입니까?

두리   스물셋. 너는?

시열   (! 보기보다 나이 많구나) 저도 얼추 비슷합니다.

두리   비슷은 개뿔, 내 막냇동생보다 어리게 생겼고만.

둘 사이 잠시 침묵이 흐르는데…

시열   (짐짓 점잖게) 탑돌이 안 하셨으면 같이 하시겠습니까?

두리   난 이미 돌았어. (일어나 나간다)

시열   (가는 두리가 아쉽다) 벌써 도셨구나…

씬28.   선화사 일각. 밤

도망치던 삼순, 순구를 따돌렸다고 생각하고 잠시 멈춰 숨을
고르며

삼순   초파일까지 잡으러 다니다니, 저 종사관 지나치게 성실한
            거 아니야? 잠깐, 혹시 나라서 집요하게 쫓는 건가? (얼굴
            공연히 상기되는 순간)

복면으로 얼굴을 가린 자객(삼순)과 뒤를 쫓는 관군(순구)이
삼순의 옆을 지나간다. 삼순도 그들을 쫓아 달린다.

씬29.   (삼순의 상상) 선화사 일각 / 대숲. 밤

자객(삼순), 도망칠 길이 막히자, 돌아서 칼을 겨눈다.

관군(순구) (칼을 겨누며) 품 안의 연판장만 주면 목숨은 살려주겠다.

자객은 바람같이 뛰어올라 정면에서 칼을 내리치는데
관군이 막아낸다. 막상막하의 칼싸움.
힘에서 밀린 자객은 관군의 칼에 복면이 벗겨지면서 칼을
놓치고 만다. 복면이 벗어지고, 의외로 앳된 얼굴이 나타나자,
관군 놀라지만 바로 자객 목에 칼을 겨누고 품 안의 연판장을
꺼내는데.

관군(순구)　　(움찔 놀라며!) 역시 여인이었소?
자객(삼순)　　(동공 지진)

씬30.　　선화사 일각 / 대숲. 밤

삼순의 상상이 만든 관군(순구)과 자객(삼순)이
신기루처럼 사라지자 이들을 관찰자로 보고 있던 삼순,
소매에서 종이를 꺼내 주변에 걸린 연등을 빛 삼아
노리개에 달린 휴대용 붓과 먹통으로 빠르게 글을 써 내려간다.
"…품 안의 연판장을 뺏은 관군도 품 안의 연판장을 뺏긴
자객도…"

삼순　　　　［E］ 연판장을 뺏은 관군도 품 안의 연판장을 뺏긴 자객도
　　　　　　마치 시간이 멈춘 듯 마주 보고 서 있다. 그것이 그들의
　　　　　　길고 거친 연모의 출발점인지 그때는 알지 못했다.

삼순   (반짝반짝 빛나는 눈) 아주 맘에 드는 시작이야.

         휴대용 붓통에 붓을 넣는 동안 메모한 종이가 바람에 날아간다.
         삼순 달려가 종이를 주우려는데 한발 먼저 종이를 집는 손,
         보면 순구다!

순구   (메모한 종이를 보며) 역시 낭자가 화록이 맞았군요.
삼순   (순구를 보고 너무 놀라 그 자리에 주저앉는다) …
순구   잡아가지 않을 테니 걱정하지 마십시오. (삼순과 눈도 못
         마주치면서 손을 내민다)

         삼순, 잠시 보다가 순구의 손을 잡고 일어선다.
         두 사람, 너무 가까이 서 있다고 느끼자 순구, 살짝 뒤로
         물러선다.

삼순   잡아가는 것이 아니라면 어서 해보십시오, 그 할 말.
순구   미혼금소설을 쓰는 일을 당장 그만두십시오. 한성부에서
         '화록'을 쫓는 건 단순히 풍기문란죄 때문이 아니라, 죽은
         이초옥의 위법치사 혐의로 쫓는 것입니다.
삼순   (황당해하며) 위법치사요?
순구   잡히면 사형당할 수 있습니다. 그러니 억울하게 죽기 싫
         으면…!! (헉) (어느새 코앞까지 다가선 삼순 때문에 숨을 참는
         다)

삼순	알아들었습니다. (순구 손에 있는 메모 종이를 휙 빼앗아 간다)
순구	(삼순이 멀어지자 참았던 숨을 몰아쉰다)

씬31.　선화사 / 언덕 위. 밤

아래를 보며 평상에 걸터앉아 있는 정우,

순덕은 "와우~ 선화사에 이런 곳이 있었다니… 전망 좋네요"

왔다갔다 서성이며, 대화 내내 아래를 살핀다.

순덕	아~ 아까 미처 말 못 했는데 대금 연주를 하신 것도 정말 좋았습니다.
정우	내가 뭘 시작하면 남다르게 잘하는 편이다. 근데, 아무도 나서지 않은 셋째는 진짜 괜찮은 것이지?
순덕	저잣거리에 제가 아는 떡장수가 있거든요.
정우	(갑자기 떡장수?)
순덕	인절미도 만들고 시루떡도 쑥절편도 만드는데 어느 날은 이상하게 시루떡이 많이 남는대요. 시루떡이 특별히 맛이 없는 것도 아닌데… 저는 그게 시루떡 잘못이 아니라고 생각해요.
정우	아까 상황이 셋째에게 인연을 찾기 좋은 때가 아니었단 말이구나.
순덕	역시 나리는 이해력도 최고시네요~
정우	정신 사나우니 그만 서성이고, 옆에 앉아 이거나 잡아봐

라. (도포 소매에서 풍등을 두 개 꺼내 하나를 내민다)

순덕   (망설이다 정우 옆에 걸터앉아 풍등을 받아 들고 살핀다)

정우   명나라에서 들여온 최신품인데 이것이 무엇인 줄 아느냐?

순덕   풍등 아닙니까? 예전에 평양에서 오라버니랑 날린 적이
         있습니다. (능숙하게 풍등을 편다)

정우   (짜증) 뭐만 하면 그놈의 오라버니 타령은… 네 오라버니
         는 뭐 하는 사람이냐? 말이 나왔으니 너 나이는 몇이냐?
         (연등 촛불로 풍등에 불을 붙이려다 풍등을 놓쳐버린다)

         풍등은 그대로 산 비틀 아래 수풀로 굴러떨어져 버린다.

순덕   아까비… 소원 빌어야 하는데.

정우   애들처럼 소원은 무슨. (남은 하나의 풍등을 건네며) 이거
         너 해라.

순덕   그래도 됩니까?

         신나 하는 순덕을 보니 기분이 좋아진 정우. 풍등에 불을 붙여
         띄운다. 순덕은 눈을 감고 소원을 빈 다음 날려 보낸다.

정우   무슨 소원을 빌었느냐?

순덕   소원을 남에게 말해주면 아무 소용없다고 오라버니가 그
         러셨습니다.

정우, 하늘의 풍등을 올려다보는 순덕을 보는데…

너무 예뻐 보인다. 이때 순덕, 고개를 돌려 정우를 바라보더니

키스라도 할 것처럼 정우 쪽으로 다가온다. 정우 눈이 커지며,

심장이 격하게 뛴다.

정우   〔E〕 이건 미혼금소설에서 읽었던 입맞춤의 전조 작태 아

             닌가.

             순덕의 얼굴이 코앞까지 다가오자, 자신도 모르게 눈을 질끈

             감는 정우.

정우   (눈을 감고 기다리지만 아무 느낌이 없자 실눈을 뜨고 보면) ?
순덕   (이미 정우 얼굴을 지나쳐 내려다보며 보며) 왜 벌써?! (벌떡 일

             어나 그대로 내달리며) 나리 3일 뒤, 객주에서 뵙겠습니다.
정우   (벙쪄서) 이…런 상황을 만들어 놓고… 그냥 가는 법은

             없다.

             정우의 말이 땅에 떨어지기도 전에 내리막 오솔길을 돌아

             사라진 순덕. 괜히 주변을 둘러보는 정우. 알 수 없는 아쉬움이

             밀려온다. 하늘을 올려다보면 풍등 하나가 외로이 떠 있다.

씬32.   선화사 / 오솔길 (교차) 신자 처소 → 대웅전. 밤

/ 오솔길. 내리막길을 날다람쥐처럼 내려가는 순덕,

옹달샘에 수건을 적셔 얼굴 화장을 지우며 뛴다.

/ 신자들의 처소에서 대웅전 쪽으로 이동하는 박씨부인과

박씨부인의 친정 쪽 어른들(박씨부인 모친, 박복기 처 등).

/ 순덕, 대웅전을 향해 전력 질주로 달리며 스님 처소 뒤로

사라졌다가, 다시 앞으로 나오면 양반집 며느리 복장으로 바꿔

입고 쓰개치마를 썼다.

씬33.   선화사 / 대웅전 앞. 밤

순덕, 탑돌이 하는 사람들을 헤치고 온 힘을 다해 달렸지만

박씨부인과 친척 어른들이 한발 먼저 대웅전으로 들어간다.

대웅전 앞에서 멈춰 선 순덕, 숨을 몰아쉬며 '어찌해야 하지?'

싶다.

씬34.   선화사 / 대웅전 안. 밤

대웅전 안은 치성을 드리는 반가의 여인들로 가득하다.

(중앙에 가장 좋은 자리는 비었다)

박씨부인모	손주 며늘아기는 왜 없는 것이냐?
박씨부인	(왜 없지, 싶지만) 밖에 근석이와 함께 있는 듯합니다.
박복기처	오는 길에 보니까 근석이는 하인이랑 있던데요.
박씨부인	···

순덕, 출입문으로 포복하여 들어와 절하는 부인들을 엄폐물
삼아, 들키지 않고 민첩하게 박씨부인과 친척 어른들이 있는
쪽으로 이동한다.

박복기처	형님, 과부 며느리 단속 잘하셔야 해요. 제가 밖에 나가
	찾아볼까요? (하고 뒤를 돌면)

포복하던 순덕, 박복기 처가 몸을 돌리는 것과 동시에
슬라이딩하여, 마치 절을 하고 일어나는 것처럼 박복기 처
코앞에 선다.

박복기처	(놀라 비명에 가깝게) 으악 깜짝이야!!
순덕	(숨을 몰아쉬며 나지막하게) 숙모님 조용히···

치성을 드리던 반가의 여인들, 큰소리를 내는 박복기 처를
못마땅하게 본다.

박씨부인	(순덕에게) 넓은 자리 놔두고 왜 구석에서 불공을 드리는

	것이냐?
순덕	어머님이 안 계셔서…
박씨부인	너도 조씨 집안사람임을 잊지 마라.
박복기처	(불신의 눈으로) 도대체 어디서 나타난 거야? 지금까지 없었는데.
예진	(불쑥) 숙모님은 잘 찾아보지도 않으시고.
박복기처	(?!!) 예진이 너는 또 어디서…?
예진	새언니가 굳이 천배를 하겠다고 해서 저까지 연등제 구경도 못 가고 내내 절만 했잖아요.

주지 스님, 박씨부인에게 다가와 중앙에 가장 좋은 자리로
안내한다. 그 사이 순덕은 예진에게 '고마워요'라고 속닥인다.
순덕, 박씨부인, 예진, 친척 어른들, 중앙 가장 좋은 자리에서
치성을 드린다.

씬35.   선화사 / 대웅전 밖 (교차) 대웅전 안. 밤

/ 대웅전 안으로 들어가지 못하는 평민들은 밖에서 열린
문으로 보이는 본존불을 향해 두 손 모아 치성을 드린다.
치성을 드리는 사람들 사이에 윤부겸도 있다. 이때 사람들을
헤치고 들어와 윤부겸 옆으로 서는 시열.
부겸도, 시열도 대웅전 안에 있는 예진을 본다.

/ 대웅전 안. 순덕, 앞쪽의 좋은 자리로 가다가 문밖에 선
시열을 보고는

순덕   (시열이 들으라고 큰소리로) 예진아가씨 이쪽으로 오세요!
예진   (당황하여) 왜 이렇게 소릴 질러요?
순덕   (예진에게 속닥) 자연스럽게 돌아봐요. 대사성댁 도련님 와
         있어요.

         예진, 슬쩍 돌아보는데… 예진의 눈엔 시열 보다 부겸이 먼저
         보인다. 부겸을 보자 자동적으로 얼굴에 미소가 걸리는 예진.

         / 대웅전 밖.
시열   (미소 짓는 예진을 보며) …생각보다 예쁘네.

         윤부겸, 웃는 예진을 보다가 시열의 혼잣말에 쳐다본다.
         시열의 시선은 분명 예진에게 닿아 있다.

씬36.   선화사 초입 길. 밤

세를 보여주는 듯한 박씨부인의 대규모 일행(순덕, 예진, 근석,
개동, 삼월어미, 여자 친척 어른들을 포함한 대규모 몸종들)이
가마꾼들이 대기한 공터 쪽으로 오고 있다.
사람들, 좌상댁 마님이라며 유명 인사를 보듯 신기해한다.

순덕은 근석을 데리고 박씨부인 일행 후미를 따른다.
근석이 "외삼촌이다"라고 말하자 순덕, 사람들 사이에서
순구를 발견하고는

순덕   (반가운 마음에) 오라버니?
박씨부인   (매서운 눈으로 돌아본다)

순구, 몰래 여동생 얼굴만 보고 가려고 했는데, 박씨부인과
눈이 마주치자 어쩔 수 없이 나와 인사를 한다.

순구   그동안 안녕하셨습니까?
박씨부인   덕분에 잘 지냅니다, 사돈어른도 잘 계시지요?
순구   덕분에 무탈하십니다.
박씨부인   (이제 생각난 듯) 아, 일전에 신문고 문제가 있을 때, 신문
             고의 문을 열어 준 것이 사돈총각이라 들었는데 맞아요?
순덕, 순구   !!

             [INS] 4화 11씬.
순구   (놀라서) 아니 이 시간에 여긴 무슨 일이냐?
순덕   억울한 일을 당한 아가씨가 있어서 그런데 신문고 문 좀
             열어줘.

순덕   (큰일 났다) 어머니 그건 제가…

326

순구	(순덕의 말을 막고) 경운재대감님의 부탁으로 그리하였습니다.
박씨부인	(얼굴 굳으며) 경운재 의빈이요?
순덕	(놀라 순구를 본다) ?!
순구	혹, 그 일이 결례됐다면 사과드리겠습니다.
박씨부인	결례라니요, 당치 않아요. 그 일로 병판의 억울한 추문이 사라지지 않았습니까.
순구	…
박씨부인	여긴 근석 어미를 보러 온 것입니까? (순덕에게) 근석 어미야, 근석이는 내게 맡기고 오라버니와 이야기 나누다 들어오거라.
순구	안 그러셔도 됩니다.
순덕	(순구와 거의 동시에) 감사합니다, 어머니. (꾸벅 인사를 하고 순구를 끌고 선화사 안으로 들어간다)
박씨부인	(가마에 근석을 태우고 자신도 타며) 경운재 의빈은 도대체 무슨 꿍꿍이지…?

씬37.   선화사 / 신자 처소. 밤

순구를 끌고 온 순덕, 사람 없는 툇마루에 앉더니 다다다 토로한다.

순덕	내가 알아서 할 건데 그렇게 금방 탄로 날 거짓말을 하면

어떡해? 우리 어머닌, 울분남 아니 경운재대감께 물어볼
수 있는 사람이라고.

순구　　거짓말 아니야.

순덕　　거짓말 아니긴, 신문고는 내가 열어달라고 한 거잖아.

순구　　…일이 거의 수습되었을 때 경운재대감님이 날 찾아왔어.
　　　　누군가 신문고를 열어줬냐고 물으면 자신이 시켰다고 하
　　　　라고.

순덕　　(이해가 안 된다) 울분남이 왜?

순구　　나도 이해가 안 돼 묻긴 했는데.

씬38.　　(순구의 회상) 한성부 일각. 낮

순구　　어찌, 하지도 않은 일을 했다고 말해달라시는 겁니까?

정우　　파렴치한 건 병판대감인데, 괜히 여러 사람 고초당할까 봐
　　　　그런 것이오. 나야 왕실 일원이라 피해갈 수 있을 테니.

순구　　(의아하게 보면)

정우　　내 이리 아랫사람을 위하는 사람입니다. 헌데 여주댁과
　　　　어찌 아는 사이이신가?

순구　　여주댁이 누굽니까?

정우　　(살짝 미소) 모르면 됐습니다.

씬39.   선화사 / 신자 처소. 밤

순구   경운재대감님이 소문처럼 괴팍하고 울분이 많은 것은 맞
         지만, 나쁜 사람은 아닌 것 같더라.

순덕   (눈알 굴리며 혼잣말) 어사 나리하고 경운재대감이 아는 사
         인가? (맞네!) 그래서 내가 울분남 욕할 때 얼굴이 안 좋
         았던 거였어.

순구   뭐?

순덕   아니야, 어찌 됐건 다행이네.

순구   넌 제발 사고 치지 말고 얌전히 좀 지내면 안 되냐?

순덕   한번 도와줬다고 생색은… 내 일은 내가 알아서 하니까
         신경 끄셔. 아버지는 잘 계시지?

순구   늘 비슷하시지. (일어서며) 이제 그만 집에 가.

순덕   벌써? 싫어. 이렇게 공식적으로 맘 편하게 놀 기회가 많
         은 줄 알어? 더 놀다 갈 거야.

순구   네가 놀 나이냐. (앞장 서가자)

순덕   (힝~ 마지못해 일어나는데, 밤하늘에 떠 있는 풍등 두 개를 본
         다) 어? 두 개네… 풍등을 띄운 사람이 또 있었나?

순구   빨리 안 와?

순덕   지금 가는 거 안 보여?

         순덕, 순구와 투닥거리면서도 눈길은 자꾸 하늘의 풍등에
         머문다.

씬40.   (과거) 선화사 오솔길 일각. 밤

[자막 - 반 시진 전(1시간 전)]

오봉, 앞서가며 나뭇가지를 치우고, 정우, 그 뒤를 연등을 들고 따른다.

오봉   오지 말고 밖에서 기다리십시오. 의복 버리십니다.

정우   어허, 가기나 하거라. 아- 저기 있구나.

보면, 순덕과 처음 띄우다 놓친 풍등이 바닥에 떨어져 있다.

[CUT TO]

정우, 불을 붙인 풍등을 띄워 보내며 잠시 눈을 감고 소원을 빈다. 이미, 하늘 높이 떠 있는 풍등과 높이 차이는 있지만, 두 개의 풍등이 떠 있는 게 보기 좋은 정우.

오봉   무슨 소원을 비셨습니까?

정우   원래 소원은 남에게 말해주면 효험이 없는 법이다.

오봉   (처음 듣는 소리라) 누가 그럽니까?

정우   (무심결에) 오라버니… (하다 짜증) 에이~

씬41.   좌상 집 / 마당. 밤

박씨부인, 예진, 근석이 삼월어미를 비롯한 하인들과 집 안으로 들어온다.

박씨부인   (삼월어미에게) 대감님께 안채에 잠시 건너오시라 전하게.

씬42.   좌상 집 / 안채 / 안방. 밤

조영배, 안방으로 들어와 상석에 앉으면, 박씨부인이 맞은편에
앉는다.

조영배   무슨 일입니까?

박씨부인   경운재 의빈의 행보가 걱정스러워 상의를 좀 드리려고요.

조영배   (피곤하다) 신문고 때문이라면 내가 알아서 하겠소.

박씨부인   그 일보다 조씨부인 집 딸들 중매를 서는 것이 더 마음에
걸립니다.

조영배   … 중매 선다는 이야기를 들으셨군요. 경운재 의빈이 이
상한 짓 하는 것이 하루 이틀도 아니지 않습니까.

박씨부인   원녀를 핑계로 세자의 혼인을 미룬 것인데, 원녀의 대표
격인 맹박사 딸들에 중매를 선다니, 혹 임금을 돕고 있는
것이 아닌지 우려가 됩니다.

조영배   (듣고 보니 그렇긴 하다) … 이번 거사가 끝난 다음, 형과 엮
어서 뇌물수수로 유배를 보낼 생각이었는데, 그 시기를
앞당겨보겠습니다.

박씨부인   유배보다는 근석이 과외 스승으로 모시는 건 어떨까요?

조영배	(이해를 못 해 미간 구겨지는데) ?
박씨부인	경운재 의빈이 죄를 만든다고 순순히 유배 갈 인사도 아니고, 동노파를 포기하지도 못할 테니 가까이 두고 무슨 마음인지 알아봐야겠습니다. (서늘한 얼굴로) 그래야 우리와 같이 갈지, 유배가 아니라… 제거할지 정할 수 있을 것 같습니다.

씬43. 경운재 / 서재. 낮

정우, 순덕의 전신화에 채색하고 있다. (순덕의 화장 전 모습)
오봉이 방 밖에서 "대감님 오봉입니다"라고 기별하자,

정우	(붓을 내려놓고 몸을 펴며) 들어오거라.

[CUT TO]
오봉, 들어와 장부와 편지를 탁자에 올려놓으며

오봉	올해 경작지 별로 소작인 명부를 정리한 것이고, 서찰은 좌상댁 정경부인께서 보내신 겁니다.
정우	정경부인이? (서찰을 펴 읽더니) 아- 왜 오라 가라야?
오봉	몸이 편찮아 못 간다고 기별할까요?
정우	됐다, 정경부인은 좌상과 달라서 핑계가 통하지 않는 사람이다. 차라리 빨리 갔다 오는 것이 낫다. 내일 낮에 들

른다 전해라.

씬44.   홍월객주 / 행수 방. 낮

순덕, "어떡하지"를 중얼거리며 행수 방을 왔다 갔다 한다.

홍천수   여주댁한테는 알아서 한다더니 왜 여기 와서 이래요, 정
             신 사납게.

순덕   그때는 시간이 있었으니까 닥치면 생각날 줄 알았지. (머
             리통을 부여잡고) 아아아~ 내일 택일단자를 받으러 가야
             하는데…

홍천수   (보다 못해) 이씨한테라도 부탁해보든가요.

순덕   이씨한테…?

             [INS] 순덕의 상상

이씨   (흥분해서) 좌상댁 따님과 대사성댁 장남이 혼인한단 말이
             지? 당연히 혼례 당일까지 비밀 지키지, 내가 입이 좀 무
             거워.

순덕   (바로 절레절레) 아니야, 이씨 귀에 들어가는 순간 도성 사
             람들 다 알게 된다고 봐야지.

홍천수   (바로 수긍) 그건 그렇죠. 혼사 파투 나기 딱이죠.

순덕   (홍천수를 째려보다가) 차라리 내가 더 빡세게 화장하고 가

서, 여주댁 동생인데 대신 왔다고 해보는 건 어떨까?

홍천수   그건 좀… (아니라는 얼굴)

순덕   (될 것 같다) 오라버니도 몰라보는데 어머님도 못 알아볼
           수 있어! (결심했다는 듯 장옷을 걸치고 행수 방을 나선다)

홍천수   진짜 직접 가려는 건 아니겠지? (걱정스러운 얼굴)

씬45.   좌상 집 앞. 낮

앞 씬의 모습 그대로 장옷을 푹 눌러 쓴 순덕으로 추정되는
장옷녀. 좌상집 앞에서 망설이다가 이내 결심한 듯 대문을
두드린다.

씬46.   좌상 집 / 안채 마당. 낮

안채에 들어서자 삼월어미, 장옷녀에게 "잠시 기다리게"하고
대청마루에 앉아 있는 박씨부인에게 다가와

삼월어미   마님, 여주댁이 고뿔에 걸려 대신 왔다 하는데 들라 할
           까요?

박씨부인   (못마땅하여) 은밀히 진행하라 했거늘, 다른 이를 보내?

이때, 마당의 장옷녀, 장옷을 벗어 얼굴을 보이는데
정씨부인이다!

박씨부인	! (정씨부인임을 알아보고 삼월어미에게) 들라 해라. 그리고 예진이 안채로 건너오라고 이르고.
삼월어미	(어리둥절) 예, 마님.

씬47. (과거) 이대감(시열) 집 / 안방. 낮

마주 앉아 대화를 나누는 순덕과 정씨부인.

정씨부인	나보고 택일단자를 받으러 직접 가라고?
순덕	선화사에서 좌상댁 따님 용모를 확인 못 하시지 않으셨습니까?
정씨부인	그렇긴 하지만 내가 어찌 직접 간단 말이냐?
순덕	사대부 마님들이 방물장수로 변장하여 예비 며느리의 용모를 미리 확인하는 경우는 종종 있습니다.
정씨부인	그 이야기는 나도 들었지만, 그 집에 가면 정경부인을 만나야 할 텐데… 모를까?
순덕	아마 바로 아실 겁니다.
정씨부인	?
순덕	그러니 더욱 마님께서 가셔서 이 혼사가 집안에 진짜 득이 되는지 확인하십시오. 계속 확신을 못하시지 않으셨습니까?

씬48.   좌상 집 / 예진의 방 앞. 낮

삼월어미   (방문에 대고) 예진 아씨~ 마님께서 안채로 건너오시랍
            니다.

            말이 떨어지기 무섭게 문이 열리고, 세상 참하게 차려입은
            예진.

삼월어미   (놀라서) 아씨… 어디 나가세요?
예진   어머니께서 안채로 건너오라 했다며.

            [INS] 예진의 회상 - 순덕의 방. 밤
순덕   내일 예비 시어머니 될 분이 오실 거니까, 최대한 얌전한
            옷으로 입고 계세요. 뭐든 선빵이라고 첫인상이 중요하거
            든요. 여기서 밉보이면 시집 초반이 힘들어요.
예진   꼭 그렇게까지 해야 해요?
순덕   그러게 왜 초파일 탑돌이에 안 계셨어요?

            예진, 앞장서 안채로 향하고 삼월어미 뒤따른다.

씬49.   좌상 집 / 안채 대청마루. 낮

정씨부인   여주댁이 못 와서 송구하다고 전해달라 하였습니다. (상자
          를 밀며) 그리고 이건 대사성댁 마님이 전해드리라 하였습
          니다.

박씨부인   (상자를 열어보면 도화분 세 개가 들어 있다)

정씨부인   마님과 이모님 되실 분 그리고 예진아가씨까지 세 개를
          보내신다고 하셨습니다.

박씨부인   숙빈마마까지, 마음 씀이 섬세하신 분이시군.

          안채에 들어서는 예진, 대청마루로 올라 조신하게 박씨부인
          옆에 앉는다.

박씨부인   내 딸이네. 중신을 선 여주댁이 처녀, 총각의 태를 보고
          궁합을 맞춘다던데 대신 온 이도 그런가 싶어 불렀네.

정씨부인   (예진을 살펴보며) 좌상댁 따님이야 한양에서 으뜸가는 신
          붓감이란 소문이 자자한데 감히 장사치가 좋고 나쁨을 어
          찌 따지겠습니까?

박씨부인   (맘에 든다는 말이군) 대사성댁 자제야말로 영민하고 효심
          이 깊다 하던데…

정씨부인   그 댁 도련님은 어려서부터 글공부를 좋아하며, 측은지심
          이 있어 나라에 큰일을 할 자질이 충분하나 너무 선하기
          만 하여 걱정이라 하셨습니다.

| 박씨부인 | 그거라면 영민한 내 딸 예진이와 사돈인 좌상께서 힘이 |
| | 되어줄 것이라 전해주시게나. |

박씨부인과 정씨부인, 서로의 속뜻을 알아듣고 만족하는
얼굴이다.

씬50.   좌상 집 앞. 낮

정씨부인, 좌상집에서 나온다.

씬51.   북촌거리. 낮

정씨부인, 모퉁이를 돌아서자 순덕이 기다리고 있다.

순덕	잘하셨습니까?
정씨부인	떨리긴 해도 자네 말대로 가보길 잘한 것 같네. 정경부인도
	소문과 달리 기품이 있고, 그 댁 딸도 아주 마음에 들어.
순덕	제가 혼례 날짜를 봐도 될까요? (정씨부인이 건넌 택일단
	자를 펴보더니 당황) 이날은 맹박사댁 아가씨들 혼인날인
	데…

씬52. 좌상 집 / 안채 / 안방. 낮

순덕이 박씨부인 앞에 앉아 있다.

순덕   오월 스무닷새면 너무 이르지 않을까요?

박씨부인   확실한 혼처인데 미룰 이유가 없지 않으냐. 자잘한 준비
           는 내 삼월어미에게 따로 당부할 것이니, 너는 예진이 좀
           챙기고 혼렛날까지 말 새지 않게 조심하거라.

순덕   네…

박씨부인   그리고 좀 있다 근석이 과외 스승이 오기로 하였으니 기
           별하면 근석이 데리고 별서로 건너오거라.

순덕   근석이 이제 열두 살인데 학당에 과외까지 하면 너무 힘
           들지 않을까요?

박씨부인   열두 살이면 적은 나이 아니다. 이제 근석이도 학문에 매
           진을 해야 할 시기다.

씬53. 좌상 집 앞. 낮

정우와 함께 온 오봉, 좌상집 대문을 두드린다.

씬54. 좌상 집 별서. 낮

도령복을 입은 근석, 시무룩한 얼굴로 순덕과 별서로 들어온다.
별서 마루 앞엔 삼월어미가 서 있다.

근석	과외 스승님이 생기면 저는 또 밤에도 공부해야 합니까?
순덕	그러게 말이다. 학당도 다니는데 무슨 과외까지… 하지만
	할머니께서 근석이 다~ 잘되라고 하시는 일인 거 알지?
근석	네… 좋은 약은 입에 쓴 법이니까요.

씬55.　좌상 집 / 별서 마루. 낮

방장이 내려진 마루에 박씨부인과 마주 앉아 있는 정우.

정우	제가 누굴 가르쳐본 경험이 없어서, 손자분 과외 자리는
	고사하겠습니다.
박씨부인	운해대군께서 세자에 오르기 전 반년 정도 스승이 아니셨
	습니까?
정우	그땐 말동무를 해드렸던 것뿐이었습니다.
박씨부인	제 손자도 가벼운 마음으로 좋은 말씀 해주시면 됩니다.

씬56.　좌상 집 / 별서 마루. 낮

순덕은 근석과 함께 마루 앞에 선다.

근석	할머니~ 근석입니다.
박씨부인	[E] 어서 오거라.

근석, 냉큼 마루에 올라 방장을 걷자, 돌아보는 정우.

정우와 순덕 놀라는 얼굴에서

五話終

第六話

누구나 비밀은 있다

씬1.　　　오프닝 임금 인터뷰: 부용정 연못 / 배 안. 낮

노를 젓는 인터뷰어는 보이지 않고, 임금만 보인다.

멀리 연못가엔 임금을 모시는 상선과 궁녀가 대기하고 서 있다.

[자막 - 임금 / 50대 / 조선의 왕이자 딸 부잣집 아빠 /

희망사항: 왕권 강화]

임금　　　　(정면 보며) 심정우가 동노파인데 왜 곁에 두고 챙기냐고?

　　　　　　　내 동노파를 싫어하는 것이 아니네. 좌상 일당을 싫어하

　　　　　　　는 거지. 동노파의 이념을 처음 창시한 정우아비도 내가

　　　　　　　하는 일에 사사건건 상소를 올려 따지고 들었지. (잠시 사

　　　　　　　이) 맞네, 지금 정우처럼. (미소) 짜증은 났지만, 정우아비

　　　　　　　를 싫어한 적은 없었지. 그의 상소는 언제나 조선을 위함

　　　　　　　이 느껴졌거든. 헌데 지금 좌상은 충신인 척, 그럴듯한 명

　　　　　　　분을 내세워 자신의 세를 키우기 급급한 것이 눈에 보이니,

어찌 싫어하지 않을 수 있겠나? (피식) 이런 속엣말을 배를 타고 나와서야 할 수 있으니 왕도 참 별거 아니지 않나?

"누구나 비밀은 있다"

씬2.　　**좌상 집 / 별서 마루. 낮**

각자 다과상을 앞에 두고 마주 앉은 정우와 박씨부인.

박씨부인　　제가 선화사에 가 있는 동안 병판의 잘못된 소문을 바로 잡아주셨다 들었습니다. 보답의 의미로 경운재대감에게 좋은 자리를 권해드릴까 하여 만남을 청했습니다.

정우　　좋은 자리요?

박씨부인　　저희 집 장손의 과외 스승이 되어주세요.

정우　　(생각지 못한 일이라 당황)

박씨부인　　문중에서 양자를 들이라는 것도 마다했다 들었습니다. 지금이야 젊어 괜찮겠지만 나이 들면 적적해지실 겁니다. 그러니 제자라도 두면 노후에 덜 적적하지 않겠습니까.

정우　　요즘 누가 과외 스승을 챙긴다고.

박씨부인　　왜요, 경운재대감은 보름도 채 가르침을 받지 않은 성균관 맹박사의 딸들이 원녀인 것을 보다 못해 중매까지 하고 계시잖습니까?

정우	(말하고자 하는 것이 이거였군, 눈빛 순간 날카로워지며) …정
	경부인께서는 모르시는 게 없으십니다.
박씨부인	이 나이가 되면 알고 싶지 않아도 알게 되는 게 많습니다.
	그래서 걱정도 잔소리도 많아지는 법이지요.
정우	제가 하는 일에 팔 할은 시간 죽이기 용이지 딴 뜻은 없습
	니다. 또 저의 노후를 걱정해주시는 건 감사하나, 제가 누
	굴 가르쳐본 경험이 없어서, 손자분 과외 자리는 고사하
	겠습니다.
박씨부인	운해대군께서 세자에 오르기 전 반년 정도 스승이 아니셨
	습니까? 내가 또 너무 많이 알고 있는 건가요?
정우	그땐 말동무를 해드렸던 것뿐이었습니다.
박씨부인	제 손자도 가벼운 마음으로 좋은 말씀 해주시면 됩니다.
	이 아이가 잘 커야 경운재대감의 부친이 세운 동노파를
	잘 이끌어나가지 않겠습니까?
정우	(갑자기 인상 무섭게 굳는다) …
박씨부인	(정우의 표정에 아랑곳하지 않고) 손자 봐주는 날에 오늘처
	럼 저와 차를 마시며 세상 돌아가는 이야기를 해주시면
	좋고요. (느긋하게 차를 마신다)

씬3. 좌상 집 / 별서. 낮

마루 앞에 삼월어미 서 있다.

근석이 먼저 마루에 오르고 뒤따르던 순덕, 댓돌에 놓인 신발을 보고 놀란다!

[INS] 3화 29씬.
정우의 신발을 벗길 때 신발 옆 부분이 긁힌 자국.
댓돌의 신발에도 같은 부분에 긁힌 자국이 있다.

순덕   (마루에 올라 걱정스러운 얼굴로) 설마… 아니겠지?
근석   (이미 마루에 올라) 할머니~ 근석입니다.
박씨부인   [E] 어서 오거라.

근석이 방장을 걷자 그 틈으로 정우의 뒷모습 보이며 갓끈
[C.U.]
[INS] 평소 정우가 하던 갓끈과 같다.

정우가 확실하단 걸 느낀 순덕, 정우가 고개를 돌리기 직전,
놀라 '헉' 소리 나오는 입을 막고 재빠르게 기둥 뒤로 몸을
숨긴다.

순덕   (자신을 이상하게 보는 근석에게) 코피가 나서… (근석에게
             목소리를 낮춰) 바느질을 열심히 해서 난 것이니 걱정하지
             말고, 어여 할머니에게 가봐. (미끄러지듯 뒷걸음질 친다)

씬4.   좌상 집 / 별서 마루. 낮

근석이 혼자 들어온다. 정우, 벌어진 방장 틈으로 순덕의
치맛자락을 보는데 쿵! 소리가 나더니 휘청거리는 순덕의
우스꽝스러운 뒷모습 실루엣을 보고 인상을 쓴다.

[INS] 순덕이 마루 기둥에 이마를 들이받아 아파한다.
그걸 본 삼월어미, 왜 저러나 이해할 수 없다는 얼굴이다.

근석, 문을 닫고 들어와 정우에게 인사를 하고 할머니 옆쪽으로
앉는다.

박씨부인	네 어미는 왜 같이 안 들어오고?
근석	갑자기 코피가 나서 별채로 돌아가셨습니다.
박씨부인	코피가?
근석	(똘똘하게) 소자가 글공부를 열심히 하여 코피가 나는 것처럼, 어머니도 바느질을 열심히 하여 코피가 난 것이니 걱정 말라 하셨습니다.
박씨부인	(!) 코피가 난 적이 있느냐?
근석	예, 하지만 어머니께서 술시 이후엔 공부하지 말라고 하셔서 없어졌습니… (앗! 자신의 입을 막는다)
박씨부인	왜 그러느냐?
근석	(난처한 얼굴로 눈알만 데굴데굴)
정우	술시 이후 공부를 하지 않는 것은 어머니와의 비밀이었나

봅니다.

박씨부인은 인상이 굳고, 근석은 어떻게 알았지? 하는 얼굴로
정우를 본다. 정우는 그런 근석을 물끄러미 본다.

씬5.   좌상 집 / 별서 일각. 낮

순덕, 이마를 문지르며 삼월어미를 별서 한쪽으로 데리고 와서

순덕   근석의 과외 스승으로 온 분은 누군가?

삼월어미   경운재대감님이십니다.

순덕   (너무 놀라 눈이 커지며) [E] 어사 나리가 그 유명한 울분남
         이었어?

[INS] 3화 29씬.

순덕   이유 없이 역정을 내시니… 꼭 울분남 같습니다.

정우   (!!) 지금 뭐라 했느냐?

순덕   아! 죄송합니다, 울분남 같은 개진상 경운재대감과 나리
         를 비교해서.

정우   개…개진상? 넌 경운재대감을 만나본 적도 없지 않느냐!

순덕   그게… 공주님과 혼례장에 들어갔으면 낙장불입이지, 남
         자가 돼서 구질하게 혼인무효를 주장하는 게 진상이시지
         않습니까?

순덕	(머리통을 부여잡고) [E] 미치겠다. 울분남 앞에서 대놓고 욕한 거지?!
삼월어미	작은 마님, 작은 마님? 작은 마님!!
순덕	(화들짝) 어?
삼월어미	이제 귀까지 먹었나… 왜 도련님과 같이 안 들어가시냐고요.
순덕	그게… 내가 갑자기 코피가 나서…
삼월어미	(어디가? 하는 얼굴) 코피요?
순덕	(아차!) 코핀 줄 알았는데 콧물이었지 뭔가. 코피나 콧물이나 귀한 손님께 보일 순 없지 않은가? 손님이 가시면 알려주게. 어머님껜 내 직접 말씀드릴 테니. (별서를 빠져나간다)
삼월어미	(순덕을 보며) 체통도 없고, 품위도 없고… 진짜 맘에 안 들어.

씬6.   좌상 집 / 별채 / 순덕의 방. 낮

순덕	(초조하게 방안을 서성이며) 어사 나리가 울분남이고… 근석이 과외 스승이라… 어떡하지? 화장을 안 한 모습을 알아보는 게… 꼭 좋은 것만은 아니었어.

밖에서 삼월어미가 "작은 마님, 마님 드십니다" 기별하고,

곧이어 박씨부인 방 안으로 들어오자

순덕   어머니, 저를 부르시지 않고 어찌 여기까지.

박씨부인   (자리에 앉자마자) 근석이에게 술시 이후 글공부하지 말라
           하였다고?

순덕   (야단맞을 걸 생각하고) 어머니 그게, 근석이가 일전에 코피
           를 흘려…

박씨부인   잘했다.

순덕   (뜻밖의 대답에 놀라) 네?

박씨부인   (병약한 아들의 죽음이 생각나서) 공부도 중요하지만 건강하
           지 않으면 무슨 소용이겠느냐.

순덕   (역시 일찍 죽은 남편 생각에 마음이 좋지 않고) …

박씨부인   하지만 그런 일이 있었으면 나에게 먼저 말을 했었어야
           지. 내막을 모르는 이들이 들으면 네가 계모라서 애 교육
           을 등한시한다 떠들 것 아니냐.

순덕   제 생각이 짧았습니다.

박씨부인   내일 당장 의원에 들러 근석이 보약부터 지어야겠다.

순덕   네, 그리하겠습니다.

박씨부인   그리고 경운재 의빈이 근석이 공부를 봐주러 집에 들를
           것이니 그리 알고 준비하거라.

순덕   (놀라 눈이 커지며 무심결에) 안 돼요!

박씨부인   (? 인상을 쓰자)

순덕   아니… 어머니께서 지금 근석이 건강이 가장 중요하다 하

셔놓고 학당 외에 과외까지 시키는 건 말의 앞뒤가 안 맞
지 않나 하여.

박씨부인 닷새에 한 번이다. 해보고 버겁다 싶으면 그때 다시 생각
해보자. 경운재 의빈이 오면 내 직접 맞을 터, 너는 굳이
신경 쓸 것 없다.

순덕 (무심결에) 그나마 다행이네요.

박씨부인 (? 이상하게 보면)

순덕 다행이란 뜻이 아무리 근석이 스승이라도… 외간남자를
만나는 것이 저는 불편하다… 그런 뜻에서 한 말입니다.
(어색한 웃음)

씬7.   경운재 / 정우의 방 → 서재. 밤

정우의 갓과 도포를 받아드는 오봉.

오봉 가신 일은 잘되셨습니까?

정우 닷새에 한 번 좌상댁에 가서 손자 공부를 봐주기로 했다.

오봉 에? 그렇게 싫어하는 좌상댁 손자를 왜?

[INS] 6화 2씬.

박씨부인 이 아이가 잘 커야 경운재대감의 부친이 세운 동노파를
잘 이끌어 나가지 않겠습니까?

정우	(굳은 얼굴로) 끝까지 거절하려고 했는데 그냥 두고 볼 수 가 없어서…
오봉	뭘요?
정우	(설명하긴 그렇고 둘러댄다) 애 새엄마도 제정신이 아닌 것 이 짠하고.
오봉	아~ 좌상집 손자, 새엄마가 죽은 첫째 며느리 귀신에 씌어 벽에 머리를 박는다는… 맞죠? 진짜 이마 뼈가 보여요?
정우	보진 못했지만 대충 헛소문만은 아닌 것 같더라. (피곤한 듯) 그만 가보거라.
오봉	쉬십시오.

오봉이 나가면 정우, 서재 안쪽으로 들어가 그림을 마저
그린다. 거의 완성된 그림은 선화사에서 본 화장기 없는 순덕의
전신화다. (정우가 그린 전신화는 신윤복의 미인도와 비슷한 채색화)

씬8.   한성부 전경. 낮

씬9.   한성부 / 판윤 집무실. 낮

김문건 앞에 서서 혼나는 순구.

김문건	이초옥 사건, 왜 빨리 정리 안 해? 사건이 있은 지가 몇

달이 지났는데 언제까지 붙들고 있을 거야?

순구　위법치사 용의자로 지목된 '화록'이 필명이라 추포가 쉽
　　　지 않습니다.

김문건　내 듣자 하니 한양 여인의 절반은 그자의 소설을 읽는다
　　　는데 아무리 필명을 쓴다고 그걸 못 잡아?

순구　(망설이다가) 판윤대감, 조사하다 보니 이초옥이 자살이
　　　아니라 살해당한 것 같은 정황이…

김문건　(버럭) 야, 신변비관 자살로 말 끝났잖아, 왜 맘대로 조사
　　　를 더 해?! 그럴 시간에 화록이나 빨리 잡~아, 못 잡겠으
　　　면 만들던가. 하여간 이달 안에 사건 마무리해서 형조로
　　　넘기게.

순구　…

씬10.　홍월객주 / 세책방 안. 낮

홍천수, 남장을 한 삼순에게 돈을 건네며

홍천수　"마님의 사생활" 삼 편은 언제 나오냐고 벌써 난리들인
　　　데…

삼순　(돈을 챙기고는) 삼 편은 일신상의 문제로 시간이 좀 걸릴
　　　것 같네.

홍천수　여주댁이 벌써 아가씨 배필을 찾아준 겁니까?

삼순　(갑자기 울컥) 글 쓰는 게 원래 기분이 팔 할인데, 배필을

찾았음 내 신나서 삼 편 벌써 다 썼겠지. 나만… 없었다
네… 나만.

홍천수   뭐가 없었단 말입니까? (삼순이 눈물이 그렁한 걸 보고 당황)
아이고… 왜 울고 그러십니까? 누가 봅니다. 뚝!

씬11.   홍월객주 앞. 낮

고개를 땅에 처박고 어깨가 축 처져서 나오는 삼순,
툭, 갓 끝이 부딪쳐서 보면 순구가 무서운 얼굴로 앞에 서 있다.

삼순   (울고 싶은데 뺨 때린다고) 또 무슨 일이십니까?
순구   잠시 이야기 좀 합시다.
삼순   하세요.
순구   (한숨) 이런 불법적인 상태에선 못하겠습니다.

씬12.   침가 마당. 낮

색색의 천들이 빨랫줄에 걸려 있는 침가 마당. 순구가 방문
하나를 뚫어지게 보고 서 있다. 이윽고 순구가 바라보던 방문이
열리고, 삼순이 치마저고리로 갈아입고 나온다. 순구 눈엔
삼순이 너무 예뻐 보인다.

삼순   (벌 받는 아이처럼 뚱한 얼굴로) 이제 합법적인 상태니, 말씀

순구	하십시오.
순구	남장을 하고 글 쓰는 일은 안 한다 저와 약조하지 않았습니까.
삼순	오늘은 이미 쓴 것에 대한 잔금을 받으러 간 겁니다. 머리 터지게 썼는데 돈을 안 받을 순 없지 않습니까?
순구	지금 돈이 낭자의 목숨보다 중요하단 것입니까?
삼순	(한숨 쉬며) 네… 당장은 중요합니다. 담벼락이 기어이 무너져 집안이 훤히 보인단 말입니다.

씬13. 조씨부인 집 / 마당. 낮

낡아서 허물어진 담벼락을 고치는 인부들과 감독하는 순구.

삼순, 마당에서 당황한 얼굴로 그 모습을 보고 있고,

하나는 별 반응 없이 어머니의 약을 달이고 있다.

안방 문이 열리고 조씨부인이 나오자,

하나 바로 조씨부인을 부축한다.

하나	어머니, 왜 나오셨어요?
조씨부인	한성부 종사관이 담장을 고쳐주고 있다고?
삼순	그게 사연이 복잡한데… 어머니는 신경 안 쓰셔도 돼요.
조씨부인	내 종사관에게 할 말이 있다.
하나	(조씨부인을 부축해, 담장 쪽으로 간다)
삼순	(안절부절못하고 쫓아가며) 진짜 신경 안 쓰셔도 되는데…

하나와 조씨부인이 다가오자, 순구 예를 갖추고

순구   나오셨습니까? 어르신.

조씨부인   담장도 담장이지만, 지붕 기와도 다시 얹어야 하네. 비가
           오면 건넌방에 물이 샌다네.

삼순   (헉, 당황) 어머니, 그걸 왜 종사관 나리에게 말씀하십니까?

순구   (좀 당황했지만) 알겠습니다. 어르신. 담장이 끝나면 수일
           안에 지붕을 고치겠습니다.

삼순   (순순히 그러겠다는 순구를 새삼 본다) …

[CUT TO]

삼순, 툇마루에 앉아 담장 고치는 인부들에게 이것저것 꼼꼼히
지시하는 순구를 보다가 옆에 앉아 약을 달이는 하나에게

삼순   저 종사관 혼인했겠지?

하나   당연히 했겠지. 종사관인데.

삼순   저런 듬직한 남자를 신랑으로 둔 여인은 얼마나 좋을까?

하나   남의 집 담장 고쳐주는 서방, 참 좋기도 하겠다.

삼순   (하나를 보면)

하나   아버지도 사모님 생신은 챙겨도 어머니 생신은 챙기는 법
           이 없었지. 저런 남자는 남편으로 세상 별로야.
           [자막 - 사모님: 스승의 부인]
           삼순 '그런가?' 하면서도 계속 순구를 본다.

씬14.   좌상 집 / 안채. 밤

순덕이 안방에서 물그릇을 들고 나오다 조영배와 박복기가
급히 안채로 들어오는 걸 본다. 대청마루에 대기하고 서 있던
삼월어미, 바로 "대감마님 오셨습니다" 안방에 고한다.
순덕, 대청마루에서 내려와 조영배와 박복기에게 목례를
하지만, 둘은 서둘러 안방으로 들어간다.
순덕, "무슨 일이지?" 하는 얼굴로 안방을 한번 돌아보고
안채를 나간다.

씬15.   좌상 집 / 안채 / 안방. 밤

상석에 조영배가, 옆에는 박씨부인 그리고 조영배 앞에
박복기가 앉아 있다.

조영배   자네가 말해보게.

박복기   누님, 도무녀의 추측이 틀린 것 같습니다. 누님이 말한 공
           주자가나 봉보부인 집… 어디에도 세자의 흔적이 없어서
           제가 숙빈마마에게 은밀히 도움을 청했더니 세자가 동궁
           전에 있는 것 같다고 합니다.

박씨부인   (표정 굳어서 엄하게) 자네는 어찌 그리 쓸데없는 짓을 하
           는가?

박복기   (조영배의 눈치를 보며) 아니…

조영배   (박씨부인이 자기에게 화를 내는 것 같아 짜증) …

358

씬16.   궁궐 / 숙빈박씨의 처소. 낮

다과상을 마주한 숙빈박씨와 박씨부인.

숙빈박씨   오라버니… 아니 병판대감께 너무 꾸중치 마십시오. 제가
          보기에도 일이 잘못된 듯합니다. (옆에 궁녀를 보며) 중전
          이 여전히 세자의 식사를 직접 만들고

          [INS] 동궁전 시강원.
          창에 처진 발 너머에 공부 중인 세자의 실루엣이 보인다.
          그 모습을 숨어 지켜보는 궁녀.

숙빈박씨   세자는 하루도 빠짐없이 시강원에 나와 공부를 하고 있답
          니다. 그러니 사가에서 세자를 찾는 건 헛수고 같아요.
박씨부인   (궁녀에게) 세자께서 책 읽는 소리가 들리더냐?
궁녀   (잠시 생각하더니) 책 읽는 소리는 듣지 못했습니다.
박씨부인   아마도 중전이 동궁전 어린 내관을 앉혀 놓았을 것입니다.

          [INS] 발 너머 세자가 아닌 어린 내관이 앉아 있다.

박씨부인   세자가 머무는 사가는 제가 이미 알아냈습니다.
숙빈박씨   !

씬17. 저잣거리 / 소 외양간 앞. 낮

삼월어미, 상인과 외양간 앞에서 대화한다.

삼월어미	도성 안에 갑자기 타락을 사간 집이 있었소?
	[자막 - 타락: 우유]
상인	(생각을 해보더니) 아~ 있었네.
삼월어미	거기가 어느 집인가?

씬18. 서씨 집 곳곳. 낮 (교차) 좌상 집 / 안방. 밤

/ 서씨 집. 도령 복장의 세자, 누마루에 앉아 타락죽을 먹고
있고, 옆엔 초로의 서씨가 시중을 들고 있다.

세자	궁에서 먹던 타락죽보다 자네가 끓여준 것이 더 맛있구나.

/ 좌상집 안방. 박씨부인에게 보고하는 삼월어미.

삼월어미	방물장수를 통해 알아보니 서씨는 중전마마의 유모로 중전 책봉 직후 면천이 되었답니다.

/ 서씨 집. 봇짐을 메고 집 안으로 들어오는 이씨, 집안을
살핀다. 마당에 일반 선비 복장을 한 익위사 두 명이 보인다.

/ 좌상집 안방. 밤

삼월어미 집 안에도 평소 보지 못한, 남정네들이 두 명 더 있답니다.
박씨부인 (세자가 있는 것이 확실하군) 알겠다.

씬19. 궁궐 / 숙빈박씨의 처소. 낮

숙빈박씨 그곳이 어딥니까?
박씨부인 숙빈마마께선 이 일에 대해 아무것도 모르셔야 합니다.
그러니 궁녀를 보내 괜히 동궁전을 살피는 일도 하지 마
십시오.
숙빈박씨 알겠습니다.

씬20. 홍월객주 / 세책방 안. 낮
순덕, 세책방 안쪽 비밀창고 입구에서 잠시 멈춰 서더니.

순덕 침착해. 나리가 울분남이라고 달라지는 건 없어. 심기 건
드리지 않게 조심하면 돼. (심호흡 후 안으로 들어간다)

씬21. 홍월객주 / 비밀창고. 낮
순덕, 안으로 들어가자 정우, 먼저 와서 벽에 그림을 붙이고

있다.

순덕	(그런 정우 보고 과한 저자세로) 제가 감히 늦은 건 아니죠?
정우	(돌아보며) 내가 좀 일찍 왔다.
순덕	(손을 앞으로 모으고 공손) 친히 일찍 오셨군요.
정우	(?) 갑자기 왜 이러는 거냐?
순덕	나리가 왕실의 일원인 경운재대감님이신 걸 모르고 제가 그동안 너무 방자하게 군 것 같아서…요.
정우	내가 경운재대감인 건 어찌 알았느냐?
순덕	(아차!) 같이 다니시는 집사 나리가… (말을 흐리며 굽신굽신)
정우	오봉이 쓸데없는 소릴 했구나. 그냥 하던 대로 해라. 너의 낭창함에 익숙해져 그러는 꼬락서니가 되레 불편하니.
순덕	그럼 분부 받잡겠습니다. (뒷걸음질로 물러서다 벽을 보고) ! (흥분) 와우~ 이 그림 대박…(하다가 다시 급 공손)이십니다요. 대감님께서 직접 그리신 겁니까?

[孟박사 三자매 仲媒 大작전] 아래 세 딸의 초상화가 붙어 있다.

정우	선화사 첫눈맞기를 복기하여 세 딸의 배필 후보를 정한다고 하니, 작업의 효율성을 높이기 위해 그려봤다.
순덕	그림까지 이리 잘 그리시다니 대감님께서는 못하시는 게 없군요.
정우	(무심한 척하려 해도 순덕의 칭찬에 입꼬리 씰룩씰룩)

순덕   자~ 그럼 시작해 볼까요?

**씬22.   홍월객주 / 비밀창고 (분할) 선화사 / 암흑의 벽
           (5화 21씬). 낮**

탁자에 펼쳐진 지도 선화사('첫눈맞기'라 적혀 있다) 위에

"성공"이라고 쓴 작은 깃발 말이 놓여 있다. (4화 37씬 지도)

중앙의 큰 탁자에 광부들이 멨던 번호표가 놓여 있고, 순덕과

정우는 탁자 좌우로 마주 보고 서 있다. 비장함이 흐른다.

정우   멀리서 보기만 한 광부를 모두 기억한다고?

순덕   저는 한 번 본 사람은 절대 잊지 않습니다. (그대로 정지)

            순덕이 정지된 옆으로 분할화면〉 쌍연술사 백서 공책이

            펼쳐지고 문구 [C.U.]

            "쌍연술사는 한 번 본 사람의 얼굴을 평생 잊지 않는다."

순덕   모든 광부들에게 눈길을 받은 하나아가씨부터 시작해 보

            겠습니다.

            순덕과 정우 사이의 탁자에 광부들의 초파일 선화사 상황(5화

            21씬)이 뜬다.

[INS] 5화 21씬 중. 김집 대신 바둑을 둔 하나가 쓰개치마를 벗자, 광부들의 시선이 몰리는데 그중에 하나를 사이에 둔 '12호 김집'과 '15호 장춘배'의 대결 구도가 선명하게 잡히며 정지.

정우   첫째는 집안과 재력을 과하게 따지고 존경할 만한 사람이 조건이었으니 큰 서당을 운영하는 15호 장춘배가 무난하겠구나.

순덕   ('광부 15호'와 '광부 12호' 두 장의 번호를 집어 들며) 표면적으로 15호 광부님이 맞고, 제 촉으론 12호 광부님이 맞아 보이니 하나아가씨는 두 명 다 신랑 후보에 올리겠습니다.

정우   (황당하다는 듯) 12호를?

순덕   12호님이 바둑을 잘 두는 걸 보아 학식도 빠지지는 않을 것입니다.

정우   학식은 그렇다 쳐도 12호의 낡은 의복을 보지 못하였느냐? 재물을 심하게 따지는 첫째가 받아들이지 않을 것이다.

순덕   (아니란 듯 검지를 흔들며) 어찌 낡은 의복만 보시고

[INS] 5화 21씬.
하나가 바둑돌을 가져갈 때 보이는 김집의 손 [C.U.]

순덕   의복 사이로 나온 고운 손은 못 보셨습니까? 또한 하나아가씨와 첫눈이 맞을 때

[INS] 5화 21씬.

김집의 찌그러진 갓 아래로 반짝이는 호박관자 [C.U.]

순덕   낡은 갓 아래로 빛나는 호박 관자 또한 정녕 보지 못하셨
습니까?

정우   (그걸 어떻게 알아봐? 하는 표정) ?!

순덕   12호 광부님이 어떤 연유로 숨기는지는 모르겠으나 필
경 재력가 집안 자제가 틀림없습니다. 제 생각엔 하나아
가씨도 본능적으로 느끼고 그 선비 쪽 훈수를 두셨지,
싶습니다.

정우   여인들의 눈썰미란… 참으로 무섭구나.

순덕   ('15호'와 '12호' 번호표를 하나 초상화 옆에 붙이며) 또 12호
님은 한양분이 아니어서 하나아가씨 소문은 모르니 더 좋
을 수 있습니다.

정우   (인정, 고개 끄덕) 그럼 가장 난이도 있는 조건을 제시한 둘
째는?

[INS] 남산골 / 조씨부인집 마루

두리   내가 원하는 신랑의 조건은 아주 간단해. 지 손으로, 지
주둥이에 들어가는 밥벌이 정도는 벌 수 있는 자.

순덕   두리아가씨 조건이 의외로 좀 빡셌죠.

365   第六話

순덕과 정우 탁자 위의 번호표를 보면 북소리 선행되고

분할화면〉 5화 21씬 중. 두리, 어둠선 중간에서 쓰개치마를
벗자, 24호 윤부겸과 16호 한종복을 포함한 6~7명의 광부들이
앞으로 나와 두리에게 관심을 보이는 데서 정지.

| 정우 | 둘째에게 관심을 보인 광부 중 ('16호 한종복' 종이를 집으며) 16호가 그나마 정상이고 과거 급제하여 출사할 확률이 가장 높다. |

정우   둘째에게 관심을 보인 광부 중 ('16호 한종복' 종이를 집으며) 16호가 그나마 정상이고 과거 급제하여 출사할 확률이 가장 높다.

순덕   (아니란 듯 또 검지를 흔들며) 24호 광부님으로 하겠습니다. ('24호 윤부겸' 번호표를 집는다)

정우   (광부명단 보며) 24호는 자격지심으로 점철된 자다. 농사를 짓는 걸 보면 출사의 뜻도 없어 보이고.

순덕   그럼 더더욱 딱 맞지 않습니까?

정우   ?

순덕   농사를 지으니 자기 손으로 자기 입에 들어가는 밥벌이를 하는 자. 두리아가씨 딴말 못 하겠는데요.

정우   (삐죽) 쌍연술사라 인연을 알아본다고 잘난 척하더니 너야말로 나보다 더 악랄하게 조건만 보는구나. 진정 세 딸의 미래를 생각한다면 출사 가능성이 있는 16호가 낫다.

순덕   (아니란 듯 또 검지를 흔들며) 조건 추가적 상황이고요. 진짜 선정 이유는 24호 광부님의 눈빛과 적극성 때문입니다.

분할화면〉 5화 21씬 중. 두리를 보고 나온 광부들 위로 마치

100미터 달리기 결승선처럼 비디오 판독선이 그려지는데,

한종복과 윤부겸의 몸 위치는 비슷하지만 윤부겸의 머리통이

앞서고 반짝이는 눈으로 두리를 본다,

두리 역시 윤부겸에게 눈길이 가고 찰나지만 둘은 눈이 맞는다.

순덕   (설레는 얼굴로) 순간이었지만 저는 분명히 보았습니다, 24
        호님의 두리아가씨를 향한 사랑의 눈빛을~ (혼자 신나서)
        다른 광부님들과 달리 쫓아가는 적극성까지!

정우   (못마땅하다) 너 혼자 다 정할 거면 나와 회의는 왜 하는
        것이냐?

순덕   '모든 과정을 어사 나리와 함께 한다'가 계약 조건이니까
        요. 지금이라도 저를 믿고 빠지셔도…

정우   됐다. (순덕의 손에 든 '24호' 번호표를 뺏어 들고)

        '24호' 번호표를 두리 초상화 옆에 붙이는데, 갑자기 섬광같이

        떠오르는 기억.

        [INS] 2화 22씬.

        두리를 가마에 태우는 시열. 둘의 눈빛이 섞인다.

순덕   (정우가 멈칫하자 걱정돼서) 대감님… 또 심계항진이 오신
        겁니까?

정우   아니다, 그리고 심계항진이 사람도 아닌데 오시긴 뭘 오
        시냐? 이렇게 말들을 똑바로 못해서야 원. (투덜거리며 '24

호 윤부겸' 종이를 두리 초상화 옆에 붙인다)

씬23.   조씨부인 집 근처. 낮

앞 씬의 두리 초상화가 실제 두리로 바뀐다. 바느질감이 든
바구니를 들고 집으로 향하는 두리. 이때 옆으로 나타나는
시열.

시열   (우연인 척 놀라며) 여기서 또 뵙네요.

두리   (뭐냐는 얼굴로 보면) ···

시열   저는 낭자를 보러 온 것은 절대 아니고 (아무 집이나 가리키
       며 변명) 저기 벗의 집에 왔다 돌아가는 길입니다.

두리   (시열이 가리킨 집을 보며) 무당하고 친군가 봐.

시열   (자기가 가리킨 집을 보면 당집 깃발이 꽂혀 있다) !!

망했다는 얼굴의 시열, 돌아보면 두리는 이미 집으로 들어가
버렸다. 민망하여 도망치듯 그곳을 떠나는 시열,
뒤로 대문 빼꼼 열리고 내다보는 두리, 그런 시열을 보고 피식
웃는다.

씬24. 홍월객주 / 비밀창고. 낮

순덕	이제 마지막. 진흙 속의 연꽃 같은 삼순아가씨 가볼까요?
정우	이제 너의 선정 방식을 알 것 같구나.
순덕	중매 촉이라는 게 학문과 달리 배워서 되는 건 아닌데… 어느 광부님을 생각하셨는지, 한번 말해보십시오.
정우	싫다. 네가 나의 탁월한 학습 실력을 시기하여, 맞는 사람을 뽑았는데 아니라고 거짓을 말하면 어쩌냐?
순덕	제가 왜요?
정우	나도 궁금하다, 사람들이 왜들 그러는지.
순덕	(정우 얼굴을 가만히 보다가) 그래서 울분남이 되신 거군요.
정우	(예상치 못한 순덕의 말에 당황) 뭐?
순덕	나리가 경운재대감님인 걸 알고 궁금했거든요. 이렇게 똑똑하고 정직한 분이 왜 울분남이 됐는지. 근데 방금 이유를 알았어요.
정우	(?)
순덕	대감님을 깎아내려서 자신들을 높이려는, 후진 사람들만 경운재대감님 주변에 있어서였네요.
정우	(자신을 이해하는 순덕의 말에 눈동자 흔들린다)
순덕	(정우의 눈빛이 짠하지만… 그 마음을 숨기고 장난스럽게) 그럼 저랑 하나, 둘, 셋 동시에 고르는 걸로 하시죠, 오해 없이.
정우	…좋다. 하나, 둘, 셋.

순덕 중앙에 놓인 '23호' 번호표를 잡는데, 정우 역시 같은

번호를 잡으려는 바람에 순덕의 손 위에 정우 손이 겹쳐진다.

순덕, 정우   !!

둘 사이 잠시 침묵이 흐른다.

정우   …거… 봐라. 내 뭐든 잘 배운다고 하지 않았느냐.

순덕   …선정 이유는요?

정우   남장을 하고 글을 쓰는 셋째처럼, 23호 역시 여인들이 하

는 음식을 즐겨 만든다. 둘 다 세상과는 반대이니 오히려

잘 맞지 않겠느냐.

순덕   이유가 틀리셨습니다. 삼순아가씨는 자신의 감정에 솔직

하고 혼인을 위해 용감하게 나서는 분이라, 요리 외에는

여자가 하자는 대로 하는 형인 23호 광부님이 퍽 어울리

기 때문입니다.

정우   그럼… 나는 어떤 여인이… 어울리겠느냐?

순덕   !

여전히 순덕과 정우의 손은 겹쳐 있고 둘 사이에 얄팍한 공기는

달떠 있다.

이때 밖에서 문 열리는 소리와 함께 "대감님~" 오봉의 기척

소리 들리자. 달뜬 분위기는 순식간에 깨지고 정우, 정신이
들어 손을 거둔다.

오봉   (삼단 찬합과 죽통을 들고 명랑하게) 간식 좀 드시면서 하십
           시오. (정우에게 '나 잘했지?' 하는 눈짓을 보내며)

           약과, 떡, 다식 등이 든 삼단 찬합과 단술이 든 죽통에 잔까지
           세팅한다. 정우, 떨리고 어색한 마음으로 순덕을 살피는데,
           순덕은 아무 일도 없었다는 듯 [23호 허숙현] 종이를 집어 들고

순덕   그럼, 삼순아가씨의 신랑 후보는 23호님으로 하겠습니다.
           ([23호 허숙현] 종이를 벽에 붙이며) 대감님께서는 말씀드린
           대로 선정된 광부님들 선동 후 연락 주십시오. (돌아서서
           눈 안 마주치고) 그럼 오늘 일은 끝났으니 가보겠습니다.
           (장옷을 챙겨 가려는데)
오봉   (다급히 순덕을 막아서며) 애써 가지고 왔는데 먹고 가소.
순덕   제가 급한 일이 있어서요. (오봉을 피해 휭하니 나간다)
정우   (급 오봉을 째려보며 버럭) 너는 왜 지금 와서 이 사단이냐!
오봉   (세상 억울) 아니 대감마님이 적당한 시간에 간식 들고 오
           라면서요~
정우   (내가 시킨 일이니 할 말 없고)
오봉   제가 사람 써서 이거 준비하느라 새벽부터 동동거렸건만
           저 장사치가 뭐라고 저에게 소릴 지르시고… 섭섭합니다,

상당히.

정우   (할 말 없고) …됐다, 집에 가자.

오봉, 투덜거리며 다시 찬합을 챙겨 정우를 따라 나간다.

빈 창고 공간. 삼순 옆에 [광부 23호 허숙현]이 거꾸로 붙어
있다.

씬25.   좌상 집 / 별채. 저녁

정적이 흐르는 별채 안.

툭! 정적을 깨고 봇짐부터 날아와 마당에 떨어지고,

불쑥 담벼락 기와 위에 모습을 드러내는 순덕.

기와를 잡은 자기 손을 보다가 불현듯 떠오르는 기억!

[INS] 6화 24씬.

서로 손을 겹치고 자신을 바라보는 정우의 시선.

순덕   (자신도 모르게 손을 기와에서 뗐다가) 어어… (몸에 균형을
            잃고)

허우적거리다 쿵!

별채 안쪽으로 떨어지는 순덕, 대(大)자로 뻗는다.

바로 일어나지 않고 한참을 하늘을 보며 누워 있는 순덕.

순덕	(갑자기 이불킥 하듯 발을 차며) 아~ 왜 그랬지… 아우, 짜

순덕   (갑자기 이불킥 하듯 발을 차며) 아~ 왜 그랬지… 아우, 짜
        증 나. (하다가) 아악 오늘 진성군 대감께서 오신다고 했
        지! (벌떡 일어난다)

씬26. 좌상 집 / 안채 / 부엌. 저녁

고기를 굽고, 나물 무치고 개동이의 주도로 찬비 여럿이
분주하게 음식 준비를 하고 있다. 이때 부엌으로 들어오는
박씨부인과 삼월어미.
개동이, 순덕이가 아직 오지 않아 걱정스러운 얼굴이다.

삼월어미   오늘 같은 날 작은마님이 안 보이시네요?

박씨부인   (그러게 왜 없지, 하는 얼굴인데)

삼월어미   음식은 정성이라 지키는 윗사람이 없으면 아랫사람들이
           제대로 하질 않는 법인데…

개동이   (구시렁) 지도 노비면서… 어디 마님 행세야.

삼월어미   (박씨부인에게) 제가 별채에 가볼까요?

순덕   〔E〕 (숨을 몰아쉬며) 왜들 나와 계세요?

박씨부인과 삼월어미, 돌아보면 커다란 술 항아리를 안고
부엌으로 들어오는 순덕. 개동이 안도한다.

순덕	(술 단지를 내려놓으며) 진성군대감님이 생강주를 좋아하시지 않습니까? 광 아래쪽에 있어 꺼내는데 어찌나 힘들던지.
박씨부인	(인상 굳자)
순덕	아! 맞다. 진성군 대감님이 보약 드시는 중이라 약주는 못하신다고, 하셨죠. 제가 깜박했네요. 술은 다시 가져다 놓겠습니다.
박씨부인	…그건 나중에 아랫사람 시키고, 어서 음식 마무리나 짓거라.
순덕	네, 어머니.
박씨부인	(삼월어미와 부엌을 나간다)
순덕	(박씨부인이 간 걸 확인하고) 오신지 얼마 안 됐지? (돈을 챙겨준다)
개동이	매번 안 주셔도 돼요, 작은 마님.
순덕	오늘 일이 많잖아, 얼른얼른 하자. (분주하게 다른 음식들을 챙긴다)
개동이	(술 항아리 보며) 힘도 좋아. 이 무거운 걸 어떻게 혼자 들고 왔대.

씬27.   좌상 집 / 사랑채 / 누마루. 밤

조영배와 박복기, 김문건과 같은 당파 양반 2~3명이 모여 앉아 있다.

박복기	굳이 진성군까지 이 자리에 모실 필요가 있나요? 어차피 일은 우리가 하는 건데…
조영배	우리가 어떻게 해서 자신을 왕으로 만들었는지, 그 누구보다 진성군이 알아야 합니다. 그래야 임금이 된 후에도 독주를 막고 우리 동노파가 계속 득세할 수 있습니다.
김문건	역시, 좌상대감의 혜안은 저희가 따라갈 수가 없습니다.
박복기	(조영배도, 김문건도 맘에 안 든다)

문밖에서 하인이 "진성군대감께서 오셨습니다"라고 고하자
다들 진성군을 맞이하기 위해 자리에서 일어난다.

씬28.   좌상 집 / 별채 / 마당. 밤

중문을 통해, 삼월어미와 별채로 들어오는 박씨부인.

삼월어미	진성군 대감님께서 오셨는데 사랑채에 안 가시고 여긴 왜?

별 이상한 점 없는 별채를 말없이 둘러보는 박씨부인, 무언가를
발견하고 별채 뒤쪽으로 간다. 박씨부인이 본 건 건물 모퉁이에
떨어져 있는 봇짐의 끝자락이다. 별채 뒷마당엔 장사치 행세를
하며 입었던 이중 장옷, 치마저고리, 신발, 가체, 머리장식,
"마님의 사생활" 책 등이 널려 있다. 박씨부인이 그것들을 보고

있고, 삼월어미가 옆에서 흥분하며 오두방정 떤다.

삼월어미 제 말이 맞았네요, 작은마님 밖에 몰래 나다니는 거. 도대체 뭘 하고 다니 길래 이 천박한 옷들… 어쩔 거야.

박씨부인 (정색하며 낮은 목소리로) 이년, 그 입 다물지 못해.

삼월어미 (포스에 쫄아 합, 입을 닫는다)

박씨부인 지금 본 것에 대해 어디에도 발설치 마라.

삼월어미 (고개 끄덕)

박씨부인 (싸하게) 만약 내 며느리가 나 몰래 밖에 나다닌다는 소리가 내 귀에 들어온다면 그 출처가 어디든지 네년 입에서 나온 것이라 생각하고, 삼월이를 험한 곳으로 팔 것이니 명심해야 할 것이다.

삼월어미 (박씨부인의 성격을 알기에 두려움에 굳었다) 네, 마님.

박씨부인 자네는 은밀히 근석어미가 뭘 하는지만 알아보아라.

박씨부인은 버선 한쪽이 물려 있는 별채 방 창문을 싸하게 보다가 삼월어미와 조용히 그곳을 나간다.

씬29. 경운재 / 서재 (교차) 좌상 집 / 부엌. 밤

/ 경운재 서재. 머리 복잡한 얼굴로 앉아 있는 정우.

[INS] 6화 24씬.

정우	(순덕을 보며) 그럼… 나는 어떤 여인이… 어울리겠느냐?

정우	(벌떡 일어나며) 내가 재혼 못 하는 의빈인 줄 뻔히 아는데, 날 얼마나 부도덕하게 봤을 거야. (답답한 듯 서재를 서성인다)

/ 좌상댁 부엌. 순덕, 나물을 찬그릇에 옮겨 담으며

순덕	(혼잣말) 미쳤어, 손이 겹쳐졌을 때 바로 뺐어야지 날 헤픈 여자라고 오해하면 어쩌지…
개동이	마님, 지금 뭐 하시는 거예요?!!
순덕	어?… 으악!

보면, 순덕이 찬그릇 하나에 나물 반찬을 산같이 쌓고 있었다.

개동이	(순덕을 밀며) 작은 마님은 저기 앉아 계세요. 저 혼자 하는 게 빠르겠어요.
순덕	(부엌 쪽마루에 걸터앉아 자기 손을 원망스럽게 본다)

/ 경운재 서재, 정우 안절부절못하며

정우	앞으로 열흘이 지나야 만나는데 그때까지 오해할 걸 생각하니… 윽…! (가슴 통증에 괴로워하며) 수두래수가 재발한

건가? 안 되겠다, 신랑 후보들을 이른 시일 안에 완벽히 포섭하여, 얼른 여주댁을 만나 오해를 풀어야겠다.

씬30. 좌상 집 / 별채 / 순덕의 방. 밤

순덕, 앞치마도 벗지 않고 멍 때리며 누워 있다.

예진 　〔E〕 (우렁찬 소리) 언니! 문 좀 열어봐요!

순덕 　아… 나에겐 혼자만의 후회 시간도 허락되지 않는군.

예진 　〔E〕 언니 빨리!!

순덕, 일어나 문을 열면 술 항아리를 안고 들어오는 예진.

순덕 　(놀라며) 이 무거운 걸 왜 들고 왔어요?

예진 　(꿀 단지를 내려놓으며) 혼인하면 내 인생도 쫑인데, 그전에 좋아하는 생강주나 실컷 마시려고.

순덕 　(미치겠다) 혼인하면 인생이 왜 쫑 나요? 그때부터 시작이에요.

예진 　언니가 그런 말 하니까 신빙성이 한 개도 없는 거 알아요?

순덕 　…좀 기다려 봐요, 내 안줏거리 좀 가지고 올게요.

씬31.   좌상 집 일각. 밤

뒷간에 갔다가 사랑채로 돌아가려던 박복기를 보고 개동이
길을 비켜선다. 박복기, 개동이를 곁눈질로 쓱 훑더니 다가가

박복기   (어깨를 주무르며) 개동이 오랫만이네…
개동이   (으악!) 나으리… 이러지 마십시오.
박복기   내 뭘 했다고 그러지 말라는 것이냐… (손이 허리로 내려가
          는데) !!

          찰싹!! 박복기의 손을 때리는 손, 순덕이다.

박복기   (당황하며) 자네 지금… 뭐 하는 것이냐?
순덕   어머머 숙부님 죄송합니다. 농땡이 치는 찬비를 때린다는
          것이 제가 흥분하여 조준을 잘못했네요. 죄송합니다. (개동
          이를 슬쩍 자신 뒤로 보내며) 손님들은 다 돌아가셨는데 어찌
          아직… 여기 계시는지? 아! 가마꾼이 아직 안 왔군요.
박복기   (순덕의 수선에 정신이 없고)
순덕   자네는 설거지를 저따위로 해놓으면 어떡해? 지금 당장
          가서 다시 하게. (개동이 손목을 잡아끌고 간다)
박복기   (못마땅하게 혀를 차다가 안방 쪽으로 간다)

씬32.   좌상 집 / 안채 / 부엌. 밤

개동이를 데리고 부엌으로 들어온 순덕.

개동이   감사합니다, 작은마님.

순덕   어떻게 우리 어머니 같은 분한테 저런 동생이 있을 수 있
        지? (안심이 안 되는지) 숙부님 집에 가실 때까지 나랑 같
        이 있자.

씬33.   좌상 집 / 별채 뒷마당. 밤

예진   (당황) 뭘 이렇게 본격적으로… (보면 개동이 이동용 화로에
        서 고기를 굽고 있다)

순덕   이 항아리에 술 다 마신다면서요. 나도 오늘은 좀 마셔야겠
        어요. (술을 단숨에 들이켜고, 다시 한잔을 퍼서 연거푸 마신다)

예진   (그런 순덕을 보고) 무슨 일 있어요? 천천히 마셔요.

순덕   그냥 좀 찜찜한 일이 있어서… 아가씨가 생각하기엔 어떤
        지 들어봐요.

예진   해봐요, 해봐. 남 연애 이야긴 언제나 환영이니까.

순덕   연애 이야기까진 아니고 내가 잘 아는 부인의 고민인데…
        그 부인이 장에서 물건을 고르다가 옆집 남자랑 손이 겹
        친 거야.

개동이   (불쑥) 옆집 남자는 혹시 유부남?

순덕	(갑작스런 질문에) 호… 홀아비.
예진	(흥미를 보이며) 오~ 홀아비와 유부녀. 그래서요?
순덕	하여간, 중요한 건 그 부인이 당황해서 손을 바로 못 뺐대요. 그래서 옆집 남자가 자길 헤픈 여자로 볼까 봐 너무 걱정하는 거야. 그 부인 남편밖에 모르는 사람이거든, (동의를 구하는 듯) 그 부인이 괜한 걱정하는 거겠지?
개동이	(구운 고기를 상에 놓으며) 거짓말이네.
순덕, 예진	(보면)
개동이	그 부인, 남편밖에 모른다는 게 거짓말이라고요.
순덕	(괜히 억울해하며) 거짓말 아닌데…
개동이	(슬쩍 끼어 앉으며) 그 부인, 홀아비한테 마음 있는 게 분명해요.
순덕	(강력부정) 아니야, 내가 그 부인 얼마나 잘 아는데…
개동이	저 혼인만 세 번 한 거 아시죠?
순덕, 예진	(괜히 자세 바로 앉으며) 알지.
개동이	(무릎 세우고 앉아 자연스럽게 술까지 마시며) 들어봐요. 그런 일 있었음 딴 사람들이 자길 헤픈 여자로 볼까 걱정을 해야지, 왜 딱 짚어 그 홀아비가 헤픈 여자로 볼까를 걱정해? 그 말인즉, 그 부인이 홀아비에게 잘 보이고 싶은 마음이 있어서 아니겠어요?
순덕	!!
예진	(큰 깨달음을 얻은 듯) 아~ 듣고 보니 그러네.
개동이	(슬쩍 고기도 집어 먹으며) 작은 마님이 아무리 중매의 신이

라도 처녀, 총각 짝지어 주는 분이 으른의 사랑을 어찌 알
아요.

순덕   …

예진   자네 다른 어른의 사랑, 아는 거 없나?

개동이   해드려요? 내 두 번째 서방이 마님이랑 눈 맞아 야반도주
한 거?

예진   (흥분) 해줘~ 해줘~

순덕   (개동이 째려보며 구시렁) 혼인 세 번 하면 뭐 다 알아…

씬34.   궁궐 전경. 아침 (해가 떠오른다)

씬35.   궁궐 / 임금의 처소 앞. 아침

임금의 처소 앞에서 기다리는 정우에게 임금을 보필하는
김내관 다가오더니

김내관   전하께서 몸살기가 있어 기침 전이십니다.

정우   많이 편찮으신가?

김내관   가벼운 고뿔로 알고 있습니다.

정우   알겠네. 내 다녀갔다 전해주시게. (왕의 처소를 보고 돌아
선다)

씬36.   궁궐 / 임금의 처소 / 구석 방. 아침

어의, 혼자 의식 없는 동궁전 궁녀(4화 32씬)를 치료하고 있고,
임금이 이를 지켜보고 있다.

어의   위험한 고비는 넘긴 듯합니다.

임금   다행이군. 내 이 궁녀에게 묻고 싶은 게 있다. 무슨 수를
         써서라도 의식을 차리게 해라.

어의   최선을 다하겠습니다.

임금   이 궁녀가 살아 있다는 것이 외부에 알려지지 않게 각별
         히 조심하고.

씬37.   동궁전 / 시강원 앞. 낮

창에 처진 발 너머에 공부 중인 세자의 실루엣을 바라보는
정우.

동궁전 내관   (정우에게 다가오더니) 세자저하께서 오늘은 아무도 만나고
             싶지 않다고 하십니다.

정우   오늘은 바람맞는 날인가 보군. (돌아서 가려다가) 근데, 저
           기 계신 분이 세자저하가 맞는가?

동궁전 내관   (실루엣만으로 구별이 돼?) 네?

정우   (고개를 갸웃거리며 간다)

씬38.　　북촌 전경. 밤

씬39.　　좌상 집 / 근석 방. 밤

각자 서안을 앞에 두고 앉아 있는 정우와 근석.

정우, 서안 위에 펼쳐져 있는 『논어』를 덮는다.

근석	(왜 덮지? 쳐다본다)
정우	배움에는 무릇 목적이 있는 법인데… 네 꿈이 무엇이냐?
근석	영의정이 되는 것입니다.
정우	왜 영의정이 되려 하느냐?
근석	조부모님을 기쁘게 해드리고 싶어서입니다.
정우	출사는 임금을 보필하여 백성을 위해 일하는 것이지 조부모님을 기쁘게 하기 위해 하는 것이 아니다.
근석	(눈이 커지며) 혹시 저희 어머니를 아십니까?
정우	(당황하며) 갑자기 그게 무슨 말이냐?
근석	그런 말을 하는 어른은 어머니 말고 처음이라… (정우가 의아해하자) 저희 어머니도 제가 좋아서 하는 것이면 몰라도, 조부모님을 기쁘게 하려고 억지로 공부할 필요는 없다 하셨거든요.
정우	좋은 어머니를 두었구나.
근석	그래서 저는 걱정입니다. 세상을 너무 모르시는 것 같아서. (애어른처럼 한숨)

정우	(근석의 대답이 황당하지만, 마음에 든다)

씬40.   좌상 집 / 별서 마루. 밤

박씨부인과 다과상을 두고 마주 앉은 정우.

박씨부인	첫 수업인데 어떠셨는지.
정우	과외를 고사했으면 후회할 뻔했습니다.
박씨부인	(보면)
정우	손주분이 너무 영특하여 제가 도리어 배우는 시간이 될 것 같습니다.
박씨부인	경운재대감께서 좋게 봐주시니 기분이 좋네요. 중매는 잘 되어 가십니까? 힘든 일 있으면 기탄없이 말씀하십시오. 제가 돕겠습니다. 혼사가 원래 집안 여인들의 일 아닙니까.
정우	유능한 중매쟁이가 있어 괜찮습니다만… 힘에 부치면 도움을 청하겠습니다.

씬41.   좌상 집 / 별채 / 순덕의 방. 밤

순덕, 앞에 앉은 근석.

순덕	과외 받아 보니 어때? 혹시 버거우면 이 어미에게 편하게 말하고.

근석	재미있었습니다. 특히 스승님이 아주 마음에 듭니다.
순덕	그래? 어떤 면이?
근석	어머니를 좋아해서요.
순덕	(놀라고 당황) 뭐라고?
근석	그런 것이 있습니다.

씬42. 인왕산 / 수성동 계곡 전경. 낮

장춘배는 주변을 두리번거리다, 고기 굽는 냄새에 멀리 정우
일행 발견한다.

씬43. 인왕산 / 수성동 계곡. 낮

물가 넓은 바위에 돗자리를 펴고 정우와 김집, 허숙현,
윤부겸이 술을 마시고 있다. 한쪽 옆에서 고기를 굽는 오봉.

장춘배	(자리에 앉으며) 제가 좀 늦었습니다. 소과가 코앞이라 봐줘야 할 학생들이 너무 많아서요. [자막 - 소과: 성균관 입학 자격을 부여하기 위해 실시한 과거]
정우	날이 너무 좋아, 다른 선비님들도 불렀습니다.
장춘배	사람이야 많으면 좋지요. 이제 보니 선화사 담벼락님들 아닙니까.

허숙현, 대나무로 만든 작고 큰 잔으로 맑은 소주와 탁주를
적당 비율로 따르고 숟가락으로 쿵 내리꽂아, 섞어 장춘배에게
주며

허숙현   후래자삼배라 일단 받으시지요.
         [자막 - 후래자삼배(後來子三盃): 늦게 참석한 자, 석 잔을
         마시고 합류한다]
장춘배   (받아 마시더니) 어허~ 이 양반 소탁에 무슨 짓을 한 것이
         요? 이렇게 맛있는 소탁은 처음이요. (더 달라고 잔을 숙현
         에게 내밀며) 이리 맛있으면 석 잔이 아니라 열 잔도 마시
         겠네.
정우   오늘은 내가 내는 것이니, 술값 걱정하지 말고 많이들 드
         십시오.

         모인 담벼락 선비들 다들 즐거워하지만 윤부겸은 왠지 겉돈다.

씬44.   도성 밖 / 좌상 집 선산. 낮

무덤의 잡초를 뽑고 정리하는 하인들.
조영배는 선산의 무덤을 둘러보며 상한 곳이 없나 본다.
박씨부인과 예진은 가져온 과일과 떡을 꺼내놓는다.

예진   (주변을 둘러보며 근석에게) 네 엄마 어디 갔니?

근석	(모르겠다는 눈치)
박씨부인	…

씬45.   도성 밖 / 좌상 집 선산 / 순덕 남편의 무덤. 낮

남편 무덤에 기대 멍하니 앉아 있는 순덕.

그런 순덕을 한참을 가만히 보고 있던 박씨부인.

박씨부인	여기 있었니?
순덕	어머니 (놀라 일어나려는데)
박씨부인	앉아 있어, 아직 시간 있다. (순덕의 옆에 나란히 앉는다)
순덕	(!) 바닥이 지저분한데…

박씨부인 말없이 산 아래를 바라본다.

순덕도 말없이 박씨부인과 같은 곳을 본다.

박씨부인	…힘들지?
순덕	(박씨부인을 본다)
박씨부인	서방도 없이 지내는 게…
순덕	갑자기요?
박씨부인	(보면)
순덕	아니… 오늘 어머니 좀 이상하셔서. (어색하지만 해맑게 웃는다)

박씨부인	태어날 때부터 병약해 힘들어하던 둘째가 너를 만나고 많이 웃었어.
순덕	서방님보다 제가 더 많이 웃었을걸요.
박씨부인	너무 짧았잖니.
순덕	…… 세월이 길다고 사랑이 더 큰 건 아니잖아요.
박씨부인	! (순덕을 보면)
순덕	짧지만 서방님이 저에게 준 사랑이 너무 커서, 제 평생 행복하게 살 힘을 준 거 같아요.
박씨부인	(그런 순덕을 가만히 보다가) 고맙다, 우리 인국이 좋아해주고 근석이 잘 키워줘서… 지금은 힘들고 집안에서만 있는 게 답답하겠지만 근석이 커서 혼인하면, 우리 집 안주인은 순덕이 너야.
순덕	…

씬46. 인왕산 / 수성동 계곡. 낮

정우	(김집과 장춘배 사이에 앉아) 그때 그 훈수 두던 처자 기억 납니까?
장춘배	나다 말다요, 내내 머리에서 떠나질 않습니다.
김집	(적극적으로) 어느 댁 규수인지 아십니까?

[INS] 홍월객주 / 비밀창고

순덕	연정이 깊어지기 전에 광부들에게 '늙은 아씨들'이라고 말하면 절대 안 됩니다. 헛소문으로 인해 선입견이 생기거든요.
정우	(김집에게) 재력이나 집안 말고 있는 그대로 좋아해 주는 처자를 찾는다면서 집안은 알아서 뭐 하시게요.
장춘배	나야말로 여자 집안 안 따집니다. (허름한 복색의 김집 들으라고) 왜? 내가 재력이 되니까.
김집	연정을 재력으로 산다는 것이 매우 비 낭만적입니다.
장춘배	아직도 낭만 타령이십니까? 그럼 이렇게 한번 생각해보십시오. 재력으로 얻을 수 있는 가장 낭만적인 것이 여인의 마음이라고.

"오-" 다들 장춘배의 말에 일리가 있다는 표정이다.
정우는 광부들과 어울리지 못하고 따로 앉아 있는 부겸 옆으로 가 앉는다.

정우	그날로 봐선 광부탈출 술자리엔 안 나올 줄 알았더니… 이 처자 어떻게 생각하시오? (두리 초상화를 꺼내 펼치려는데)
윤부겸	(초상화 보지 않고) 내 처지도 괜찮다면 누구라도 상관없습니다.
정우	누구라도 상관없단 말, 꼭 책임지십시오.

씬47.   인왕산 / 수성동 계곡 일각. 낮

계곡물에 걸어놓은 통발을 건지고 있는 허숙현.

정우   여기서 뭐 하는 겁니까? 한참 찾았습니다.

허숙현   (쑥스러운 얼굴로) 송사리구이가 별미라… 맛을 보여드리
              려고.

정우   송사리는 나중에 굽고… 이리 와보십시오. 내, 어울리는
              처자를 알아놓았소.

허숙현   (반색) 그런 처자가 있습니까?

정우   (소매 춤에서 삼순의 초상화를 꺼내 보여주자)

허숙현   (얼굴에 홍조를 띠며) 이리 아름다운 여인이… 저를 좋아해
              줄까요?

정우   (?) 첫째를 잘못 꺼냈나? (그림을 보지만 삼순이 맞다) (혼잣
              말) 여주댁이 진짜 쌍연술사가 맞는 모양이군.

씬48.   좌상 집 / 장독대. 낮

장독에 기대앉아 골똘히 생각하는 순덕.

개동이   [E] 그 부인, 홀아비한테 마음 있는 게 분명해요.

순덕   (고개 저으며) 잘 알지도 못하면서 괜한 소릴 해서… 신경
              쓰이네. 됐어, 내 마음 내가 더 잘 알지 개동이가 어떻게
              알아? (하는데 뛰어오는 개동이 보이자) 호랑이도 제 말을

하면 온다더니.

개동이	(숨을 헐떡이며) 작은마님 이거… 급한 거라던데요. (서찰을 준다)
순덕	(서찰을 펴서 읽더니) 이게 뭔 소리야? 나 금방 나갔다 올게.
개동이	지금요?
순덕	혹시 누가 물어보면 실 사러 갔다고 해. (빠르게 별채 쪽으로 간다)

한쪽에 숨어서 순덕의 행동을 지켜보는 삼월어미.

| 삼월어미 | (눈빛 빛나며) 딱 걸렸어. |

씬49. 운종가 거리 → 홍월객주 앞. 낮

복잡한 운종가 거리를 쓰개치마를 쓰고 빠르게 걷는 순덕.

| 삼월어미 | (순덕의 뒤를 쫓으며) 걸음이 왜 이렇게 빨라… (순덕, 나무를 진 지게꾼 뒤로 지나가는 순간 사라져 버렸다) (당황하며) 뭐야… 어디 간 거야? |

당황하며 두리번거리는 삼월어미. 붉은 장옷의 순덕은 객주로

뛰어 들어간다.

씬50.   홍월객주 / 세책방 안. 낮

급하게 세책방으로 뛰어 들어오는 순덕. 오봉이 기다리고
있다가

오봉   아니 왜 이제야 오는 거냐?

순덕   딴 일도 있는데 갑자기 만나기로 한 날을 앞당겨 보자고
         해서 시간 빼기가 힘들었어요. (책장을 밀고 비밀창고로 들
         어간다)

오봉   (순덕 뒤통수에 대고) 돈을 그렇게 받았으면 이번 일에만
         집중을 해야지… 맘에 안 들어서 원.

순덕   뭐해요? 안 들어오시고…

오봉   나?

씬51.   홍월객주 / 비밀창고. 낮

순덕, 오봉과 같이 들어오자, 정우 왜 같이 들어와? 하는
얼굴로

정우   (오봉에게) 너는 밖에서 기다리지 않고…

순덕   제가 들어오시라고 했습니다. 일 처리는 집사 나리가 하

는 것 같은데 같이 들어야 오해가 없을 것 같아서요. 중매 회의는 늘 이렇게 셋이 하는 게 좋을 것 같습니다.

정우   아니… 그래도 (순덕에게 무심코 다가가면)

순덕   (자연스럽게 그만큼 멀어지며) 계약서에 중매 방법은 제 방식을 따르기로 한 거 잊지 않으셨죠?

정우   …

오봉   ('난 죄 없어' 하는 표정으로) 한쪽에 세간같이 앉아 있을게요.

정우   (상황 못마땅한데)

순덕   (사무적으로 정우에게) 서찰에 쓴 구조적으로 심각한 문제가 무엇입니까?

정우   그것이… (무심코 순덕에게 다가가자)

순덕   (그만큼 뒤로 물러선다)

정우   ! (우연이 아니라 확실히 날 멀리하는군, 가슴이 싸하다)

오봉, 벽에 붙어 둘의 묘한 거리감을 흥미롭게 관전한다.

정우   잠깐, 내 수두래수 때문에 안 되겠다, 일단 오해부터 풀고 일 이야기를 해야겠다.

순덕   ?

정우   (오봉이 신경 쓰여 작게) 내가 그날 어울리는 여자를 물은 건…

순덕   …

정우	아주 복잡한 사정이 있어서다. 나중에 내 다 설명할 테니 날 이상한 사람으로 오해 마라.
순덕	저 오해 같은 거 안 했습니다.
정우	거짓말 마라, 오해를 안 했는데 왜 자꾸 나와 거리를 두는 것이냐?
순덕	나리께서 목멱산에서 세 발짝 거리를 두라 하신 거 잊으셨습니까?
정우	!

[INS] 3화 29씬.

정우	너와 나는 신분의 차이가 지엄하니, 앞으로 나와 항상 세 걸음의 거리는 유지하거라.

정우	(생각나서 할 말 없고) 언제부터 그렇게 내 말을 잘 들었다고…
오봉	(정우보다 더 창피해하며) 아이고 속을 다 까 보이시네. 이제 쪽팔려서 여주댁 어떻게 보려고…
순덕	어서 문제점을 이야기하십시오, 제가 좀 바쁜 사람입니다.
정우	(짜증 난다) 지금 하려고 했다! (벽에 붙은 세 딸 초상화를 가리키며) 너의 계획대로 후보 광부를 모아, 술까지 먹이며 힘껏 선동했다.
오봉	초반엔 분위기가 아주 좋았죠.

씬52. 인왕산 / 수성동 계곡. 낮

장춘배, 김집, 허숙현 취해서 분위기 좋은데 윤부겸은 여전히 겉돈다.

허숙현 (정우에게 술을 따라주며) 어사 나리 감사합니다. 사실, 제 처지에 늙은 아씨들만 아니면 누구라도 과분하죠.

정우 (술을 마시다 뿜는다) 켁켁…

김집 누가 늙은 아씨들과 혼인하려고 하겠습니까?

정우 (!) 김선비께선 먼 지방에서 오셨다 들었는데 '늙은 아씨들'을 아십니까?

김집 소문이 워낙 흉해야지요. 특히 첫째 딸은 처녀귀신이 붙어 밤마다 남자를 집안으로 끌어들인다면서요? 병판대감도 당했다는 소문이…

장춘배 맞습니다.

정우 뭐가 맞다는 겁니까? 병판이 호색한인 건 세상이 다 아는 일인데.

장춘배 내가 병판댁 아들을 가르치고 있어 들은 것이 있습니다. 늙은 아씨들 중 첫째가 병판을 먼저 꼬셔놓고 돈을 양껏 안 주자, 보복하려 신문고를 친 것이라 하더군요. 첫째가 그 모양이니 그 밑으론 안 봐도 행실이 뻔하지 않겠습니까?

정우 (반박하려는데)

윤부겸 (정색하며) 선비님이 보셨습니까? 병판을 꼬신 거?

장춘배	그걸 꼭 봐야 아나? 첫째 딸과 어울렸던 죽은 이초옥도 행실이 난잡하고 음탕한 것이 소문나는 바람에, 나이가 차도록 중신이 안 들어오자 부끄러움을 못 이겨 스스로 물에 뛰어든 거 아닙니까? 흑구축체라 다 끼리끼리 모이는 겁니다.

[자막 - 黑狗逐彘(흑구축체): 비슷한 것끼리 서로 한편이 된다]

윤부겸	사불급설이라 하였습니다. 확실치 않은 것에 대해 말조심하십시오.

[자막 - 駟不及舌(사불급설): 소문은 순식간에 퍼지므로 말을 조심하라]

정우	(의외라는 듯 윤부겸을 보고) 내 생각에도 그건 헛소문 같습니다.
김집	헛소문일 수 있지만, 부모님들은 소문의 진위 여부가 중요한 게 아니지 않습니까?
허숙현	(동조) 저도 집안에서 내놓은 자식이긴 하지만 늙은 아씨들과 혼인하겠다고 하면 아마 절 족보에서 파실 겁니다. (상상해 보고는 몸서리) 저로 인한 집안의 분란은 더는 싫습니다.
정우	(난감한 표정이다)

씬53.   홍월객주 / 비밀창고. 낮

정우, 세 딸 초상화와 배필 후보 번호표를 쳐가며 흥분한다.

(순덕은 정우와 이야기하는 내내 세 걸음 거리를 유지한다)

정우   네가 그날 광부들의 단호한 얼굴을 봤어야 한다. 그냥
      시치미 떼고 세 딸을 만나게 해서 될 일이 아니다. (15호
      번호표를 떼며) 특히 15호, 이자는 서당을 운영한다는 자
      가 거짓 소문 확산이나 하고, 첫째가 좋다고 해도 내가
      반대다.

순덕   (골똘히 생각하다가) 음… 성추문은 생각보다 큰 장벽이었
      나 봅니다.

정우   장벽이었나 봅니다? 참으로 무책임한 발언이구나. 첫눈
      맞기만 하면 다 될 것처럼 말하지 않았느냐?

순덕   (태연하게) 세상에 예외 없는 일이 어디 있습니까?

정우   뭐…? (기가 막혀 말이 안 나오는데)

순덕   이렇게 된 이상, 하나아가씨의 헛소문을 타파해야겠습
      니다.

정우   어떻게 말이냐?

순덕   저에게 확실한 묘책이 있으니, 경운재대감님께서 초옥아
      가씨를 죽인 살인범을 찾아 주십시오.

정우   (당황) 갑자기? 이초옥의 죽음은 왜?

순덕하   나 아가씨 성추문은 초옥아가씨 귀신이 붙었다는 데서 시
      작했으니까요.

오봉   (조용히 손을 들더니) 초옥아가씨는 자살인데 살인범이라
      니?

순덕	그건 멍청한 관리들이나 하는 말이죠. 초옥아가씨 죽음에 대한 진실만 알면 하나아가씨의 추문, 깨끗이 없앨 수 있습니다. (정지)

순덕이 정지된 옆으로 분할화면> 쌍연술사 백서 공책이
펼쳐지고 문구 [C.U.]

"쌍연술사의 묘책은 절대 틀리는 법이 없다."

정우는 자신만만한 순덕을 믿어야 하나 말아야 하나
혼란스러운 얼굴이다.

씬54. 좌상 집 / 마당. 밤

대문을 열어주는 삼월어미, 들어오는 순덕에게

삼월어미	실 사러 가셨다고 하여 제가 진사전까지 갔는데 안 오셨다고 하던데
순덕	…
삼월어미	어디 다녀오시는 거예요?
순덕	(한약 꾸러미를 보이며) 백초방에 근석이 보약 사러. 근데 자네는 진사전엔 왜 갔어? 설마 나 미행해?
삼월어미	미행은 무슨요… (말 돌린다) 약 저주세요, 제가 다릴게요.

순덕	보약은 정성이 반인데, 아랫사람인 자네가 보고 있지 않
	으면 어디 정성을 다 하겠나? 내가 다리겠네. (팔랑거리며
	들어간다)
삼월어미	뭐야… 나 지금 먹이는 거지…?

씬55. 북촌 전경. 밤 → 아침

씬56. 한성부 / 종사관 집무실. 아침

순구, 정우와 마주 앉아 있다.

| 순구 | 이번엔 살인범을 알려 달라고요? |
| 정우 | 이초옥의 살인범을 따로 수사하고 있지 않았습니까? |

[INS] 2화 40씬 중. 순구의 『신주무원록』 사이 꼽힌
수사기록서를 보는 정우.
범인의 이름을 적었다, 먹으로 덧칠을 한 부분을 본다.

정우	지금 종사관은 그 살인범이 누군지 알면서도 덮어주고
	있습니다. 살인범을 비호하면 죄가 크단 걸 모르진 않겠
	지요?
순구	제가 살인범을 알려드리면 그 살인자를 벌할 자신이 있으

십니까?

정우   내가 왜?

순구   (황당) 그만 돌아가십시오. 대감님의 호기심을 위해 사사
       로이 말할 수 있는 사안이 아닙니다.

정우   나는 아니지만, 그 사건의 진실을 알면 아무도 다치지 않
       고 범인만 벌 할 수 있다는 자가 있습니다.

순구   그게 누굽니까?

정우   나랑 같이 가보면 알 것입니다.

씬57.   홍월객주 / 비밀창고. 낮

정우가 순구와 함께 들어오자 안에 기다리고 있던 순덕과
삼순(치마저고리), 각각 다른 의미에서 놀란다.
오봉은 한쪽에서 단지의 오미자차를 그릇에 나눠 담고 있다.

순구   아니 여기 왜?

순덕   (이번엔 알아보나 싶어 시선을 외면하고 목소리 변조하여) 저
       는 중매쟁이입니다만……?

순구는 순덕은 신경도 안 쓰고 지나쳐, 삼순 앞에 선다.
정우, 갑자기 흉통이 밀려와 손을 가슴에 가져가며 힘들어한다.

삼순   저는 여기 저와 언니들 혼인을 위해 온 것이니 오해 마십

시오.

순구   혼인을 위해서요?

순덕   (그런 순구를 보고 혼잣말) 몰라봐서 다행이지만, 점점 기분
            나쁘네.

정우   (흉통으로 힘들어하며 순덕에게) 셋째는 왜 데리고 온 것이
            냐?

순덕   경운재대감님이야 말로 종사관 나리를 왜 모시고 온 것입
            니까?

순덕이 정우에게 '경운재대감님'이라고 하는 순간부터, 삼순은
정우를 호기심 어린 눈으로 새삼 주시한다.

정우   (가슴에 손을 얹은 채) 이초옥 사건의 전모와 범인을 아는
            자다.

순덕   오라… 아니 종사관 나리가요?

순구   (삼순에게 떨어져 순덕이 쪽으로 온다)

정우   (응? 가슴 통증이 점점 잦아든다) 이제 좀 괜찮아지는군.

순구   자네가 경운재대감님께 이초옥의 살인범만 알면 벌할 자
            신이 있다 말한 자냐?

순덕   (그래도 알아볼까 시선 외면하며) 네, 맞습니다.

삼순   (더 이상 못 참겠다는 듯 쪼르륵 다가와서 순덕과 순구 사이에
            서서) 저 질문 있는데요. (정우 보며) 어사 나리, 경운재대
            감님이셨습니까? 그럼 그 유명한 울분남?

순덕, 순구, 오봉	(저런 말을 저렇게 직접적으로? 당황하여 정우 살피는데)
정우	(다시 도지는 가슴 통증. 인상을 쓰며) 경운재 사는 건 맞소.
삼순	와~ 진짜 뵙고 싶었는데… 이렇게 가까이 있었다니 (흥분) 소문보다 덜 잘생기셨지만, 생각보다 훨 멀쩡하십니다.
순덕, 순구, 오봉	(뜨억… 걱정스럽게 정우를 보는데)
정우	(가슴을 부여잡고) 이놈의 간헐적 흉통 때문에 화도 못 내겠구나…
순덕	(걱정돼서) 괜찮으십니까?
정우	(정색하며) 세.걸.음. 떨어져라. (떨어지라는 손짓) 신경 쓰지 말고, 자기소개는 모두 끝난 것 같으니 계획이나 설명하거라.
순덕	…
오봉	(차를 타며) 저 뒤끝 어쩔 거야…

[CUT TO]
순덕이 앞에 서 있고 삼순, 순구, 정우, 오봉은 큰 탁자에
어색하게 모여 앉아 있다. 정우는 계속되는 가슴 통증으로
힘들어하며 차를 마신다.

순덕	(벽의 '孟박사 三자매 仲매 大작전' 가리키며) 우선 맹박사댁 따님들 중매 대작전에 참여해주셔서 감사합니다. 이번에 우리가 할 일은 하나아가씨에게 붙은 헛소문을 없애는 일입니다.

삼순	(상기된 얼굴로 손을 들며) 나 질문 있네. 혹시, 내 얼굴 그림 옆에 붙은 23호 허숙현 선비가 나의 배필인가?
순덕	맞습니다, 단옷날에 만나실 수 있습니다. 상냥한 한양 선비님이라 마음에 드실 겁니다.
삼순	이름이 너무 사랑스럽다. (이름만으로 이미 사랑에 빠진 눈빛)
정우	(힘들어하며) 샛길로 빠지지 말고 얼른 방법이나 이야기해라.
순덕	(정우 상태가 걱정되지만) 소문은 소문으로 막는다는 말이 있습니다. 우리는 이제부터 진실을 많은 이에게 알려 헛소문을 미담으로 바꾸고 극악무도한 살인범도 처단할 것입니다!
순구	장사치 따위가 말해서 누가 믿겠느냐? 살인자는 대단한 권력자다. 너만 반좌로 사형을 당할 것이다.
	[자막 - 반좌: 남을 무고한 경우 그 무고한 내용에 해당하는 벌을 고발한 자가 받음]
순덕	제가 아니고 진실을 퍼트릴 분은 이분입니다. (삼순을 가리킨다)
삼순	(놀라서) 나… 보고 관아에 가서 말하라고?
순구	(갑자기 버럭) 말이 다르지 않소, 다른 사람은 피해 없이 범인만 벌한다더니, 어찌 삼순낭자에게 그런 험한 일을 시킨단 말이오!
정우	(가슴을 부여잡고) 소리 지르지 마시오… 가슴이 더…

정우, 공황장애처럼 시야가 왜곡되고 심장이 급격히 뛰더니…

결국 쓰러진다! 계속 정우를 살피던 순덕이 제일 먼저 달려가

정우를 감싸 안는다. "대감님! 정신 차리십시오!!" 떨리는

목소리로 정우를 깨우려는 순덕.

六話終

第七話

눈에는 눈 소문엔 소문

씬1.　　**오프닝 세자 인터뷰: 궁궐 / 동궁전 마당. 밤**

동궁전 계단에 앉아, 목멱산을 보며 멍 때리는 세자,

이내 앞을 보며.

[자막 - 이재 / 14세 / 운해대군 세자 2년 차 / 특이사항: 왕실의

유일한 적자]

세자　　　나는 특별한 가족 관계 때문에 보통 사람들보다는 혼인하
　　　　　기가 힘들 것 같네. (잠시 사이) 배다른 형인 진성군 때문
　　　　　이냐고? (단호하게) 아니네. 내가 혼인하기 어려운 이유는
　　　　　위로 누이가 넷이나 되기 때문이지. 누가 시누이가 넷이
　　　　　나 있는 집에 시집을 온다고 하겠나. (목멱산을 보며 애어른
　　　　　같은 한숨을 쉰다)

씬2.   **오프닝 하나 인터뷰: 목멱산 언덕. 밤**

제등은 바위 뒤에 숨겨놓고 그림같이 앉아 한양 야경을
내려다보는 하나.

[자막 - 맹하나 / 24세 / 늙은 아씨들 중 첫째 / 특이사항:
미모보다 학식이 빼어남]

하나   제가 원하는 배필의 조건은 소박합니다. 상대 집안은 정5품
까지, 그 아래는 안 됩니다. 키는 5척 반에서 6척 사이, 너
무 커도 사람이 실속이 없는 법이거든요. 인물은 남자다
우면 됩니다. (잠시 사이단호) 아니요. 지금까지 기다렸는
데 하나라도 조건이 안 맞으면 전 혼인 안 합니다. 가장
중요한 조건을 말하겠습니다. 반드시 제가 존경할 수 있
는 사람이어야 합니다.

하나는 인터뷰를 끝내고 도심 속 가장 밝게 빛나는 궁궐을
내려다본다.

"눈에는 눈 소문엔 소문"

씬3.   홍월객주 / 비밀창고. 낮 (6화 마지막 씬 계속)

정우는 계속되는 가슴 통증으로 힘들어하며 차를 마신다.

순덕   소문은 소문으로 막는다는 말이 있습니다. 우리는 사람들
         에게 진실을 퍼뜨려 극악무도한 살인범을 민심으로 처단
         할 것입니다!

순구   장사치 따위 말을 누가 믿겠느냐? 살인자는 대단한 권력
         자다. 너만 반좌로 사형을 당할 것이다.
         [반좌: 남을 무고한 경우 그 무고한 내용에 해당하는 벌을
         무고한 자가 받음]

순덕   걱정 마십시오. 진실을 퍼트릴 사람은 제가 아니고 이분
         입니다. (삼순을 가리킨다)

삼순   (놀라서, 급 눈물부터 글썽) 나… 나 보고 관아에 가서 말하
         라고?

순구   (갑자기 버럭) 말이 다르지 않소. 다른 사람은 피해 없이
         범인만 벌한다더니, 어찌 삼순낭자에게 그런 험한 일을
         시킨단 말이오!

정우   (가슴을 부여잡고) 소리 지르지 마시오… 가슴이 더…

정우, 공황장애처럼 시야가 왜곡되고 심장이 급격히 뛰더니…
결국 쓰러진다! 계속 정우를 살피던 순덕이 제일 먼저 달려가
정우를 감싸 안는다.

순덕	대감님! 정신 차리십시오! (정우 얼굴을 자신 쪽으로 향하게
	하며) 저만 보십시오.
정우	(눈앞에 순덕만 보이자 시야와 호흡이 점차 정상으로 돌아온다)

삼순과 순구, 갑작스러운 상황에 당황하고 걱정스러워하는데,
오봉은 정우의 지병을 알고 있기에 등을 내밀며

오봉	대감마님 어서 업히십시오. 백초방으로 모시겠습니다.
순구	밖에 내 말이 있으니, 객주 앞으로 나오게나. (문 쪽으로 움
	직이는데)
정우	됐다, 이제 괜찮다.
오봉	졸도하셨는데 괜찮긴요, 당장 유의원에게 가서…
순덕	(급한 마음에 안았던 정우를 오봉 쪽으로 밀며 물러난다)
정우	(그런 순덕을 심상하게 보며) 수선 피우지 마라. 내 몸은 내
	가 잘 안다. (일어나 앉으며 순덕에게) 삼순낭자가 진실을
	퍼트린다는 것까지 말했다. 다음을 설명해라, 한시가 바
	쁜 일이다.

오봉과 삼순, 정우의 눈치를 보며 자리에 앉고,
밖으로 나가려던 순구도 삼순 옆자리로 돌아와 앉는다.
그 순간, 또 시작된 정우의 가슴 두근거림!

정우	(시선을 피하다가 생각났다!) [E] 이 기시감… 이번이 처음

이 아니야!

[INS] 3화 40씬.
순구, 삼순이 앞에 서자 갑자기 밀려오는 가슴 통증.

정우   (설마?? 삼순을 보지도 않고) 삼순낭자, 저 벽에 가서 서보
        십시오.

삼순   네?

정우   (손만 휘이휘이~) 어서, 어서.

삼순   (이유도 모른 채 일어나, 벽에 가서 기대선다)

정우   (순구와 삼순이 떨어지자 가슴 통증 사라진다) ! (진짜 이게 맞
        아?) 이번엔 종사관이 삼순낭자 옆으로 가보십시오. 어서,
        어서.

        순구, 이해할 수 없지만 삼순에게로 걸어간다.
        순구와 삼순이 50센티미터 정도(두세 걸음) 가까워졌을 때부터
        정우의 심장이 반응하더니, 순구가 바로 옆에 서자 두근거림이
        격해진다.

정우   (놀라 눈동자 커지며) [E] 이거였어, 가슴 통증 원인이…?!
        종사관, 삼순낭자 옆에서 두 걸음 떨어져 보십시오, 어서.
        (순구, 삼순에게 떨어지자 가슴이 떨리지 않는다. 확실하다!)

[INS] 빠르게 정우 머릿속으로 지나가는 과거 가슴 통증 기억.

1화 27씬.

난전에 딱 붙어 있던 처녀, 총각 - 가슴에 손을 가져가는 정우.

2화 22씬.

시열의 손목을 잡고 있는 두리 - 가슴 통증을 느끼는 정우.

5화 4씬.

탑돌이의 수많은 처녀, 총각들 - 공황장애를 겪는 정우.

(붙어 있는 남녀에겐 사격 조준점 같은 사각 프레임이 생긴다)

정우   이 시간 이후 삼순낭자와 종사관은 절대 두 걸음 안쪽으
       로 붙어 있지 마십시오.

삼순   왜죠?

순덕, 순구, 오봉   (궁금하긴 마찬가지) ?

정우   미혼남녀가 부적절한 거리로 붙어 있으면 내 가슴이 통증
       을 느낍니다.

       순덕과 오봉은 그래서 가슴이 뛰는 거였다고? 하는 황당한
       얼굴. 삼순과 순구는 이게 무슨 개 풀 뜯는 소리야? 하는
       어이없는 얼굴.

정우   (말해놓고 자기도 민망한지 헛기침) 예기 내칙 편에 남녀칠
       세부동석이란 말도 있으니 예를 지킨다 생각하면 되겠습
       니다.

삼순	(웃음이 빵 터진다) 푸하~

정우   왜 웃는 것입니까?

삼순   (낭창하게) 제 생각엔 예에 어긋나서라기보다 경운재대감
       님이 아직 경험도 없고, 경험이 생길 가능성도 없으니 미
       혼 남녀가 붙어 있는 것만으로 열불이 나서 가슴이 뛰는
       것 같은데요. (ㅋㅋ 웃음)

       정우, 삼순이 말하는 동안 점점 울분 게이지가 올라가며 얼굴
       벌게지자 오봉은 안절부절못한다. 순덕이 눈치를 채고 삼순의
       말을 막아서면서 다급히

순덕   대감님께서는 가슴까지 유교적이네요! 올곧은 선비의 표
       본이십니다.

       순덕의 아부성 발언에 정우를 포함한 다들 분위기 엄한데…
       갑자기 "아악!" 단발의 비명을 지르는 삼순.

순덕   (아우 깜짝이야) 왜 또 그러십니까?

삼순   (흥분해 순구에게 다가가며) 종사관 나리, 아직 혼전이십니
       까?

정우   (삼순과 순구 가까워지자 가슴 뛰기 시작, 버럭) 떨어지십시오!

삼순   (물러나지만 사랑 가득한 눈빛으로) 미혼이십니까?

순구   (삼순의 시선에 귀까지 발개지며) 그… 그렇습니다.

삼순	(상기된 얼굴로 작은 주먹을 쥐며) 아싸!
순덕	?! (삼순의 모습을 보고 바로 순구의 상기된 얼굴 살피며) !!

씬4. 홍월객주 앞. 낮

삼월어미	(속상한 얼굴로) 항상 이 근처에서 놓치더라… (주변을 둘러
	보다, 사람들 드나드는 홍월객주에 시선이 간다)

씬5. 홍월객주 / 비밀창고. 낮

(순덕, 정우, 삼순, 순구, 오봉이 모이면 자유롭게 앉되) 오봉은
삼순과 순구의 거리 유지를 위해 언제나 둘 사이에 위치하고,
순덕은 의식적으로 정우와 세 걸음 거리를 두고, 삼순의 눈은
순구에게 고정이고, 정우의 시선은 순덕에게 향해 있는 것이
기본값.

순구	결론부터 말하면, 이초옥을 죽인 사람은… 병판대감으로
	추측됩니다.
모두	(놀란다) !
순구	이초옥이 사라진 날은 병판대감의 생신 잔치가 있었습니다.

[INS] 박복기의 집 대문 앞

[자막 - 6개월 전 병판대감 집]

아침. 이초옥 포함, 앞치마를 한 마을 아낙 두세 명이 집 안으로 들어간다.

순구   [E] 이초옥은 병판댁 잔치 일을 도우러 갔지만 돌아오지 않았습니다.

정우   수사일지엔 이초옥이 병판 집에 갔다는 말은 전혀 없던데.

          [INS] 박복기의 집 대문 앞 (위의 인서트 씬과 같은 화면)

아낙들과 함께 병판집으로 들어가던 이초옥, 화면에서 지워진다.

순구   사건 초반엔 이초옥을 병판댁 잔칫집에서 봤다, 병판대감 이 방으로 끌고 들어가더라는 증언들이 있었지만 하루 만 에 다들 못 봤다는 쪽으로 말을 바꿨습니다.

순덕   돈을 주고 입을 막았겠죠.

삼순   (순구만 보며, 순구 쪽으로 몸을 기울이며) 병판이 초옥언니 살아생전 집적거린 걸 모르는 사람이 없었어요.

정우   (삼순에게 뒤로 물러서라는 손짓을 하며) 상황이 이러한데 이 초옥이 굳이 병판 집에 일하러 갔다는 게 이상하지 않습 니까?

순덕   지난 흉년에 병판에게 고리채를 썼겠죠. 잔칫날 일해주면 이자를 탕감해준다고 꼬셨을 거예요.

순구 장사치라 돌아가는 물정을 잘 아는구나.

순덕 감사합니다, 제가 눈치가 좀 빠릅니다.

정우 (순구, 순덕이 좋아지내는 게 싫다, 순구에게) 잡담 그만하고
     설명이나 계속하시게.

삼순 (정우와 같은 심정) 제 말이 그 말입니다.

오봉, 눈동자를 굴리며 넷의 오묘한 분위기 살피는데, 상상 속
사랑의 작대기가 넷 사이에 그려진다. (삼순 → 순구 ⇄ 순덕 ←
정우)

오봉 오호~ 예상치 못한 연적 등장… 우리 대감님 어쩌나…

순구 이후 이초옥은 강가에서 시신으로 발견되고.

[INS] 강가. 밤. 신발을 벗어놓고 이초옥 스스로 강으로
들어가고 있다.

순구 전날 이초옥이 스스로 강으로 들어가는 걸 봤다는 병판댁
     집사의 증언에 의해 자살로 처리됐죠.

정우 목격자가 병판쪽 사람이란 게 병판이 범인이란 걸 말해주
     고 있군.

삼순 저 질문 있어요. 그럼 저는 왜 초옥언니의 살인범이 된

거죠?

순구　　　이초옥의 방에서 화록의 미혼금소설이 다량으로 나왔기
　　　　　때문입니다.

　　　　　[INS] 이초옥 방 안에 있는 "다락방 왕세자", "심청 깨어보니
　　　　　세자빈", "마님의 사생활" 등 화록의 미혼금소설 책을 보는
　　　　　한성부 포졸.

순구　　　허황된 소설에 심취, 현실과 환상 속 세계를 구분 못 해
　　　　　원녀 신변을 비관하여 자살했다고 결론지었습니다. 한성
　　　　　부에서는 처자들에게 나쁜 영향을 주는 향정신성 소설을
　　　　　쓴 화록에게 죄를 물어 이 사건을 마무리 지으려 하고 있
　　　　　습니다.

삼순　　　꽉 막힌 관리들이 이럴 때 보면 쓸데없이 창의적이야. (열
　　　　　받아하다가, 급 공손하게) 종사관 나리는 빼고요.

씬6.　　홍월객주 / 세책방. 낮

아무도 없는 세책방 안으로 들어오는 삼월어미.

삼월어미　　이 안에 세책방도 있네… (쓱 둘러보고 나가려다) !

삼월어미, 뭔가 발견한 듯 안쪽 비밀창구 문 앞에 선다.

하지만 삼월어미가 주시한 건 비밀의 문 책장에 놓인 "마님의 사생활" 二편.

삼월어미	이 책 어디서 본 것 같은데… (기억이 날 것 같은데)
홍천수	(소리 없이 뒤에서 나타나) 3일 대여에 두 냥.
삼월어미	(놀라) 아우 깜짝이야!
홍천수	요즘 가장 인기 있는 소설책이라 좀 비싸네.
삼월어미	그냥 구경한 거요.
홍천수	(나가는 삼월어미를 본다)

씬7.   홍월객주 / 비밀창고. 낮

순덕	"소문은 소문으로 막는다", 일명 "소소막" 작전을 설명하겠습니다. 우리는 병판의 죄를 법률이 아닌 민심으로 심판하고, 하나아가씨의 헛소문도 미담으로 바꿀 겁니다. 어떻게? 엄청나게 재미난 이야기로! 누가? (삼순 가리키며) 현재 가장 인기 있는 화록 작가님이!
삼순	(결연하게) 나 작전 완전히 이해했네.
순구	(고개를 끄덕이며) 민심을 움직이자…
정우	정도는 아니나, 하나낭자의 헛소문을 없앨 수 있을 것 같군.
순덕	우리 성공 기원으로 작전명 한번 외치죠! (손을 내밀자)

삼순, 한 번 해봤다고 순덕의 손 위에 손을 포갠다.

정우, 순구, 오봉은 서로 눈치만 보고 있는데…

정우   여주댁의 중매 방식을 따르는 것이 계약이니… (손을 내밀
             더니 삼순 손 위에 겹치지 않고, 순덕 손아래를 받친다)

순덕   ! (살짝 당황하고)

오봉   (감탄) [E] 야~ 절실하니까 저런 꼼수를… 머리 참 좋아.

삼순   (순덕과 정우를 보며) [E] 사랑의 밑장 깔기?!

삼순   (바로 사랑을 담은 눈빛으로 순구를 보며) 종사관 나리도 어
             서 손을…

정우   종사관은 삼순낭자와 거리를 둬야 하니, 손 겹치기는 빠
             지시게나.

삼순   (정우를 째려본다)

순덕   (오봉을 보며) 얹으시죠. (오봉이 손을 얹자) 소문은 소문으
             로 막는다!

"소소막!" 순덕과 삼순, 오봉, 크게 제창하고

정우와 순구는 입만 달싹인다.

씬8.   홍월객주 / 마당. 낮

세책방에서 나온 순구 빠르게 객주를 빠져나가고,

이어 오봉과 정우 나온다.

정우, 뭔가 답답한 얼굴로 세책방 안을 보며 뭉그적거리자

오봉   (정우의 등을 밀며) 오늘 입궐하는 날입니다. 서두르셔야
                합니다.

정우   (오봉에 밀려 나가려다, 번득 떠오르는 게 있다!) 내가 의빈이
                라 그런 거였어.

오봉   (빨리 가야 하는데) 뭐가 말입니까?

정우   여주댁이 갑자기 나와 거리는 두는 이유 말이다. 장사치가
                왕실의 일원과 함께 일하는 것이 얼마나 부담스럽겠어.

오봉   진정 그런 걸까요?

정우   아~ 내가 그런 부분에 열려 있는 사람이란 걸 어찌 알려
                줘야 하나? (세책방 쪽을 바라보자)

오봉   대감님께서… 열려 계셨구나. 나만 몰랐네요.

씬9.   홍월객주 / 비밀창고. 낮

모두 가고, 순덕과 삼순만 남아 있다.

순덕   따로 하실 말씀이?

삼순   내 배필. 23호 선비님 말고 종사관 나리로 바꿔주게.

순덕   (예상은 했지만) 당장 결정하지 말고 우리 시간을 두고 생
                각하죠.

삼순   왜? 내가 종사관 나리의 짝으로 부족한 건가?

순덕	그런 것이 아니고… 저의 정보에 따르면 종사관 나리는 비혼주의자입니다. 괜히 아가씨가 상처받을까 하여…
삼순	나도 한때는 비혼주의자였네, 하지만 사람 마음이란 게 바뀔 수도 있지 않은가? 내 생각엔… (얼굴에 쑥스러움과 들뜸이 공존) (순덕을 괜히 툭 치며) 종사관 나리도 날 좋아하는 것 같아.

순덕 역시, 순구가 삼순을 좋아하는 것 같아, 고민이 되는데…

삼순	(열의 찬 눈으로) 내 원하는 사람으로 해준다 하지 않았나, 도와주게.
순덕	(그런 삼순 보며) [E] 자기 마음에 솔직하고 용감한 삼순아가씨라면 고집불통 오라버니를 설득시킬 진짜 인연일 수 있어.
순덕	좋아요, 한번 만들어봅시다, 종사관 나리와 연분!
삼순	(순덕을 덥석 안으며) 고맙네.

씬10. 궁궐 / 부용정 연못 / 배 안. 해질녁

연못 중간에 임금과 정우가 탄 배가 떠 있다.

정우	혹, 6개월 전쯤 죽은 이초옥 사건 기억나십니까?
임금	(인상 쓰며) 당연히 기억하지, 원녀 신변을 비관하여 자살

한 처자의 원혼이 손각시가 되어 혼기 찬 처녀들을 괴롭
힌다는 괴담도 세자의 가례를 막는 근거 중 하나였는데
어찌 잊겠느냐.

정우   그 처녀귀신 괴담이 맹박사집 세 딸과 혼례가 엮여 있어,
중매쟁이와 현재 그 문제를 해결 중입니다.

임금   (고개 끄덕인다) 그래, 잘해봐. 좌상쪽은 눈치 못 챈 거 확
실하지?

정우   네… (말할까 말까) 실은… 정경부인이 의심하는 것 같아
무마하느라 좌상집 손자 공부를 봐주기로 했습니다.

임금   (정우를 한참을 보더니) …일단 알았다.

씬11.   남산골 전경. 낮

붉은 장옷의 순덕, 조씨부인 집을 향해 뛰어가고 있다.

씬12.   조씨부인 / 집 마당. 낮

초췌한 모습으로 마루에 앉아 소설을 쓰는 삼순.

옆에는 밤새 쓴 원고가 쌓여 있다.

문소리가 들리고, 순덕 마당으로 들어온다.

순덕   (마루에 소설 원고를 챙기며) 밤새셨어요?

삼순   어서 객주로 가세… (기지개를 켜며 일어난다)

순덕	그러고 가시게요?
삼순	(왜? 하는 얼굴로) 이제 남장할 필요 없지 않나.
순덕	오늘 종사관 나리 순휴일이라 필사 도와주러 객주에 오신 답니다.
	[자막 - 순휴일: 매월 10일 마다 돌아오는 휴일]
삼순	그걸 왜 이제 이야기하는 건가?
순덕	그래서 제가 왔잖아요. 어서 옷부터 갈아입고 나오세요, (봇짐에서 화장품을 꺼내 보이며) 우리 더 예뻐져 봅시다.

씬13. 홍월객주 / 비밀창고. 낮

깔끔하게 차려입고 화장도 한 삼순,

탁자에 앉아 책의 삽화를 그린다. 순덕은 각자의 자리마다

필사할 종이 뭉치를 내려놓는다. 이때 문소리 들리고,

종사관복이 아닌 일반 선비복의 순구, 들어온다.

삼순, "종사관 나리?" 벌떡 일어나 마중이라도 나갈 기세.

순덕	(삼순이 막으며) 아가씨, 잊으셨어요? 과한 관심표현 안 돼요.
삼순	단지 일어난 것뿐인데… 이것도 안 돼?
순덕	(삼순을 자리에 앉히며) 종사관 나리는 여인이 다가오면 그만큼 멀어지는 형이니 스스로 다가오게끔 해야 성공할 수 있습니다.

삼순   (시무룩) 알겠어…

순덕   (들어오는 순구에게 삼순과 가장 먼 자리를 가리키며) 종사관
        나리께서는 요기서 필사를 하시면 됩니다.

        순구는 순덕이 지정한 자리에 앉자마자, 바로 필사를 시작하고
        삼순, 그런 순구를 바라보자, 순덕은 삼순에게 시선 거두라는
        손짓을 한다.

씬14.   홍월객주 / 마당. 낮

눈에 띄는 초록 도포에 부채로 얼굴을 가린 정우,
마당을 가로질러 세책방으로 들어간다. 물건을 사던 기생이나
하인들, 정우의 초록 도포에 눈길이 간다.

씬15.   홍월객주 / 비밀창고. 낮

순덕과 삼순, 오봉, 순구는 묵묵히 필사하고
삼순이 순구를 보려 하면 순덕이 하지 말란 눈빛으로 제지한다.
비밀창고 문이 열리고, 초록 도포의 정우 들어온다.

정우   보안 때문에 필사꾼을 못 쓰는 건 알겠는데, 이 경망스러
        운 옷은 왜 입고 돌아다니라는 것이냐?

순덕   사람들에게 화록을 초록 도포 선비로 기억시키기 위함입

니다. 나가실 땐 집사 나리가 이 도포를 입고 방앗간까지 가십시오.

순구   (필사하며) 그럼 화록의 외모에 대한 증언이 체형이 아닌 초록 도포로 모아질 테니… 관군의 추격을 피하기 용이하겠군.

순덕   역시 종사관 나리는 머리도 빨리 돌아가시네요.

정우   (초록 도포를 벗으며 뿌루퉁하게) 나도 그 정도는 눈치채고 있었다.

정우, 자신의 자리로 가는 중간, 슬쩍 순덕 옆에 쪽지를 놓고 간다. 순덕 쪽지를 펴보니 예쁜 시전지에 쓴 짧은 글이 보인다. "여주댁 보아라, 이번 중매를 위해…"

정우   [E] 여주댁 보아라, 이번 중매를 위해 열심히 일해줘서 고맙다. 하여 세 걸음 떨어지란 나의 분부는 해제해주겠다. 그리고 일의 편의를 위해 나를 너무 어려워하지 말도록 하거라.

정우, 쪽지를 읽는 순덕을 살피는데, 순덕은 쪽지를 접어 소매 춤에 넣고 아무 일도 없다는 듯 필사를 한다.
정우, 순덕이 반응이 없자 답답한데… 시전지에 또 뭔가를 적어 고이 접고는 삼순이 쓴 소설 원본 종이를 들고 순덕에게 다가가

정우	소설의 내용이 납득이 가지 않는구나. (원본 종이를 보여주는 척하면서 쪽지를 순덕에게 내려놓는다)
순덕	(쪽지와 정우를 보는데) …
삼순	(부스스 고개를 들어) 내용은 저에게 물어보세요.
정우	(자연스럽게 삼순에게) 초옥 귀신은 억울한 일이 있으면 일을 해결할 수 있는 사또에게 나타나 말을 해야지, 어찌 처녀들 앞에 나타나는 것입니까? 핍진성이 떨어집니다.
	[자막 - 핍진성(逼眞性): 진리에 가깝거나 흡사한 정도를 나타내는 용어]
삼순	핍진성…이 뭔지 잘 모르겠지만, 초옥 귀신 입장에서 자신을 죽인 자가 병판이고 사또나 관리들 또한 병판과 아삼육인데… 바보가 아닌 이상 사또 앞에 나타날까요? 여인을 돕는 건 여인이라 생각하여 처녀들 앞에 나타난 것인데…
순구	(묵묵히 필사하며) 삼순낭자 말이 맞습니다. 저는 이 이야기의 핍진성은 충분하다고 생각합니다.
삼순	저도 종사관 나리는 여타의 관리들과 다르게 정의롭다고 생각합니다.

삼순, 필사하는 순구를 향해 사랑의 눈빛을 일방적으로 보내고 순구와 삼순 중간의 오봉, "갑자기 왜 덥지" 손부채질을 한다.

| 순덕 | 저도 내용이 이상하진 않습니다. (정우를 보면) |

| 정우 | 다들 그렇다면… 뭐. (순덕에게 준 쪽지를 보라고 손짓) |

순덕은 정우의 두 번째 쪽지를 몰래 펴본다. "내 답답함이
있어도…"

| 정우 | 〔E〕내 답답함이 있어도 까닭 없는 심계항진이 나타나니
내가 보낸 의견에 답을 해주었으면 한다. |

순덕, 정우를 보면 가슴에 손을 대고 아픈 표정을 짓는다.
순덕, 피식 웃는다. 정우는 순덕의 웃는 모습이 좋다.

씬16.   홍월객주 / 마당. 낮

세책방에서 초록 도포를 입고 나가는 오봉(정우와 달리 도포가
끌린다). 이어 순구가 나오고 바로 삼순이 나와 쫓아가려는데
순덕이 잡아 세운다.

| 순덕 | 아가씨는 다시 들어가 세책방 안을 다섯 바퀴만 돌다 나
오세요. |
| 삼순 | (나가는 순구를 안타깝게 보며) 그럼 종사관 나리와 함께 못
가는데… |
| 순덕 | 바로 그게 핵심입니다. |
| 삼순 | 힝~ (순덕이 시키는 대로 흐느적거리며 세책방 안으로 들어 |

간다)

이때 나오는 정우, 그런 삼순을 의아하게 보는데
순덕, 쪽지를 정우의 손에 쥐여주고는,

순덕   그럼 들어가 보겠습니다. (인사하고 빠르게 나간다)

정우, 손에 쪽지를 보고 놀라, 고개를 들었을 땐 순덕은 이미
가고 없다.

씬17.　　좌상 집 / 별채 / 순덕의 방. 저녁

뒤 창문으로 들어오는 순덕, 장사치 복장을 갈아입으려는데.
툭 소매 춤에서 정우에게 받은 쪽지가 떨어진다.

씬18.　　경운재 / 서재 (교차) 좌상 집 / 순덕의 방. 밤

/ 경운재 서재.
정우, 정좌하고 순덕에게 받은 쪽지를 설레는 마음으로 펴본다.
쪽지를 펴자 빼곡히 적힌 내용 "제 마음을 몰라 자꾸
물으신다면…" 상기된 얼굴의 정우 편지를 읽어 내려간다.

순덕   [E] 제 마음을 몰라 자꾸 물으신다면 서러움이 한없습니

다. 이 편지를 보시면 나무든 하늘에든 당신의 마음을 말
해주세요. 바람결에라도 당신의 말을 건너 듣고 싶습니
다. 초희는 정혼자를 향한 간절한 마음을 담아 편지를 써
내려갔다… (갑자기 감정 깨지는 음악)

정우   초희이…라니…? (하고 느낌 싸해서 종이를 돌려보면)

순덕이 쓴 "알아서 하겠습니다 - 여주댁" 한 줄 적혀 있다.

정우   (실망+황당) 지금 파지 뒷면에… 이거 딸랑 한 줄 적어준
         거야? 이런 말은 그냥 말로 하지. 공연히 기대하게 손에
         쥐여줘서…

/ 좌상집 순덕의 방
순덕은 쪽지 냄새를 맡아보며 "오~ 종이에서 좋은 향기도
나네" 신기해하며 다시 읽어본다. '답답함이 있어도 까닭 없는
심계항진…' 부분에서
[INS] 7화 15씬. 정우가 가슴에 손을 대고 아픈 표정을 짓는다.

순덕, 정우가 엄살을 피우는 장면이 생각나 웃다가
돌연 표정이 없어지더니, 쪽지 두 장을 모두 촛불에 태워
없앤다.

/ 경운재 서재

정우, 순덕이 이면지에 써준 "알아서 하겠습니다" 쪽지를
못마땅하게 보다가 다시 잘 접어 서안 서랍에 고이 넣는다.
정우의 얼굴에 미소.

씬19. 서씨 집 / 안채 / 대청마루. 낮

정자세로 앉아 책을 읽고 있는 세자.
익위사 복장의 건장남(3화 21씬)이 다가오더니

건장남   세자저하, 중전마마께서 급히 입궐하시랍니다.
세자   (책을 덮으며) 지금 말이냐?

씬20. 개울가. 낮

하나는 빨래의 끄트머리를 잡고 냇물에서 슬슬 젓고 있다.
옆에서 가열차게 방망이로 빨래를 두드리던 두리는 열불이
나서

두리   언니, 비벼야지 때가 빠지지!
하나   나는 손을 씻는 것만으로도 습진 생기잖니. 좀 봐주라.
두리   봐주긴 뭘 봐줘. 언니 혼인하면 내가 해줄 수 없으니 연습
         중이잖아.
하나   (여전히 설렁설렁하며) 왠지 난 이런 일 안 할 것 같은데…

두리	(그런 하나를 보고) 그래, 시집가면 평생 할 텐데 연습은 개
	뿔… 언닌 하던 대로 꿩이나 잡아. 내 속이 터져서 못 보
	겠다.
하나	그럴까? 서로 잘하는 거 하는 게 낫지. (바로 물에서 손을
	떼고 꽤 민첩하게 숲속으로 들어간다)

씬21. 숲길 / 가마 안. 낮

가마 안에서도 책을 읽는 세자, 밖에서 새소리가 들리자

고개를 갸우뚱하더니 가마 창문을 연다. 밖은 인가가 없는

산길이다.

세자	궐로 가는 길엔 산길이 없는데…!! (고민하다 이내 결심하
	고) 가마를 멈추거라.

가마 멈춰 서고, 건장남, 가마 창문을 열어

건장남	무슨 일이십니까?
세자	내 소피가 급한데 가마 안에 아무것도 없구나.

씬22.   산길. 낮

건장남과 함께 수풀 뒤로 가는 세자.

세자   내 민망하니 두세 걸음 떨어져, 뒤돌아서 지키거라.

건장남, 잠시 망설이다가 이내 좀 떨어진 곳에 뒤돌아선다.
길 쪽에 가마꾼들 잠시 휴식을 취한다. 간간이 보부상이나
농부들 지나간다.

[CUT TO]

건장남   저하, 끝나셨습니까? (세자 답이 없자??) 제가 그쪽으로 가
겠습니다. (수풀 뒤로 가보지만 세자는 사라지고 없다!) (가마
꾼 쪽을 보며, 다급하게) 도망쳤어!

느긋하게 쉬던 가마꾼들이 놀라 달려온다.

씬23.   산속. 낮

바닥에 먹이를 먹으려 움직이는 꿩.
하나, 몸을 낮춰, 새총으로 꿩을 겨눈다.
퍽! 새총으로 꿩을 잡는 하나, 능숙하게 꿩을 들고 숲을
빠져나간다.

씬24.   산길 몽타주. 낮

/ 사력을 다해 뛰는 세자.

/ 건장남과 가마꾼들 흩어져 세자를 찾는다.
건장남, 부스럭거리는 소리에 도망치는 세자를 발견!
"저쪽이다" 소리치자, 다른 쪽으로 가던 가마꾼들,
그 소릴 듣고 세자 쪽으로 뛴다.

/ 세자는 쫓아오는 건장남을 피해 비탈 바위틈 아래로 몸을
숨긴다. 건장남, 눈앞에서 세자를 놓치자 주위를 둘러보며
세자가 몸을 숨긴 바위를 보고 다가온다. 한 발만 더 오면
세자 들킬 것 같은데… 핑! 소리와 함께 부스럭 반대편에서
인기척이 들리자, 건장남 돌아본다. 바위에 숨은 세자 역시
뭐지 싶은데… 건장남, 잘못 들었나 싶어 다시 세자가 있는
쪽으로 다가오는데

/ 하나, 세자와 건장남이 모두 보이는 비탈 아래 나무에 몸을
숨긴 채 건장남을 향해 새총을 조준하더니, 이내 방향을 틀어
하늘로 날린다.

/ 후두둑- 또다시 반대편에서 소리가 나자,
건장남과 이쪽으로 오던 가마꾼들 반대편 숲으로 뛰어간다.
바위 밖으로 고개를 내미는 세자, 건장남과 가마꾼이 멀어진

것을 보고 안도하며 나가려다 발을 헛디뎌 비탈 아래로
구르는데! 폭! 그대로 비탈 아래 있던 하나의 품으로 떨어진다.
굴러떨어진 세자를 몸으로 받는 하나, 그대로 뒤로 자빠진다.

세자   (하나의 예쁜 얼굴에 멍…) 괘… 괜찮으십니까?

하나   너만 내려오면.

세자   (바로 내려와 하나의 손에 든 새총과 바닥에 사냥한 꿩을 보고)
         그대가 새총으로 절 구했군요. (점잖게 손을 내민다)

하나   (어이없지만 세자가 내민 작은 손을 잡고 일어난다)

두리   (빨래통을 들고 나타나 세자를 보며) 앤 뭐야?

하나   길을 잃었나 봐.

두리   꼬맹이 너 집이 어디야?

세자   …그건 말해줄 수 없습니다.

두리   나도 딱히 알고 싶진 않았어. 얼른 가자. (하나를 잡아끌어
         가려 하자)

세자   잠깐! 그대가 날 구했으니, 끝까지 책임지십시오.

하나   (황당) 책임을 지라고?

씬25.   홍월객주 / 비밀창고. 저녁

삼순이 써서 넘기면 마치 공장처럼 순차적으로 넘겨받아
필사하는 정우와 오봉 그리고 순덕.
손이 빠른 정우, 다음 장 넘어오기까지 여유가 있자

몸을 풀 듯 일어나 순덕이 쪽으로 다가가는데, 순덕은
의식적으로 피하듯 자리에서 일어나 안쪽으로 간다.

정우   (그런 순덕을 보며) …

순덕   (안쪽에 빈 종이를 챙겨 삼순이 옆에 놓아준다)

삼순   고마워. (다 쓴 걸 정우 자리에 기계적으로 놓자)

순덕   (정우에게) 대감님 지금 쉴 때가 아닙니다.

정우   간다, 가. (투덜거리며 자리에 앉으며) 든 자린 몰라도 난 자
        린 표시가 난다고 종사관이 있다 빠지니 영 속도가 안 나
        는구나.

삼순   (글을 쓰며) 저도 종사관 나리가 없으니 힘이 안 납니다.

순덕은 해가 저문 창밖을 보더니, 조용히 갈 준비를 하며

순덕   입으로들 쓰십니까? 내일 이후 배포니 다들 좀 더 속도를
        내십시오.

정우   동작 그만.

순덕   (봇짐을 메다가 움찔)

정우   내일이 최초 공개 날이라 모두 객주에서 밤을 새야 한다
        더니 너는 지금 어딜 가는 것이냐?

순덕   그게… 최초 공개하는 숙부인 댁에 마지막 점검을 하고
        오려고요. (장옷을 챙기며) 그럼 이따 뵙겠습니다. (휘리릭
        나간다)

씬26.   **좌상 집 / 마당. 저녁**

순덕은 조심스럽게 집으로 들어오는데,

마당에 이좌랑과 사병들이 서 있다.

순덕 '뭐지?' 싶은데 순덕을 기다리던 개동이 급히 다가와

개동이   왜 이렇게 늦었어요? 낮에 삼월어미가 작은마님 진짜 친

정 간 거 맞냐고 하도 물어서⋯ 거기로 찾아갈까 봐 얼마

나 걱정했는데요.

순덕   집안 분위기 왜 이래? 오늘 모임이 있단 말 없었는데.

이때 대문이 열리고 김문건 집 안으로 들어오고, 이좌랑은 바로

김문건을 사랑채 쪽으로 안내한다. 순덕 그 모습을 서서 보고

있자,

개동이   (순덕을 끌고 안채로 들어가며) 그게 뭐가 그렇게 궁금할까.

순덕   나 밤에 다시 나가야 하는데⋯ 무슨 일 있음, 안 되는데.

(걱정된다)

씬27.   **좌상 집 / 사랑채 / 누마루. 밤**

조영배와 박복기, 박씨부인이 있는 누마루에 김문건이 급히

올라와 앉는다.

김문건	세자… (하다가) 도령을 놓치다니 그게 무슨 말입니까?
박복기	눈치가 빤해서 도망쳤답니다. 아직 도성 안에 있는 것이 분명한데…
조영배	(김문건에게) 한성부에 동원 가능한 관군이 얼마나 되는가?
김문건	늦은 시간이지만 30여 명 정도 됩니다. 지금 당장 동원하여…
박씨부인	그건 안 됩니다.
모두	(박씨부인을 본다)
박씨부인	한성부 관원을 동원하면 쉬 찾을 수는 있지만 보는 눈이 많아 차후에 빌미가 될 것입니다.
조영배	그럼 부인은 그냥 두고 보자는 것이요?
박씨부인	제가 손닿는 장사치를 동원해 도령을 은밀하게 찾으라 일렀습니다.

[INS] 으슥한 골목. 삼월어미는 중매 사인방에게 "키가 이만한 혼자 다니는 도령을 찾아 데리고 오면 이 돈의 세 배를 줌세" 말하며 돈을 나눠준다.

박씨부인	그러니 가장 시급 한 일은 포섭한 익위사 입을 막는 것입니다.
박복기	(알아들었다) 그건 제가 처리하겠습니다. (일어나 나간다)
박씨부인	판윤대감께서는 지금 당장 한성부로 돌아가 계십시오. 세

자가 마을로 내려왔다면, 사람들이 관아로 데려다줄 수 있습니다.

김문건   (그러네…) 알겠습니다. (급히 나간다)

박씨부인   저는 삼월어미가 어찌하고 있나 보고 오겠습니다.

조영배   그러시게. (박씨부인 나가고, 자존심 상해 표정 굳는다)

씬28.   기와집 거리. 밤

세자, 난감한 얼굴로 비슷하게 생긴 기와집들을 돌아본다.

하나   꼬마야, 여기도 아니야?

세자   내 이름은 꼬마가 아니고… (망설이다가) 이재입니다.

하나   …이름은 그렇게 잘 말하면서 자기 집은 왜 모를까?

세자   처음 온… 외조부댁이고, 밤이라 눈에 안 익어 그런 것입니다.

하나   곧 통금시간이니 한성부에 데려다줄게. 가자.

씬29.   좌상 집 / 안채 마당. 밤

대청마루에 서서 삼월어미에게 보고를 받는 박씨부인.

순덕이 안채로 들어오자 삼월어미는 바쁘게 안채를 나간다.

순덕   (대청마루 앞에 서서) 어머니 부르셨습니까?

박씨부	인오늘 내가 좀 피곤하니 저녁 문안 인사는 할 필요 없다.
	근석이도 네가 일찍 재우거라.
순덕	많이 편찮으신 건 아니죠?
박씨부인	조금 피곤한 정도니 걱정 말거라. (안방으로 들어간다)
순덕	(돌아서 안채를 나가며 입꼬리가 올라간다)

씬30.　　홍월객주 앞. 밤

야간통금을 알리는 북소리 들리고, 홍천수 객주 문을 닫는다.

문이 다 닫히기 직전 문을 잡는 손, 보면 숨을 몰아쉬는

순덕이다. 순덕과 홍천수 객주 안으로 들어가고 객주 문이

닫힌다.

씬31.　　조씨부인 집 전경. 밤

두리	〔E〕 애를 집으로 데리고 오면 어떡해?

씬32.　　조씨부인 / 집마당. 밤

가운데 등잔불 하나 놓인 대청마루에 앉아 집을 둘러보는 세자.

두리는 다듬이질하면서 하나와 세자를 두고 말다툼 중이다.

두리	애가 띨띨해서 집을 모르면 한성부에 맡기고 왔었어야지.
세자	(인상 쓰며) 감히 나에게 띨띨…
하나	한성부에 안 간 건 아니야.

[INS] 한성부 앞.

세자와 한성부로 들어가려는 하나,

한성부 안에 있는 박복기를 보고 하나와 세자 동시에 벽 쪽으로
몸을 숨긴다. 하나, 세자를 보며 '너는 왜?' 하는 얼굴이다.

하나	한성부에 병판이 와 있더라고, 신문고 쳐서 나에 대한 감정도 안 좋은데 모르는 애까지 데리고 가면…
두리	애가 언니의 숨겨놓은 애라고 소문내겠지.
세자	(버럭) 그런 말도 안 되는, 내 부모가 누군지 알고!
두리	(더 크게) 니 부모가 누군데? 그러게 다 큰 게 자기 집도 못 찾아?!
세자	(호통을 받아본 게 처음이라 동공 지진) 지금 나에게 소리친 겁니까?
두리	소린 니가 먼저 쳤거든.
하나	둘 다 그만, 통금이라 어쩔 수 없잖아. 오늘만 여기서 재울게. 삼순이는?
두리	소설 마감이 급해서 여주댁이랑 밤새 쓴대…
하나	무슨 일을 밤을 새워가면서 해…

씬33.   홍월객주 / 비밀창고. 밤

삼순   (소설 마지막 장 끝에 "종(終)"이라고 쓰고는) 끝났다… (그
      대로 탁자에 쓰러진다)
순덕   아가씨, 정말 수고하셨어요.
정우   (삼순이 마지막에 쓴 원고와 나머지 원고를 챙기며, 작은 목소
      리로) 잠깐 나오거라.
순덕   이제 끝이 보이는데 어딜 나가요?
정우   (조용히 하라고 손짓)
순덕   (보면 오봉도 순구도 필사하다 쓰러져 잠들었다)

씬34.   홍월객주 / 마당. 밤

사람들로 북적이는 낮과 달리 고즈넉한 객주 마당.
제등을 놓은 평상에서 순덕은 소설 마지막 원고를 읽고 있고,
정우는 그런 순덕을 물끄러미 보고 있다.

순덕   (마지막 원고를 내려놓으며) 삼순아가씨는 진짜 타고난 이
      야기꾼 같아요. (동조를 구하듯 정우를 보면)

      계속 순덕을 바라보던 정우와 눈이 마주친다.
      둘 사이에 흐르는 어색한 정적…

442

정우	너의 이름이 무엇이냐? (순덕이 보면) 말하기 싫은 것이냐. (하다가!) 혹 이름이 없는 것이냐?
순덕	(풋 웃으며) 방물장사 일을 하고 제 이름을 물어본 사람은 대감님이 처음이라.
정우	(처음이란 말이 광대승천, 애써 웃음 참으며) 영광인 줄 알거라. 내 다시 묻겠다 너의 이름이 무엇이냐?
순덕	(웃음) 제 이름은 순덕입니다.
정우	예쁜 이름이구나. 나이는?
순덕	대감님보다 두 살 많습니다.
정우	스물일곱… (하다가) 내 나이를 어찌 알고?
순덕	임신년생 아니십니까? 대감님은 한양에서 유명 인사이십니다.
정우	울분남으로? (순덕 웃자) 공평치 못하다, 나도 너에 대해 알아야겠다.
순덕	뭘 말입니까?
정우	전부 다.
순덕	… (문득 정우에게 설레는 자신도 무서워) 뭐 하려요. 이 중매가 끝나면 다시는 볼 일 없는데.
정우	…

씬35. 조씨부인 / 집마당. 밤

잠이 안 오는 세자, 마루에 나와 앉아 있는데

건넌방에서 제등을 들고 나오는 하나.

하나   밤 산책하러 갈 건데, 같이 갈래?

세자   야간통금 시간에 어딜 나다닌단 말입니까?

씬36.   목멱산 오솔길. 밤

오솔길 초입에 금표가 세워져 있고 통행을 막는 밧줄이 둘러

있다. 하나는 세자가 넘어가기 쉽게 줄을 들어준다.

세자   여긴 금표 구역으로 나라에서 출입을 금하는 곳 아닙니

         까?

하나   아무도 없으니 밤 산책으론 제격이지.

세자   (망설이다 줄 아래로 넘어간다)

하나   (줄을 위로 넘어가며) 임금께서는 이곳에 금표가 지정된 걸

         아실까?

세자   그것이 무슨 소리입니까?

하나   여길 막으면 사람들이 먼 길을 돌아가야 하는데, 알고 지

         정했다면 민심을 헤아리지 못한 것이고, 지정된 걸 모르

         면 무능한 것이겠지.

세자   (인상 굳으며) 지금 임금을 욕하는 것입니까?!

하나   아니, 내 생각을 말한 것뿐이야.

씬37. **목멱산 중턱. 밤**

바위 뒤쪽에 제등을 숨겨놓고 바위에 나란히 앉아 한양의
야경을 내려다본다. 궁궐에 집중적으로 불빛이 많다.

하나   난 이 시간에 여기서 야경 보는 걸 좋아해.

세자   여기서 보니 궐도 참 평화로워 보입니다.

하나와 세자는 나란히 앉아 한양 야경을 내려다본다.

씬38. **궁궐 / 중전의 처소 앞. 밤**

초조하게 처소 앞을 서성이는 중전.

최상궁   (잰걸음으로 중전에게 다가와) 서씨 측 사람이 다녀갔는데…

아직 세자저하를 찾지는 못했다 합니다.

중전   (!!) (이런… 머리가 하얗다) 안 되겠다, 전하께 알려야겠다.

씬39. **궁궐 / 임금의 처소. 밤**

잠자다 일어난 임금, 놀란 얼굴로

임금   지금 세자가 사가에서 납치되었다는 말입니까?

중전   (울먹이며) 제… 잘못입니다… 세자가 잘못되기라도 하

면…

임금   (내관에게 다급하게) 당장 의금부 도사를 들라 해라.

씬40.   산속 / 기와집 거리. 새벽

/ 산속. 의금부 군사, 횃불을 들고 세자를 찾는다.

/ 기와집 거리. 야간통금 해제를 알리는 쇠 북소리가 들리고,

[자막 - 사경오점(四更五點): 새벽 3시경 야간통행금지 해제]

인적 없는 거리에 세자를 찾는 의금부 군사들. 세자 찾는

군사들이 지나가자 좌상집 문이 열린다. 삼월어미, 고개를

내밀어 멀어지는 군사들을 살피고 들어가면, 별채 쪽 담으로

월담하여 집 안으로 들어가는 붉은 장옷의 순덕 보인다.

씬41.   좌상 집 / 안채 / 안방. 새벽

초조한 얼굴로 앉아 있는 조영배와 담담한 얼굴의 박씨부인.

박씨부인   이제 사병을 풀 때입니다.

조영배   (무슨 소리야?) 의금부 군사들이 도성 바닥에 깔린 지금이
요?

박씨부인   처음부터 세자를 몰래 사가에 내보낸 건 중전이니, 세자
가 잘못돼도 중전의 책임입니다.

조영배   !!

씬42.   기와집 거리1. 아침

쓰개치마 쓴 하나와 세자 (세자 모습은 보이지 않는다).

하나, 세자에게 "저기 매화나무가 있는 집이라고?" 하며 집을

확인한다.

씬43.   기와집 거리2. 아침

/ 지붕 위에 자객, 활시위를 당긴다.

자객이 조준하는 곳은 쓰개치마를 쓴 여인과 함께 가는

도령이다!

/ 의금부 도사, 길을 살피고 지나가려다 도령을 보고 긴장하여

돌아본다.

/ 지붕 위 자객, 도령을 향해 활을 쏘기 직전, 발에 밀려 기와가

떨어진다. 그 소리를 들은 의금부 도사, 지붕 위의 자객을

발견하고 도령을 안아 활을 피한다. 놀라는 쓰개치마의 여인은

하나가 아니고, 활을 맞을 뻔한 도령 역시 세자가 아니다.

씬44. 서씨 집 / 마당. 아침

서씨와 중전 초조하게 마당을 서성인다.

중전   (어쩔 줄 몰라 하며) 세자가 잘못되기라도 하면…
하인   (조심스럽게 다가와) 아가씨 두 분이 마님을 뵙고자 찾아왔
       습니다.

보면, 하인 뒤로 쓰개치마를 쓴 하나와 치마저고리를 입은 세자
서 있다.

세자   (중전에게 달려가 안긴다) 어머니!
중전   (놀랐다가 반색) 어찌… (같이 온 하나를 본다)

씬45. 서씨 집 / 대청마루. 아침

대청마루에 다과상을 마주 두고 앉은 하나와 중전.
발이 늘어진 방 안엔 잠이 든 세자와 보필하는 서씨가 보인다.

하나   통금시간이 넘어 저희 집에서 재우긴 했으나, 잠자리가
       바뀐 탓에 거의 자질 못해 피곤했을 겁니다.
중전   우리 아이를 구해주어 고맙네. 어느 집 처자인가?
하나   남산골 사는 맹가 하나라고 합니다.
중전   자네가 늙은 아씨들 중 첫째? 생각과 너무 다르군.

하나	처녀귀신이 들려 미쳐 있는 줄 아셨습니까?
중전	난 그런 헛소문을 믿지 않는다, 지금 세상에 귀신이 어디 있다고. 병판을 상대로 신문고를 친 용감한 여인이라 한 번은 만나고 싶었네. 근데 어찌 우리 아들에게 치마저고 리를 입힐 생각을 했는가?
하나	답을 하기 전에 제가 먼저 묻겠습니다. 귀한 집 자제분 같 은데 무슨 연유로 사람들이 쫓는 것입니까?
중전	…
하나	혹여, 제가 역모 죄인을 돕는 건 아닌지 걱정이 돼서요.
중전	그건 걱정 말게나. 늦둥이로 태어난 집안 장자인데, 재산 때문에 첩과 장성한 배다른 형이 공모해서 몹쓸 짓을 하 려 한 것이니.
하나	어제 아드님을 쫓던 자객이 아직 있을까 하여 변복을 시 켰습니다.

씬46.   궁궐 / 임금의 처소. 낮

도승지와 독대하고 있는 임금, 흥분하여 언성을 높이며

임금	세자가 무사히 돌아오긴 했지만, 납치하려는 시도가 있었 는데 조사하지 말라니 도승지는 지금 제정신으로 하는 말 인가?

씬47.   좌상 집 / 사랑채 누마루 (교차) 궁궐 / 임금의 처소. 낮

/ 좌상집. 사랑채 누마루.

상석에 조영배가, 옆으로 박씨부인, 앞쪽엔 박복기와 김문건 외 동노파 주요 인사 한두 명이 모여 앉아 있다.

박씨부 임금이 세자 납치 건을 공론화하면 우리에게 기회입니다.

조영배 (무슨 소리야?)

박씨부인 그걸 빌미로 중전을 폐위시킬 수 있으니까요.

/ 궁궐, 임금의 처소.

도승지 이 일을 공식화하면 좌상측은 중전마마에게 세자저하를 무단으로 사가에 내보낸 책임을 물어, 중전 폐위를 거론 할 것입니다.

임금 (이런, 그건 생각 못했다) …

/ 좌상집. 사랑채 누마루.

박씨부인 중전이 폐위되면, 더 이상 궐 안에 어린 세자를 보호할 사 람이 없어지니 우리에게 나쁜 상황이 절대 아닙니다.

조영배 …

동노파 핵심 인물들, 좋은 묘책이라 고개를 끄덕인다.

/ 궁궐, 임금의 처소

임금　　일국의 왕이 돼서, 아들을 납치한 자도 찾지 못하다니…
　　　　사라진 익위사의 행방은 알아보고 있는가?

도승지　지금 소재를 파악하는데 총력을 기울이고 있습니다.

임금　　(답답하다) 이번 일에 증좌가 될 만한 인물을 확보해야 하
　　　　는데 동궁전 궁녀도 죽은 공주처럼 점점 나빠지고 있으
　　　　니…

도승지　그 궁녀가 이번 사건의 첫 단추인 듯하니 소신도 궁녀를
　　　　치료할 방도를 알아보겠습니다.

씬48.　　우울마님 집 / 안채. 낮

　　　　양반집 마님들이 속속 안채로 들어오고, 우울마님 반갑게
　　　　인사를 한다.

씬49.　　우울마님 집 / 안채 / 건넌방. 낮

　　　　순덕, 초조하게 방을 서성이고
　　　　초록 도포의 정우는 서안에 소설책을 놓고 방문을 바라보고
　　　　앉아 있다.

순덕　　(불안해하며) 대감님, 발을 치긴 하겠지만 많은 마님들을
　　　　보면 떨릴 수 있으니, 앞을 보지 말고 그냥 책만 보고 읽

으십시오.

정우   내가 아니고 네가 더 떠는 것 같구나. 난 준비됐으니 시작

해도 된다.

순덕   네. (나가려다 정우에게 다가와) 잠시만요… 갓이 삐뚤어져

서요. (갓을 바로 잡아준다)

정우   (순덕과 얼굴이 가까워지자 가슴이 뛴다)

순덕   이제 됐습니다. (방문 앞에 발을 내리고 나간다)

정우   (가슴에 손을 대며) 지금까지 괜찮았는데…

씬50.   우울마님 집 / 안채 / 대청마루. 낮

우울마님을 비롯한 양반집 마님 7~8명 정도 건넌방을 보고

모여 앉아 있다. 마당에 마님들과 동행한 하인들도 수십 명

모여 있다.

순덕   (건넌방에서 나와) "마님의 사생활" 삼 편 최초 공개 자리

에 오신 마님들 감사합니다. 그리고 이런 자리를 마련해

주신 숙부인께도 감사드립니다.

마님들 부러워하자 우울마님, 별거 아니라는 손사래를 치지만

으쓱한 얼굴.

순덕   오늘이 특별한 이유는 그동안 신비주의로 일관했던 화록

님께서 직접 낭독해주시기 위해 이 자리에 오셨습니다.

모인 마님들 "화록이 직접 왔다니…" 놀라고 환호로
웅성거린다.

순덕   화록님의 신변 보호를 위해 발을 치고 진행하겠습니다.
        절대 지금 앉은 자리에서 이동하시는 일이 없도록 부탁드
        립니다.

        순덕, 건넌방 문을 열자 초록 도포의 정우가 앉아 있는
        실루엣이 보인다. 술렁이는 마님들.

정우   이번 "마님의 사생활" 삼 편 초희낭자편은 허구가 아닌
        실제 이야기를 기반으로 한 것입니다.

        모인 마님들 "목소리 너무 좋다", "딱 내가 생각한 화록님이야"
        감탄한다.

정우   (발 너머) 그날은 달도 없는 칠흑 같은 밤이었다.

씬51.   (소설 속) 규수의 방. 밤

처녀(삼순)는 단정히 앉아 수를 놓고 있다. 갑자기 촛불이

꺼지고, 방문이 벌컥 열리더니 어둠 속에서 팍! 팍! 팍! 삼단
점프 컷으로 다가오는 초희귀신(초옥). 처녀는 비명도 못
지르고 혼절한다.

씬52.   우울마님 집 / 안채 / 대청마루. 낮

여기저기서 비명소리 들리고, 마님들 무서워하면서도
초집중하여 소설에 귀를 기울인다. 마님들의 반응을 본 순덕
"흥행하겠는데" 미소 짓는다.

정우   (발 너머) 혼례 직전 알 수 없는 병으로 앓아누운 처녀가
         다섯이 넘자 마을 사람들은 굿을 하고 치성을 드렸다. 하
         지만 불행은 멈추질 않았고, 결국 혼례를 미루는 집안이
         하나 둘 늘어나기 시작했다.

씬53.   (소설 속) 조씨부인 집 / 마당. 밤

마루에서 둘순(두리)은 새로 지은 녹색 저고리를 언니
허나(하나) 몸에 대보며 "시집가도 자주 놀러 와야 해" 하자,
허나는 "당연하지"라고 말한다.
담 너머로 그걸 보는 중매쟁이 사인방 수군거린다.

정우   [E] 하지만 남산골 허나만은 혼례를 미루지 않고 감행했

고, 동네 사람들 사이에선 허나가 임신으로 혼인을 미룰
수 없어 그런다는 악의적인 소문이 퍼진다.

씬54.　(소설 속) 규수의 방2. 밤

허나(하나)로 추정되는 댕기머리 처녀, 촛불 아래 책을 보고
있는데… 불 꺼지고 방문이 열리더니, 미끄러지듯 스륵
들어오는 초희귀신. 미동도 없던 처녀, 댕기머리를 말아 올려
비녀를 꼽고 얼굴을 들면 순덕이다! 동시에 다락문이 열리고
허나가 나오자 놀라는 초희귀신!

정우　〔E〕 허나는 처녀 귀신이 죽은 자신의 동무 초희라는 걸 직
감하고, 혼인을 미루지 않고 우리의 마님에게 부탁해 함
께 귀신을 기다리고 있었던 것이었다.

씬55.　"마님의 사생활" 三편 반응 몽타주

1) 객주 마당 → 세책방. 낮
세책방을 향해 기생들, 양반집 하인들, 여염집 처자 등이 길게
줄을 서 있다.

가야금기생　(4화 8씬) 내가 직접 들었잖아, 병판이 맹하나를 자기 첩으
로 삼으려고 처녀귀신 씌워서 남자 덮친다는 소문냈다고

말하는 거.

기생1   미쳤다.

기생2   화록님이 초록 도포 입은 건 초옥낭자를 추모하기 위해 서래.

평민부인   근데 화록님이 이번 소설을 끝으로 절필한다는 거 사실인가?

하인1   (뒤돌아) 원래 세도가집 자젠데 출사해서 더 이상 못 쓴대요.

줄 끝에서부터 이야기를 들으며 상점 안 줄의 맨 앞까지 오면, 홍천수, 대기 명부에 이름을 적으며 책을 빌리러 온 하인에게

홍천수   대기 스물여덟 번째라 여드레 정도 기다려야 하네.

2) 객주 마당 평상. 낮
여전히 세책방엔 사람들이 줄을 길게 서 있고, 사인방은 평상에 모여 소설책 이야기 중이다.

전주댁   그러니까 정리하면, 초옥아가씨가 아버지 삼년상을 치르는 정혼자를 기다리고 있는데 병판이 어찌하려다 죽었다는 거지?

하인을 앞세워 홍월객주 안으로 들어오던 박복기 처,

[자막 - 병판대감 부인]

병판이란 말에 멈춰 서자, 눈치 빠른 사인방은 잠시 입을
닫는다. 박복기 처가 줄을 무시하고 세책방으로 들어가자
사인방의 수다는 계속된다.

| 개성댁 | 그럼 정혼자가 있는데 노처녀인 신변을 비관하여 자살했 |

개성댁   그럼 정혼자가 있는데 노처녀인 신변을 비관하여 자살했
          단 말은 왜 나온 거예요?

마산댁   소설에 나오잖아, 병판대감이 관아에 그렇게 처리하라 시
          켰다고.

이씨   어쩐지… 아무리 예뻐도 그런 험한 소문이 난 하나아가씨
          를 병판이 첩으로 삼겠다고 할 때부터 난 이상하더라니.

3) 홍월객주 세책방 안. 낮
상점의 안쪽까지 들어온 박복기 처, 줄을 무시하고 홍천수
앞으로 간다.
먼저 온 기생, 항의하려는데 박복기 처와 동행한 하인,
험악하게 뒤로 민다.

박복기처   (하인이 사람을 물리자) 내 "마님의 사생활"… 삼 편을 보고
           싶네.

홍천수   대기하시는 분이 많아 기다리셔야 하는데…

박복기처   (대기자 명단 위로 엄청난 엽전 꾸러미를 내려놓으며) 얼마면
           되겠나? 도성 안에 풀린 그 책을 다 사려면.

4) 궁궐 숙빈박씨의 처소. 밤

숙빈박씨, 많은 사람이 봐서 이미 낡은 "마님의 사생활" 三편을
보며

숙빈박씨   이 소설에 나오는 살인자가 오라버니라고 소문이 났다
고?

숙빈쪽궁녀 소설 속 위정자의 여동생이 숙빈으로 나온 것이 소문의
발단인 것 같습니다.

숙빈박씨   (속상하다) 이 어수선한 시국에 왜 이런 헛소문까지…

숙빈쪽궁녀 더 문제는 선비들 사이에 초옥낭자를 추모하는 시를 짓는
것이 유행이라… 소설이 사실인 양 퍼지는 게 더 큰 문제
입니다.

5) 서당에 있는 누각. 낮

전형적인 훈장 모습의 장춘배.

[자막 - 장춘배 / 35세 / 과거 입시 전문 서당 훈장 / 특이사항:
광부 15호]

장춘배   비록 혼인 전이지만 정혼자에 대한 정절을 지키다 죽은
이초옥낭자의 절개를 칭송하는 시를 써보았소. (45도 하늘
을 응시하며) 상서로운 기운은 하늘 가득 서리었네, 뜬구름
이라 손가락질하며 잘못 알고 있네, 송백처럼 푸르렀는데
홀로 마음 아프네.

[자막 - 서기영반공(瑞氣映盤空) / 지점행운왕자다(指點行雲枉自多)
/ 송백방독상심(松栢芳獨傷心)]

씬56. 홍월객주 / 비밀창고. 낮

삼순 첫째 언니에 대한 나쁜 소문은 이제 거의 없어졌습니다. 다
들 병판 욕하느라고… 여주댁 고마워. 다들 감사합니다.

탁자엔 둘러서 있는 정우, 순덕, 순구, 오봉(삼순과 순구의 간격
유지 담당), 삼순 순으로 서 있다.

순구 소문을 소문으로 덮는 것은 성공했지만, (순덕을 보며) 자
네가 장담한 대로 병판대감을 벌하기는 힘들 듯하네.

삼순 괜찮습니다. 사람들은 다 아는데요 뭐, 병판이 살인자란 걸.

정우 아니오, 죄를 진 자는 벌을 받아야지요. 종사관이 수사한
내역을 가지고 상소를 올려…

삼순 그건 절대 안 됩니다. 그럼 종사관 나리가 힘들어지지 않
겠습니까?

순구 …

순덕 여러분, 걱정 마십시오. 제가 병판을 벌할 방법도 알고 있
습니다.

모두 (놀라 순덕을 본다)

씬57. **좌상 집 / 안채 / 안방. 낮**

굳은 표정의 박씨부인, 그 앞엔 퉁퉁 부은 예진이 앉아 있고 둘
사이에 "마님의 사생활" 三편이 놓여 있다.

예진   시중에 어떤 이야기가 떠도는지 어머니는 아셔야 할 것
             같아서요.

박씨부인   소문이란 거짓이 대부분이다… 다 믿을 필요 없다.

예진   알죠, 하지만 제가 봤거든요. 외숙부님 생신 때, 숙부님이
             죽은 초옥낭자를 방으로 끌고 가는걸. 소문을 무시하는
             거랑, 아는 걸 모른척하는 건 달라요, 어머니.

박씨부인   !

씬58. **좌상 집 / 안채. 밤**

박복기, 느긋한 걸음으로 안채로 들어선다.

대청마루 앞에 삼월어미 "병판 대감님 드셨습니다"

안방에 고한다. 안방으로 들어가는 박복기.

이 모습을 숨어서 지켜보는 순덕.

순덕   현명한 어머님이라면 분명 숙부님을 벌할 수 있을 거야.

씬59.   좌상 집 / 안채 / 안방. 밤

박복기   (방 안에 들어와 앉으며) 이 밤에… 무슨 일로 부르셨는지.

박씨부인   ("마님의 사생활" 三편을 던지며) 자네는 처신을 어떻게 했
            길래 이런 소문이 나?! 신문고 이후 자중하라 그리 일렀
            거늘, 지금같이 엄중한 시기에…

박복기   이게 뭐길래…? (소설책을 펴보면 삽화 중, 박복기와 비슷
            한 양반이 초옥을 칼로 찔러 죽이는 장면이 보인다) 이걸 어떻
            게…

박씨부인   (확실하군!) 자네 당장 병조판서에서 사임하게.

박복기   (당황) 누님 그게 무슨…?! 이건 제가 알아서 처리하겠습
            니다.

씬60.   홍월객주 / 세책방. 낮

이좌랑과 병조의 군관들, 험악하게 책장의 책들을 들쑤시고
있다. 박복기에게 공손하지만, 할 말은 다 하는 홍천수.

홍천수   미혼금소설을 쓰는 일이 선비들에겐 창피한 일이라, 본인
            도 본명을 쓰지 않고 저 역시 묻지 않아 화록이 누군지 진
            짜 모릅니다.

박복기   모른다고만 하면 네 죄가 없어질 듯하더냐?

홍천수   죄라니요. 억울합니다. 저흰 화록을 잡겠다는 한성부 종

사관 나리의 부탁으로 소설책을 대여한 것 뿐입니다.

박복기   (인상 꽉 쓰며) 한성부 종사관이?

씬61.   홍월객주 / 비밀창고. 낮

삼순, 정우와 오봉, 순구 모두 모여 순덕의 설명을 듣고 있는
상황.

삼순   (당황하며) 그럼 종사관 나리가 위험해지는 거 아닌가?
순덕   전혀 그럴 일이 없습니다. 왜냐, 이후 계획이 완벽하게 있
          으니까요. (도성 안 지도(4화 37씬)의 한성부에 깃발 말을 올
          려놓으며) 종사관 나리는 병판대감이 찾기 전에 미리 보고
          하십시오.

씬62.   한성부 / 판윤실. 낮

판윤실 문을 벌컥 열고 들어오는 박복기. 순구가 김문건에게
보고 중이다.

김문건   병판대감께서 이 시간에 여긴 무슨 일로…
박복기   (순구에게 버럭) 화록을 은밀히 만나고 다닌다는 종사관이
          자넨가?
순구   …

김문건	병판대감께서 정종사관이 비밀수사 중인 사안을 어찌 아
	셨습니까?
순구	내일, 안개 절벽 근처 상엿집에서 화록을 만나 추포할 예
	정입니다.
박복기	(한풀 꺾여) 그래? 근데 오늘 당장 잡지 않고 왜 내일이야?
순구	화록이란 자가 워낙 경계심이 많은 자여서 괜히 날짜를
	바꾸면 의심하여 아예 약속 장소에 나오지 않을 수 있습
	니다.
김문건	전하께서도 꼭 추포하라 명한 사건이라… 저희 한성부에
	서도 신중을 기하고 있으니 걱정하지 마십시오.
박복기	(낭패다) 전하까지 알아?

씬63.   안개 절벽 근처 상엿집 앞. 낮

안개가 가득한 산속에 있는 상엿집.

순구는 주의를 둘러보고 상엿집 안으로 들어간다.

씬64.   상엿집 안. 낮

순구, 상엿집 안으로 들어와 살피면

초록 도포에 복면으로 눈 아래를 가린 삼순이 안쪽에 서 있다.

| 순구 | 화록님? |

삼순	(고개를 끄덕이며) 예, 제가 화록입니다.
순구	너를 이초옥 위법 치사 혐의로 체포한다!
삼순	에잇! (돌아서 바로 뒷문으로 도망치려는데)
순구	(정색하며, 정면을 보고) 잠깐, 멈추시오!

순구가 말하자 상엿집 안은 홍월객주의 비밀창고로 바뀐다.

씬65.   홍월객주 / 비밀창고. 낮

순덕, 깃발 말 두 개를 지도 위에 이동시키며 설명하다 순구를
본다.

순구	삼순낭자가 하기엔 너무 위험합니다.
삼순	(두 손을 모으고 사랑에 빠진 눈으로 순구를 보며) 저는… 종사관 나리와 함께라면 뭐든지 할 수 있습니다.
오봉	눈빛이 너무 뜨거워 둘 사이에 있을 수가 없네… 너무 노골적이야.
순구	(삼순의 시선을 피하며) 위험한 이유는 조정에서 집중하는 사건이라 저 혼자 움직이지 않기 때문입니다.

[INS] 7화 64씬. 혼자 들어오던 순구 뒤로 3~4명의 포졸이
우르르 생긴다. 앞에 남장한 삼순이 아까와 달리 크게 놀란다.

순덕   걱정 마십시오. 그날 화록님 역할을 제가 할 것입니다.

            [INS] 7화 64씬. 초록 도포의 삼순이 순덕으로 바뀐다.

순덕   누구보다 달리기가 빠른 저는 뒷문으로 냅다 뛰어 안개
            절벽으로 도망칩니다.

씬66.   산속 → 안개 절벽. 낮

            상엿집 뒷문으로 나온 초록 도포를 입고 복면을 쓴 순덕 빠르게
            도망치고, 뒤를 쫓는 순구와 포졸들.
            낭떠러지까지 도망친 순덕, 아래를 내려다보면 뿌연 안개 아래
            강물이 흐르고, 뒤를 돌아보면 순구를 포함한 포졸들이 막고 서
            있다.

            [INS] 홍월객주 / 비밀창고
순덕   안개 절벽에 도착했을 때 종사관님이 "더 이상 갈 곳이 없
            다, 투항하라"라고 외치면 그걸 신호로 저는 강물로 뛰어
            내립니다.

순구   더 이상 갈 곳이 없다, 투항하라.

            순덕 그대로 절벽에서 강으로 뛰어든다!

정우	[E] 잠깐! 그건 안 될 일이다.

뛰어들었던 순덕, 되감기로 낭떠러지 위로 올라와

순덕	(허리에 손을 얹고) 이번엔 또 뭐가 문제죠?

씬67. 홍월객주 / 비밀창고. 낮

순덕, 앞 포즈 그대로 허리에 손을 얹고 정우를 본다.

순구와 삼순, 오봉도 정우를 본다.

정우	아니… 여주댁도 너무 위험하지 않겠느냐?
오봉	(혼잣말) 이건 뭐 나 빼고 사랑의 대작전이구만.
순덕	걱정하지 마십시오, 저는 달리기 못지않게 헤엄도 잘 칩니다. 여기 종사관 나리 빼고 헤엄치실 수 있는 분 계십니까?
정우,삼순,오봉	(침묵)
순구	내가 수영을 할 줄 아는 걸 어찌 알았느냐?
순덕	그야, 제가 오라… (아차!) 제가… 오지게 눈썰미가 좋아서 떡 벌어진 어깨만 봐도 알 수 있죠.
정우	(괜히 어깨 펴며) 나랑 비슷하고만…
순덕	종사관 나리는 화록을 쫓아야 하니, 제가 뛰어내리는 게 맞습니다. 집사 나리는 그때 맞춰 준비한 시신을 강물에 던지면 작전 끝!

순구	시신은 준비됐나?
오봉	(고개를 끄덕인다) 예.

씬68.　다리 밑. 낮

객사한 각설이 시신에 극락왕생을 기원하는 기도를 하는
매골승(5화 27씬). 옆에 오봉이 기다리고 있다.

오봉	[E] 여주댁이 말한 매골승에게 객사한 각설이 시신을 받았
	습니다. 초록 도포를 입혀 내일 강가로 옮길 예정입니다.
	[자막 - 매골승: 전쟁과 기근으로 죽은 사람의 시신을 묻어주는
	승려]

씬69.　홍월객주 / 비밀창고 → 산길. 낮

순덕	모두 긴장하지 말고 각자 위치에서 잘해봅시다.

/ 모두 탁자 지도 위에 자신의 깃발 말을 본다.
/ 지도는 실제 산길이 되고, 순덕의 깃발 말은 복면을 쓰고
도주하는 초록 도포 선비로 바뀐다. 그 선비를 쫓는 순구와
포졸들.

씬70.   안개 절벽. 낮

도망치던 복면을 쓴 초록 도포 선비, 절벽에서 멈춰 서자.

순구   더 이상 갈 곳이 없다. 투항하라!

뛰어내리려 절벽 아래를 바라보는 초록 도포.

이때 갑자기 날아 온 화살! 초록 도포의 팔을 스치고 지나간다!

팔에 피가 번지는 초록 도포, 놀라 돌아보면 순덕이 아닌 정우다!

뒤에서 활을 겨누고 있는 박복기.

박복기 뒤에는 이좌랑이 박복기를 보필하고 있다.

정우도, 순구도 예상치 못한 박복기의 등장에 놀랐다!

박복기   이번엔 확실히 죽여주마! (정확히 정우 심장을 향해 활을 당
기는데)

순구, 몸을 날려 박복기를 말리는 바람에 활은 방향을 잃고

날아가고, 정우는 그대로 절벽 아래로 떨어진다.

씬71.   강물 속. 낮

풍덩~ 물에 빠진 정우가 한없이 가라앉는다. 이때 정우를

구하려고 물에 뛰어든 순덕이 헤엄쳐 내려오고 있다. 정우,

그런 순덕을 보며

정우　　　〔E〕돌이켜 생각하면 나는 그때 이미 결심했던 것 같다,
여주댁과 혼인을 해야겠다고…

七話終

인생은 예측불허.
그리하여 생은
그 의미를 갖는다

씬1. 오프닝 시열 인터뷰: 홍월객주 / 상점. 낮

여인의 머리꽂이를 고르던 시열, 카메라 본다.

[자막 - 이시열 / 19세 / 중도 남장파 대사성 이대감댁 장남 /

특이사항: 모범 소년]

시열   혼사란 가문과 가문의 일이니, 집안에서 정해준 처자와
하면 될 일입니다. (자신이 고른 머리꽂이를 상인에게 가리키
며) 이걸로. (다시 정면 보며, 단호하게) 어머님이 정한 아가
씨가 제 이상형입니다. (주머니에 머리꽂이를 넣어주는 상인
에게) 같은 걸로 하나 더 주게.

씬2. 오프닝 예진 인터뷰: 좌상 집 / 순덕의 방. 밤

예진이 다소곳이 앉아 수를 놓다가 정면을 보고 참하게 말한다.

예진　　　제 혼인 상대는 태어날 때부터 정해져 있죠. 사대부 중,
　　　　　상위 일 할에 드는 집안 자제거나, 집안이 그것보다 좀 처
　　　　　져도 장원급제를 했다던가… 뭐 그런. (잠시 사이) 이상형
　　　　　이요? 방금 말한 조건 중 가장 머리 좋은 사람? 저처럼 품
　　　　　행이 단정한 건 기본이고요.

　　　　　하지만 말과 달리 방바닥 여기저기 어질러져 있는 미혼금소설
　　　　　책과 술병. 예진은 천으로 휙 덮어 버리고 태연하게 이어간다.

예진　　　어머니께서 늘 하시는 말씀이 있어요. 여인을 지켜주는
　　　　　것은 결국 가문뿐이고, 가문을 지키는 것은 여인이라고.
　　　　　(잠시 사이) 네? (피식) 연애 혼인은 미친 짓이죠.

"인생은 예측불허.
그리하여 생은 그 의미를 갖는다"

씬3.　　　홍월객주 / 세책방. 낮
홍천수, 어질러진 책들을 정리 중이다.

순덕	너무 고생했네. 오늘 이후엔 병판대감이 괴롭히는 일은 없을 거네.
홍천수	고생은 무슨, 병판댁 마님이 책을 다 사 가서 꽤 남는 장사였습니다. (목소리 낮춰) 마님이야말로 병판대감이 집안 어른인데… 괜찮은 거죠?
순덕	나야 들킬 일이 없는데, 안 괜찮을 게 뭐 있겠나. 그리고 죄지은 사람은 벌을 받아야 한다는 게 내 신조일세.
홍천수	"마님의 사생활" 속 마님과 신조가 같네요.
순덕	(손각지를 끼고 가볍게 몸을 풀며) 결전의 날이라 긴장은 좀 되네. (안쪽 비밀창고 문을 밀며) 아직 아무도 안 왔지?
홍천수	다들 왔다 갔어요.
순덕	?
홍천수	계획이 한 시진 앞 당겨졌다던데… 못 들었어요? [자막 - 한 시진: 2시간]
순덕	(당황하며?!) 나도 모르게 뭘 앞당겨?

씬4.   안개 절벽(7화 70씬). 낮

갑자기 날아온 화살!

절벽을 향해 선 초록도포의 팔을 스치고 지나간다!

팔에 피가 번지는 초록도포,

놀라 돌아보면 순덕이 아닌 정우다!

뒤에서 박복기가 활을 겨누고 있다.

정우도, 순구도 예상치 못한 박복기의 등장에 놀란다!

박복기   이번엔 확실히 죽여주마! (정확히 정우 심장을 향해 활을 당
            기는데)

            순구, 몸을 날려 박복기를 말리는 바람에
            활은 방향을 잃고 날아가고,
            정우는 그대로 절벽 아래로 떨어진다.

씬5.   안개 절벽 아래. 낮
            순덕, 절벽에서 강으로 떨어지는 정우를 보고 바로 강으로
            뛰어든다.

씬6.   강물 속. 낮
            물속으로 들어간 순덕, 의식 없이 가라앉는 정우를 보고 빠르게
            헤엄쳐 정우의 손을 잡는다!

씬7.   강가. 낮
            정우를 물 위로 끌어낸 순덕, 정우를 반듯이 눕힌다.

순덕	(의식 없는 정우 얼굴 톡톡 치며) 대감님… 정신 차리십시오. 대감님…

하지만 의식이 돌아오지 않는 정우.

순덕은 일단 정우의 앞섶을 푸는데…

그제야 정우, 손을 움직여 순덕의 손을 잡는다.

순덕	!! (정우를 보면)
정우	(눈을 뜨며) 나… 괜찮다. (천천히 몸을 일으키는데)
순덕	(긴장이 풀려 그대로 털썩 주저앉고, 안도의 눈물이 흐른다)
정우	(순덕의 울음에 당황하여) 왜 우느냐… 어디 다친 것이냐?
순덕	(울먹이며 버럭) 미치신 겁니까? 왜 대감님이 뛰신 겁니까? 헤엄도 못 치면서!!
정우	내… 어젯밤 수영을 다 익혔다.
순덕	(이게 무슨 말이야) 네?

씬8.　(정우 회상) 경운재 / 서재. 밤

움직이기 편한 의복을 입은 정우. 자리에 앉아 서안 위에 놓인 『권괘무예총서』를 비장하게 펼친다.

정우	(그림과 함께 수영 방법 부분을 보며) 간단하군.

[CUT TO]

정우, 서재 바닥에서 허우적대며 책 속의 수영 그림 동작을
따라 한다.

씬9.   강가. 낮

순덕   (황당하다) 헤엄치는 걸 책으로 익히셨다고요?

정우   활만 맞지 않았으면 내 완벽하게… 할 수 있었는데…

순덕   아! (정우 팔에 흐르는 피를 보고, 찌이익~ 바로 치맛단을 찢
는다)

정우   (당황하는데)

순덕   (치맛단으로 상처 난 팔 윗부분을 묶으며) 이럴 때 지혈부터
하라고…

정우   오라버니가 알려주더냐?

순덕   (풋 웃으며) 네. 맞습니다. (상처 부위를 꼼꼼히 묶는다)

정우   (그런 순덕을 보며) 네가 아니고 내가 다쳐서 무척 다행이
구나.

순덕   (그러면 안 되는데 가슴이 뛴다) …

이때 "대감마님~" 소리치며 급하게 달려오는 오봉과 순구.

오봉   (전속력으로 달려와 정우 끌어안으며) 대감마님… 활 맞으셨

다면서요.

정우   (오봉을 밀어내며) 떨어져라… 아프다.

오봉   (팔에 묶은 천 사이로 배어 나온 피를 보며 속상해서) 아~ 긍
       까 왜 여주댁 대신 뛴다고 고집을 피워서… 이런 험한 일
       을 당해요!

순구   다들 무사하여 다행…!! 너는… (순덕을 보고 놀라 말을 잇
       지 못한다)

오봉   응? (순구의 반응에 순덕을 보고) 누…구세요?

정우   (뭔 소리야) 누구긴 여주댁 아니냐?

       순덕, 왜들 이래? 하다가 싸한 느낌에 후다닥 물 쪽으로
       달려간다.

씬10.   강가 일각. 낮

고인 물에 얼굴을 비춰보는 순덕,
화장이 거의 지워지고 눈 밑의 점만 간신히 남은 상태!

순덕   망했다! 일단 도망치고 생각하자. (몸을 돌려 뛰려는데)

순구   (어느새 쫓아와 팔을 잡아 세운다) 너 순덕이 맞지?

순덕   오라버니, 나중에 다 설명할 테니 지금은 아무 말도 하
       지 마. 경운재대감이 내가 좌상집 며느린 줄 알면… 나
       잡혀가.

순구	(미치겠다) 지금까지 네가 계속 여주댁 행셀 했던 거냐?
순덕	그러니까, 오라버니 하나밖에 없는 동생을 너무 몰라보더라.
순구	그게…
순덕	미안하지? 그럼 이 손 놓고, 경운재대감 안전하게 수습 부탁해. (상당히 빠르게 뛰어간다)

씬11. 강가. 낮

초록 도포를 벗고, 오봉이 챙겨온 도포로 옷을 갈아입는 정우,
순덕과 순구가 딱 붙어 이야기 나누자 신경이 쓰인다.

정우	종사관은 여주댁과 무슨 이야기를 저리 길게 하는 것이냐?
오봉	저게 여주댁이라니… (갸웃) 나 저 얼굴 언제 봤는데… 아! (생각났다)

[INS] 5화 4씬. 정우와 함께 탑돌이를 하는 순덕의 얼굴.

오봉	선화사 마님…도 여주댁?!! (확인하듯 순덕 쪽을 다시 보면)

순덕은 뛰어가 버리고, 순구는 정우가 있는 쪽으로 온다.

순구	대감, 어서 자리를 피하십시오. 곧 화록을 찾는 관군들이

이쪽으로 올 것입니다.

정우   (사라지는 순덕을 눈으로 좇으며) 여주댁은 어딜 가는 겁니까?

순구   ···급한 일이 있다고 먼저 갔습니다. 사건이 마무리될 때까지 다들 모이는 일 없이 칩거 부탁드립니다.

씬12.   백초방 / 진료실. 저녁

정우의 다친 팔을 면붕대로 묶는 유의원, 옆에 오봉 걱정스러운 얼굴이다.

유의원   도대체 요즘 뭘 하고 다니시길래 활을 다 맞으신 겁니까?

오봉   여자한테 정신이 팔려서··· (정우가 째려보자 입을 닫는다)

정우   (상의 챙겨 입으며 유의원에게) 자세히 말할 순 없어도··· 나쁜 일을 하다 그런 건 아니네.

유의원   그나마 다행은 초반 처치를 잘해서 약만 잘 챙겨 드시면 금방 아물겠네요.

정우   (바닥에 순덕이 묶어준 치맛단 붕대를 보고 미소 짓는다)

씬13.   좌상 집 / 별채 / 순덕의 방. 저녁

북촌 며느리 복장으로 갈아입은 순덕.

여주댁일 때 입은 옷과 소지품을 챙기다가 문득 찢어진 치마를 본다.

[INS] 8화 9씬. 치맛단으로 정우의 상처 부위를 묶는 순덕에게

정우   네가 아니고 내가 다쳐서 무척 다행이구나…

순덕   (그때를 생각하며 마음 설레는데)

박씨부인   (밖에서) [E] 근석어미 방에 있느냐?

순덕, 박씨부인의 기척 소리에 놀라 찢어진 치마와

여주댁 행세 물품들을 대충 말아서 병풍 뒤에 던지고 돌아서면,

박씨부인이 문을 열고 들어온다. 박씨부인, 뭔가 이상함을

느끼지만 순덕이 자연스럽게 자리를 비켜주자

박씨부인   (상석에 앉으며) 예진이 문제로 이야기할 것이 있어 잠시
들렀다.

순덕   (앞에 앉아서) 아가씨가 왜요?

박씨부인   예진이가 요즘 신경이 날카로워 걱정이구나.

순덕   원래 혼례를 앞두면 마음이 조석으로 바뀌지 않습니까?

박씨부인   그런 거면 괜찮지만, 뭔가 다른 느낌이 드니, 네가 불러다
무슨 생각하는지 좀 들어보아라. 예진이가 너에게는 속엣
말도 잘하니.

순덕   예, 알겠습니다, 어머니.

씬14.   궁궐 / 임금의 처소. 밤

임금에게 사건을 보고 중인 도승지.

임금	추포 과정에서 소설을 쓴 화록이란 자가 사망했다고? 내 소문의 진위를 파악하고자 생포하라 그리 일렀거늘.
도승지	한성부 종사관이 함정수사로 화록을 추포하려고 했으나, 군사를 끌고 온 병판대감이 활을 쏘는 바람에… 절벽 아래로 떨어진 화록의 시신이 오늘 유시경에 발견됐다 합니다.

[INS] 강가. 하류

[자막 - 유시(酉時): 17시~19시]

한성부 포졸들, 강가 수풀에서 초록도포를 입은 시신을 건지고
순구 다가와 시신을 확인하고는 "화록이 맞다" 확인한다.

임금	(못마땅한 얼굴로) 그 한성부 종사관이란 자는 병판과 사돈 아닌가?
도승지	그렇사옵니다.
임금	자신의 살인을 밝힌 자를 추포 과정에서 활을 쏴 죽였다면, 병판이 몸소 세간의 추문이 사실이란 걸 밝힌 셈 아니냐?
도승지	심정적으론 그렇지만, 소설을 쓴 화록이 죽어 내용의 진위 여부를 증명하긴 쉽진 않습니다.
임금	이 정도 소문이면 민심이라 생각하여, 병판을 풍문거핵으로 파면해도 될 것 같은데. 아니 그런가?

도승지　소설을 근거로 병판이 파직된다면 이것이 하나의 선례가 되고, 차후 자신의 이익을 위해 자극적인 거짓 이야기를 만들어내는 이가 넘쳐날 것이 우려됩니다.

임금　자네는 어찌 과인에게 하지 말라고만 하는가. (답답하다)

씬15.　좌상 집 / 안채 / 안방. 밤

조영배가 상석에 앉아 있고 옆쪽으로 박씨부인, 맞은편에 박복기가 앉아 있다.

박복기　소설 쓴 놈이 죽었으니 이제 별문제 없을 겁니다.

박씨부인　(싸하게 보며) 자네가 사임해야 한다는 내 생각엔 변함이 없네.

박복기　(읍소) 누님… 그깟 소설, 시간이 지나면 다 잊힙니다.

박씨부인　(단호하게) 세자 사건으로 우리 쪽을 보는 임금의 시선이 좋지 않네. 이럴 때 자네가 스스로 자리에서 내려와 반성의 자세를 보이는 것이, 자네로 인해 깎인 숙빈마마나 진성군의 평판을 회복하는 일이네. 길게 보면 자네의 정치 행보에도 도움이 될 것이니 내 말을 따르게.

박복기　(아- 진짜 그만둬야 하나? 싫은데… 뚱한 표정)

조영배　부인, 내 생각은 좀 다릅니다.

박씨부인　(보면)

조영배	부인이 정치를 몰라 그렇지 (박씨부인 표정 굳지만, 애써 무시하고) 정치판에선 세간의 평판보다 세가 더 중요합니다. 지금 병판이 사직하면 죄를 인정하는 꼴이고, 그럼 그 자리는 남장파 인사로 채워지게 됩니다. 그리되면 조정 내 입지는 줄고 결정적인 순간, 진성군 옹립에 힘이 실리지 않습니다.
박복기	(반색) 지당하신 말씀입니다.
박씨부인	(말은 없지만, 수긍 못 하는 얼굴)

씬16.   좌상 집 / 별채 마루. 밤

마루에 마주 앉아 있는 순구와 순덕.

둘 사이엔 매실 한 바구니가 놓여 있다.

순구	당장 중매 일 그만둬.
순덕	그 말 하려고, 익지도 않은 매실을 한 바구니나 따가지고 온 거야? 내가 몰래 중매 서고 다닌 게 하루이틀인 줄 알아? 걱정 마.
순구	중매가 문제가 아니라, 이번에 네가 벌인 병판대감 일이 알려지면 너, 시집에서 쫓겨나는 걸로 끝나지 않아.
순덕	어떻게 알려지겠어? 오라버니도 내가 물에 빠지기 전까지 나인지도 몰랐는데.
순구	(그건 좀 미안하지만) 이제 알았잖아. 그만둬, 위험해.

순덕	이번 일만 끝내고 그만둘게. 이번 중매, 경운재대감에게 엄청 중요한 일이란 말이야. 어명이래.
순구	너 혹시 경운재대감 좋아하니?
순덕	(!) 오라버니, 미쳤어? 내가 아무리 이러고 댕겨도, 일부 종사하는 반가의 여인이야, 나한텐 평생 서방님뿐이라고.
순구	…

씬17. 좌상 집 일각. 밤

별채를 나서 안채로 향하는 순덕과 순구.

마침 별채로 오던 예진과 마주친다.

예진	새 언~니… (징징거리며 부르다 순구를 보고 멈칫한다)
순덕	(순구를 보며) 오라버니가 매실 주러 잠시 들렀다 돌아가는 길이에요.
예진	(공손하게 순구에게) 안녕하세요.
순구	(인사하며) 안녕하셨습니까.
예진	언니 혹시 안채에 가는 길이에요?
순덕	네, 어머님께 인사 드리러요.
예진	인사하지 말고 그냥 가세요. (순덕, 순구 의아하게 보자) 지금 안채 분위기 완전 살벌해요. 시중에 떠도는 소문 때문에 외숙부님 와 계시거든. 오늘은 그냥 가시는 게 예원 것 같아요.

순구	('거봐라 당장 중매 그만둬' 하는 표정으로 순덕을 보고)
순덕	(순구 시선 무시, 예진에게) 알려줘서 고마워요. 오라버니, 오늘은 그냥 가세요. 내가 적당할 때 어머님께 다녀갔다고 말씀드릴게요.
순구	그래, 내가 아까 한 말 잘 생각하고. (예진에게 목례를 하고, 밖으로 나간다)

씬18.   좌상 집 / 별채 / 순덕의 방. 밤

순덕과 방으로 들어온 예진, 사방탁자 위에 놓인 백자병(마치 장식품 같은)을 꺼내더니 병나발을 분다.

순덕	(뜨억! 병을 빼앗아서 냄새를 맡아보고 술인 걸 확인, 기함하며) 이건 언제 가져다 놨대? 아가씨 도대체 뭐가 문제예요?
예진	(한숨 쉬더니) 나 혼인하기 싫은 거 같아요.
순덕	(자리에 앉으며) 왜요? 이유가 있을 거 아니에요.
예진	(맞은편에 앉아서) 그게… (핑계를 찾다가) 요즘 떠도는 외숙부님 소문 때문에 시집에 창피하기도 하고…
순덕	(뜨끔하다) !
예진	하여간 혼례 생각만 하면 가슴이 답답하고… 술 생각만 나요. (순덕 앞에 술병을 가져가려는데)
순덕	(한발 먼저 술병 치우며) 술은 그전에도 늘상 생각났잖아요. (예진이 뿌루퉁하게 보자) 며칠만 기다려 봐요, 내가 해결할

게요.

예진   내 마음을 새언니가 어떻게 해결해? (좀 기대하는 눈빛)

순덕   내가 중매를 선 이상, 이런 우중충한 신부는 두고 볼 수
        없다고요. 조만간 정혼자와 단오에 자연스러운 자리를 만
        들 테니까…

예진   (김새고) 됐어요, 어차피 정략혼인인데… 만나서 맘에 안
        든다고 신랑을 바꿀 수 있는 것도 아닌데 뭐 하러 미리 만
        나요.

순덕   아가씨 뭘 모르시네. 혼전 만남과 혼후 만남은 느낌이 하
        늘과 땅 차이예요. 단오에 기대해요.

씬19.   궁궐 전경. 낮

씬20.   궁궐 / 편전. 낮

양쪽으로 나누어 서 있는 관리들. 좌의정 조영배와 병판
박복기, 판윤 김문건이 잘 보이는 앞줄에 서 있다.

도승지   (사안을 읽는다) 이번 논의는 시중에 떠도는 불미스러운 일
        로 인한, 병조판서 박복기의 파직 건입니다.

술렁이는 동노파 관료들. 반색하는 남장파 관료들.

조영배	전하, 아뢰옵기 황송하오나 아녀자들이나 보는 소설의 거
	짓 이야기를 민심이라 생각하는 일은 없어야 할 것입니다.
임금	좌상은 과인이 어찌 소설 때문에 병판을 파직한다 확신하
	는 것이오?
조영배	! (그게 아니면?)
임금	(도승지에게 눈짓하면)
도승지	남산골에 사는 백성들이 작년부터 목멱산 중턱에 생긴 통
	행금지 지역 때문에 먼 길을 돌아가 불편함을 겪고 있다
	는 투서가 있었습니다.
복기, 영배	!! (그걸 어떻게 알았지?)

씬21. (회상) 궁궐 / 임금의 처소. 밤

세자, 책을 두세 권 들고 들어와 임금 앞에 앉는다.

임금	그래, 이 밤에 무슨 일이냐?
세자	소자, 사가에 나갔었을 때 남산골에서 하룻밤을 묵었습
	니다.
임금	그 일은 나도 중전에게 들었다.
세자	그때 우연히 목멱산 중턱에 쳐진 금표를 보았습니다.
임금	(생각지 못한 세자의 말에) 그래?
세자	(지도책을 펼쳐 손으로 짚으며) 제가 금표를 본 것이 이쯤인
	데… (금표를 표기한 서류 책을 내밀며) 목멱산 어디에도 나

라에서 정한 통행금지 지역은 없었습니다. 누군가 사사로
이 금표를 정하고 그 안에 소나무를 베어 이익을 취하는
것 같습니다.

임금 (기특하다) 뜻하지 않은 험한 일을 당해 마음 추스르기도
힘들었을 텐데⋯ 이걸 알아볼 생각을 어찌하였느냐?

세자 ⋯

[INS] 7화 36씬.

하나 여길 막으면 사람들이 먼 길을 돌아가야 하는데, 알고 지
정했다면 민심을 헤아리지 못한 것이고, 지정된 걸 모르
면 무능한 것이겠지.

임금 날이 밝는 대로 알아볼 터이니 세자는 그만 돌아가 쉬거라.

세자 네. (일어나 나가려다가) 소나무를 파간 웅덩이의 흙이 마
르지 않은 것으로 보아, 최근 정원수로 소나무를 심은 관
료를 찾으면 불법을 저지른 자를 쉽게 찾을 수 있을 것 같
습니다.

임금 (세자를 새삼 흐뭇하게 본다)

씬22.   궁궐 / 편전. 낮

도승지 이에 조사한 결과, 그곳은 나라에서 지정한 금표 지역이

아닌 병조판서가 사사로이 지정한 것임이 밝혀졌습니다.

박복기   (일단 부정하고 본다) 전하… 저는 모르는 일이옵니다. 아랫
것들이 일 처리를 잘못한 듯한데 제가 알아보겠사옵니다.

임금   그곳에서 파낸 소나무가 병판집 정원수로 옮겨진 걸 의금
부에서 확인했다. 이런데도 몰랐다면 그 무능함 역시 파
직 사유로 충분하다.

씬23.   궁궐 / 빈청. 낮

조영배과 박복기, 김문건이 무거운 분위기로 모여 있다.

박복기   거기 소나무를 나만 썼냐고, 재수가 없을라니까… 그냥
누님 말 들을 걸, 스스로 그만뒀으면 복귀도 쉬운데 파직
을 당했으니… (원망스러운 눈으로 조영배를 본다)

조영배   (짜증 나지만 겨우 참으며) 차후 병판으로 누굴 내세우는 것
이 좋을지부터 논의해 봅시다.

김문건   (조심스럽게) 먼저 정경부인의 의견을 들어보는 것이 어떨
까요?

조영배   (자존심이 상해 얼굴이 팍 구겨진다)

씬24.   궁궐 / 부용정 앞. 낮

연못을 바라보며 서 있는 임금과 도승지.

임금	세자가 병판을 파직할 증좌를 가져올지 누가 생각이나 했겠나? 사가에 나가 큰일을 당해 혼란스러웠을 텐데… 어찌 그리 의연한지.
도승지	박복기가 금표를 지시한 증좌를 찾는 데는 시간이 걸릴 듯합니다.
임금	시간이 걸려도 반드시 찾게. 과인은 박복기 얼굴을 조정에서 다시는 보고 싶지 않으니. 신임 병조판서엔 좌상측 인사는 필히 배제하고.
도승지	예.
임금	사라진 익위사는 아직인가?
도승지	송구합니다. (임금 살펴더니) 전하, 동궁전 궁녀가 여전히 차도가 없다 하니, 사가의 유의원에게 치료를 맡겨보시면 어떨까요?
임금	그자는 8년 전에도 공주를 살리지 못하지 않았나.
도승지	…

씬25. 홍월객주 / 마당. 낮

순덕, 객주로 들어와 세책방으로 들어간다.

씬26. 홍월객주 / 비밀창고. 낮

오봉은 입구 쪽에서 앉아 졸고 있다. 정우는 세 딸의 초상화

옆에 붙은 12호 김집, 24호 윤부겸, 23호 허숙현 위로 [신랑
후보 확정]이란 종이가 붙어 있는 벽면을 뿌듯하게 보고 서
있다. 비밀창고로 들어온 순덕, 자는 오봉을 조용히 지나가
정우 옆에 선다.

정우   왔느냐?

순덕   다친 팔은 괜찮으십니까?

정우   (괜히 센 척 팔을 돌리며) 남자가 이 정도 상처는 별거 아
         니다.

순덕   (정우의 팔을 잡으며) 알았으니… 그냥 놔두십시오. 제 팔
         이 아픈 것 같습니다.

         순덕이 정우의 팔을 잡자 둘 사이 묘한 공기 흐르는데…
         "으억" 몸이 꺾여 잠에서 깬 오봉의 신음에 순덕, 얼른 정우의
         팔을 놓고.

순덕   (탁자로 가서 앉으며) 신랑 후보 선비님들은 다시 만나보셨
         습니까?

오봉   (방금 깨어놓고 너무나 자연스럽게 순덕 맞은편에 앉으며) 만
         났지.

정우   (눈치 없이 깬 오봉을 째려보며 옆에 앉으며) 소설의 영향으로
         신랑 후보들로부터 늙은 아씨들이면 오히려 좋다는 답변
         을 받았다. 이제 낭자들만 마음을 굳히면 큰 문제는 없을

것 같다.

순덕   단오에 아가씨들의 마음을 굳힐 계획이 있습니다만, 신랑
후보 한 명을 교체해야 할 것 같습니다.

정우   나와 상의도 없이 누굴 교체한단 말이냐?

순덕   삼순아가씨의 짝으로…

이때, 문소리가 들려 순덕, 정우, 오봉 "누구지?" 긴장하며
돌아보면, 순구가 들어와 자연스럽게 순덕 옆자리에 앉는다.
순덕, 미치겠다는 얼굴로 순구만 보게 '왜 이래?' 소리 없이
입만 뻥끗한다.

정우   (순덕 옆에 앉은 것이 맘에 안 들고) 종사관, 여긴 어쩐 일입
니까? 우리가 함께한 소소막 작전은 모두 끝난 것으로 아
는데.

순구   경운재대감께서 좋은 일을 하시는 것 같아, 이 중매가 끝
날 때까지 저도 돕겠습니다.

순덕   (돌겠다…)

이어, 또 들리는 문소리. 이번엔 삼순이 찬합을 바리바리 들고
들어온다.

순덕   (일어나 맞이하며) 삼순 아가씬 여기 무슨 일로? (삼순이만
듣게 속닥) 당분간 집에 계시라니까…

삼순	(순덕의 말은 무시, 순구에게 끌리듯 다가가며) 종사관님도 계
	셨네요.
정우	(삼순과 순구가 가까워지자, 흉통으로 가슴에 손을 가져가는)
오봉	(벌떡 일어나 순구와 삼순 사이에 서며) 떨어져서 이야기하
	시죠.
순덕	(이 상황 한숨 난다) 이 중매 얼마나 잘 되려고 일이 이렇게
	꼬이냐…

씬27.   여주댁 초가집 / 마당. 낮

빈 도화분 도자기 용기를 보는 안동건, 주변의 화장품 재료를
보며 새삼 비어 있는 여주댁 집을 살핀다.

| 안동건 | (속을 알 수 없는 얼굴) 이 집이 맞나 보군. 진짜 살아 있었 |
| | 어… |

씬28.   홍월객주 / 비밀창고. 낮

탁자에 조촐한 다과상이 차려져 있다. 순덕과 순구, 나란히
앉아 있고, 맞은편엔 정우와 오봉, 삼순이 앉아 있다.

| 삼순 | 그동안 여러분이 애써주신 보답으로 준비해 봤습니다. |
| 정우 | 보답은 이런 것보다 낭자의 자매들이 혼례를 치르는 것으 |

494

로 하면 됩니다.

삼순   물론 저희 자매들의 성공적인 혼례로도 반드시 보답하겠
습니다. 그럼 비록 단술이지만 이것도 술이니 건배할까
요? 성공적인 혼인을 위하여~

정우, 순덕, 삼순, 오봉은 잔을 부딪치며
"위하여~!" 제창하지만, 순구는 삼순과의 거리 유지 때문에
제자리에서 잔만 든다. 이때 순덕이 자리에 앉다 젓가락을 쳐서
탁자 아래로 떨어진다. 순덕, 젓가락을 주우려 몸을 숙이는데
순구가 순덕이 일어날 때 모서리에 머리를 찧지 않게
손을 뻗어 탁자를 손으로 감싼다. 순덕, 몸을 일으키다
순구의 행동을 보며 피식 웃는다. 그런 순구의 모습이 삼순
눈엔 자상한 남자의 전형처럼 보인다.

삼순   (사랑의 눈으로 순구를 바라보며) 소설 속 남자 주인공보다
더 낭만적이야. 어떡해? 종사관 나리 너무 좋아…

그러나 정우는 순덕이 순구를 보고 웃는 모습에 울화가 치밀기
시작한다.

정우   (질투로 눈이 불타며) 아무나 보고 실없이 웃기는…
오봉   (그런 정우를 보며) 위험하다… 곧 터지겠는데 하나, 둘,
셋!

정우	(바로 버럭) 종사관은 여주댁과 좀 떨어져 앉으십시오.
순덕	(?!) 또 가슴이 아프십니까?
정우	(괜히 가슴을 잡고) 그래, 아프다. 둘이 뭔가… 부적절한 관계 같구나.
순덕	(찔려서 순구와 떨어져 앉으며) 〔E〕 오누이란 것도 느껴지나…? 이 정도면 병이 아니라 가슴팍에 신기가 있는 거 아니야?
정우	그냥 안전하게 여주댁과 오봉이 자리를 바꾸거라.
오봉	저리 속을 내보여서야 원… (일어나 순덕에게 바꾸자는 손짓)

순덕과 오봉이 자리를 바꿔, 정우, 순덕, 삼순 맞은편에 순구, 오봉. 그런 일련의 과정을 유심히 지켜보던 삼순, 참지 못하고.

삼순	경운재대감님, 여주댁을 좋아하십니까?
순덕, 정우, 오봉	!!
순구	(동시에 버럭) 삼순낭자는 그 무슨 말도 안 되는 소릴 하십니까!

정우와 삼순, 오봉은 '왜 네가 흥분하는데?' 하는 얼굴로 순구를 보고, 순덕은 순구가 왜 그러는지 너무 잘 알아서 미치겠다는 얼굴이다.

오봉	종사관 나리도 여주댁에게 마음이 있으십니까?

정우	!!
순덕	(벌떡 일어나며 버럭) 미쳤어요!
순구	(동시에 버럭) 아니네!
삼순	두 분은 아닌 거 너무 알겠으니 흥분을 가라앉히시고, 종사관 나리 저는 어떠십니까?
순구	(갑자기?) 뭐… 뭐가 말입니까?
순덕	(당황) 〔E〕설마 고백하려는 건 아니겠지? (삼순을 향해 안 된다는 손짓) (소리 없이 입 모양만 '고백 안 돼! 고백 안 돼!'를 외치는데)
삼순	(해맑게) 저, 종사관 나리의 신붓감으로 어떠냐고요.

그 순간 순덕을 시작으로 한 명씩 추가되며 화면 분할

/1) 순덕	텄다…
/2) 정우	헉!
/3) 오봉	여인이 먼저 청혼한 거?

삼순	(놀란 순구를 향해) 종사관 나리 대답해주십시오. 제 청혼을 받아주시겠습니까? (한껏 기대하는 얼굴)
다들	(순구의 대답을 숨죽여 기다리는데)
순구	(단호하게) 아니오. 저는 낭자와 혼인할 생각이 없습니다.
삼순	(눈동자 흔들리더니) 아… 알겠습니다. 저는 급한 집안일이 생각나… 그만 가보겠습니다.

삼순은 후다닥 비밀창고를 빠져나가고, 순덕은 바로 따라
나간다.

씬29.　　홍월객주 일각. 낮

툇마루에 나란히 앉아 훌쩍거리는 삼순을 토닥이는 순덕.

순덕　　내가 단오에 자리를 마련한다니까, 갑자기 청혼은 왜 한
　　　　거예요?

삼순　　종사관 나리가 너무 좋아서 참을 수가 없었네. 그리고 종
　　　　사관 나리도 날 좋아하는 게 확실한 것 같아, 나도 모르게
　　　　그만…

순덕　　어느 부분에서 그런 확신을?

삼순　　자네가 몰라 그렇지, 우리 집 담벼락도 고쳐주고 기와도
　　　　갈아주고 절벽에서 내가 뛰어내릴까 봐 걱정해주는 거 자
　　　　네도 보지 않았나? 그것이 좋아하는 것이 아니면 도대체
　　　　뭔가…

순덕　　…

　　　　[INS] 7화 67씬.

정우　　아니… 여주댁도 너무 위험하지 않겠느냐?

　　　　[INS] 8화 9씬.

정우	네가 아니고 내가 다쳐서 무척 다행이구나…

순덕, 과거를 떠올리며 정우가 자신을 좋아한다 생각하니
마음이 복잡한데…

삼순	(순덕이 말이 없자) 미안하네, 자네 시키는 대로 안 해서… 하지만 연모의 마음을 숨기는 건, 나에겐 너무 어려운 일 이네.
순덕	(자신의 마음에 솔직한 삼순을 보니 더 마음이 복잡하다) …

씬30. 홍월객주 일각2. 낮

순덕과 삼순이 앉아 이야기하는 툇마루 옆쪽 벽에
정우, 순구, 오봉이 붙어 둘의 이야기를 엿듣는다.
정우와 오봉, 순구를 째려보며 속닥인다.

오봉	여인이 그런 말 꺼내기 얼마나 어려운데, 단칼에 거절하 십니까.
정우	나도 종사관이 좀 너무하다 싶었소.
순구	(정색하며) 조용히 좀 하십시오. 안 들립니다.

씬31.   홍월객주 일각. 낮

순덕   아가씨가 사과할 일이 아니에요. 다만 종사관 나리가 어려서부터 괜한 똥고집이 있어요. 틀린 말이라도 한번 내뱉은 말은 번복하지 않는 성격이라서… 이제 어찌해야 하나 고민입니다.

삼순   더 이상 애쓰지 않아도 되네. 나 원래대로 요리 잘하는 24호 허숙현 선비와 이어주게나.

순덕   네?

삼순   종사관 나리가 혼인할 마음이 없다잖은가?

순덕   아가씨 괜찮으시겠어요? 종사관 나리가 너무 좋다 하셨잖아요.

삼순   걱정 말게. 나는 급하게 반하는 만큼 잘 잊는 편이네. 며칠이면 싹 잊을 수 있네!

씬32.   홍월객주 일각2. 낮

벽에 붙어 순덕과 삼순을 훔쳐보는 정우, 순구, 오봉.

정우   (황당) 어찌 사랑이 저리도 쉬 변한단 말이냐?

순구   (표정이 굳더니 말없이 자리를 뜬다)

오봉   (그런 순구를 보고) 자기가 차놓고 빨리 잊는 건 또 싫은 갑네.

정우   (?!) 근데 여주댁은 종사관이 어릴 때부터 똥고집이 있는 지를 어찌 아는 것이지? (가자미눈으로 순덕을 째려본다)

씬33.   조씨부인 집 / 마당. 낮

마루에 비단 한 필을 내려놓는 짐꾼. 서찰을 하나에게 전해주고 집을 빠져나간다. 하나, 마루에 걸터앉아 서찰을 꺼내 읽는다.

"하나낭자 보십시오…"

세자   [E] 하나낭자 보십시오. 낭자 덕분에 나는 집에 잘 도착했습니다. 이 비단은 제 어머니께서 고마움의 표시로 보내는 것이니 사양하지 않았으면 좋겠습니다.

하나, 서찰과 함께 온 비단을 만져본다.

씬34.   목멱산 오솔길. 낮

세자   [E] 목멱산 금표가 철거됐다는 소식, 서찰로 알려주어 고맙습니다.

의금부 군사들이 금표를 파내고 있다.

구경하던 마을 사람들 "이제 먼 길 돌아가지 않아도 되겠네",

"속이 시원하네"라고 한마디씩 한다.

구경꾼들 사이에 하나도 있다.

씬35.   **궁궐 동궁전 도서관. 밤**

하나에게 편지를 쓰고 있는 세자, 얼굴에 미소가 만연하다.

세자   〔E〕 내 집은 외진 지방이라, 지금처럼 한양 소식과 낭자의
       안부를 서찰로 전해주면 앞으로 출사를 할 내게 큰 도움
       이 될 것 같습니다. 그럼 답장 기다리겠습니다.

씬36.   **목멱산 중턱. 밤**

궁궐을 내려다보는 하나.

하나   이제 다시 만나면 꼬맹이라고 못 부르겠네.

씬37.   **이대감(시열) 집 / 마당. 낮**

안채에서 나오는 여자 하인1, 2.

하인1   글쎄 도련님 혼수 옷이며 이불을 늙은 아씨들 둘째에게
        다 맡긴대.

| 하인2 | 이제 나쁜 소문은 없어졌다지만, 시집도 못 간 노처녀에게 재수 없게 도련님 혼수를? 마님은 알다가도 모르겠다니까. |

하인1, 2의 말을 들은 시열, 안채로 뛰어간다.

씬38.   이대감(시열) 집 / 안방. 낮

정씨부인과 마주 앉은 두리. 두리 앞에는 고운 천들이 놓여 있다.

정씨부인	(감상에 젖어) 혼인하면 처가에서 옷을 만들어 줄 터이니… 이 옷이 내가 아들에게 해주는 마지막 옷이 되겠구나.
두리	지금까지도 마님께서 직접 지은 것은 아니지 않습니까?
정씨부인	(감상 깨지고) 뭐?
두리	부인이 옷을 지어준들 도련님이 마님의 아들인 것은 변함이 없으니 섭섭해 마시라는 뜻이었습니다.
정씨부인	그래, 네 말이 맞다.
두리	그럼 가보겠습니다. (천을 갖고 방에서 나간다)
정씨부인	야무진 것이 집안이 조금만 좋았어도 시열이 짝으로 딱인데.

씬39.   이대감(시열) 집 / 안채 / 대청마루. 낮

대청마루에서 내려가려는 두리, 안쪽으로 놓인 짚신을 신기
좋게 돌려놓는 손? 보면 시열이다.

시열   (미소) 오랜만입니다.

두리   (시열 한번 보고, 신을 신는데)

시열   이번 단오에 뭐 하십니까?

두리   뭐 안 하면?

시열   (환하게 웃으며) 함께 씨름 구경합시다.

두리   (시열의 미소에 대책 없이 마음이 무장 해제되며 웃음) 네가 씨
        름에 나가는 게 아니고 계집애처럼 같이 구경을 하자고?

시열   (!) 전 당연히 씨름 시합에 나가죠… 구경은 낭자가 하시
        라고요.

두리   (풋) 괜히 발끈하긴, 샅바도 잡아본 적 없어 보이는구만.

시열   (괜히 허풍) 저 씨름 잘합니다.

소란스러운 소리와 함께 종이상자를 든 삼월어미와
술 단지를 지고 오는 지게꾼, 앞장선 하인이 안방을 향해
"마님~ 나와 보십시오" 흥분해서 고한다.

정씨부인   (안방에서 나오며) 왜 이리 수선이냐? (시열을 보고) 왔느
         냐, 잠시 기다리거라. (삼월어미를 보자)

삼월어미   (몸을 숙여 인사 후 상자와 서찰을 마루에 내려놓으며) 저희 마

님께서 보내셨습니다.

정씨부인, '어느 마님?' 하는 얼굴로 상자 위 서찰을 꺼내 본다.

박씨부인   〔E〕···조만간 바깥사돈 어른께 필요할 것 같아 한 벌 지어
　　　　　　보냅니다.

정씨부인, 상자를 열어보면 병조판서의 관복이다!

시열   (관복을 보며 놀라) 아버님, 병조판서로 승차하셨습니까?
정씨부인   ···그런 소리 못 들었는데. (다시 서찰을 마저 본다)
박씨부인   〔E〕 추신, 사흘 뒤 교지가 내려질 것입니다. 감축의 의미
　　　　　　로 제철에 담가 둔 생강주를 같이 보냅니다.
정씨부인   (이제 이해하며 시열의 손을 잡으며) 네가 효자다, 혼인도 하
　　　　　　기 전에 벌써 사돈 덕을 보는 걸 보면. (시열이 어리둥절해
　　　　　　하자) 네 아버지가 병조판서에 임명될 걸 이미 알고 사부
　　　　　　인께서 관복을 보내온 걸 보면, 이 일을 사돈댁에서 힘쓴
　　　　　　것이 아니겠느냐.
시열   아··· 예.

시열, 그제야 두리를 찾는데··· 두리는 이미 가고 없는 상태다.

씬40.　　이대감(시열) 집 앞. 낮

시열의 집에서 나온 두리, 집을 한번 보고 못마땅한 얼굴로.

두리　　미친… 혼례를 코앞에 둔 놈이 씨름 구경은 왜 같이 가 재? 거기서 난 또 왜 실실 쪼개면서 말을 섞고 있었는 데… 아우 짱나.

씬41.　　궁궐 / 숙빈박씨의 처소. 낮

박씨부인과 차를 마시는 숙빈박씨, 기분 좋아 보인다,

숙빈박씨　　오라버니가 파직당해 얼마나 마음을 졸였는지 모릅니다. 근데, 이번에 병판에 오른 분이 두 달 뒤에 예진이 시아 버지 될 대사성 대감 아닙니까? 언닌 진짜 미래를 보시는 겁니까?

박씨부인　　미래를 본 것이 아니라, 그리 만든 것입니다.

숙빈박씨　　언니가 남자로 태어났어야 했는데.

씬42.　　홍월객주 / 객실. 낮

순덕과 정우 앞에 면접을 보듯 남루한 척하는 복장의 김집, 진짜 남루한 복장의 윤부겸, 그나마 멀쩡한 허숙현이 머리를 산발하고 앉아 있다. 그 옆에 중년의 가체장이 머리 미는 칼을 들고 서 있다.

순덕   남자의 입성 중 옷이 삼 할이라면 칠 할은 머리입니다. 지
                금부터 가장 멋있다는 달걀 상투를 만들기 위해 배코치기
                를 할 겁니다.

김집   (!) 지금 머리를 밀겠다는 것이냐? 신체발부수지부모라
                했거늘.

순덕   선비님, 혼인을 안 하는 것이 더 큰 불효가 아닐까요? 그
                리고 머릴 밀다니요, 멋진 상투를 위해 살짝 숱만 치는 것
                입니다. 하나아가씨 마음에 들고 싶지 않으십니까?

김집   (어쩔 수 없군) …자른 머리는 그대로 돌려주게.

윤부겸   나는 배코치기 안 해도… 괜찮소.

순덕   (단호하게) 선비님들, 배코치기는 선택이 아니라 필수입니
                다. (가체장에게 어서 하라고 손짓)

씬43.   홍월객주 / 마당 → 상점. 낮

쓰개치마를 쓴 예진이 객주로 들어와 객실 건너편 상점으로
들어간다.

예진   오색실 좀 보여주게.

상인   장명루 만드실 거죠? 잠시만요. (안쪽으로 들어간다)
                [자막 - 장명루: 단옷날에 잡귀와 병화를 물리치기 위해 팔뚝에

매는 오색실]

예진은 상인을 기다리며 상점에 진열된 노리개를 구경한다.

씬44. 홍월객주 / 객실. 낮

말끔하게 상투를 튼 김집과 허숙현은 고급스러운 비단옷을
입었고, 그 사이에 윤부겸은 수수하지만 깔끔한 새 도포를 입고
서 있다.

순덕   (김집에게) 이리 멀쩡한 옷이 있으면서 왜 그리 다니신 것
         입니까?

김집   집안이 아닌, 날 있는 그대로를 봐주는 여인을 만나고 싶
         어서 그랬네.

정우   집안도 그 사람의 일부입니다.

순덕   (그런 정우를 본다)

정우   (순덕에게) 24호는 너무 수수한 것 아니냐?

순덕   형편에 맞지 않는 치장은 사깁니다. 24호 선비님은 얼굴
         이 수려하고 옷태가 좋아 괜찮습니다.

정우   (윤부겸을 보며 인상 쓰는) 저런 얼굴형을 좋아하는 것이냐?

순덕   (뭐래?) 하지만 단오니까…(탁자 위에 오채조를 집어 윤부겸
         허리끈에 묶으며) 화룡점점으로 오채조를 허리끈에 묶어
         보죠.

정우   점정이다. 눈동자 정.

순덕	아~ 네. (신랑 후보 둘러보며) 단옷날 이 모습 고대로 오십시오.

씬45.　홍월객주 / 마당. 낮

객실에서 나오는 윤부겸, 김집, 허숙현.

김집	(기분 좋아서 윤부겸과 허숙현에게) 우리 늙은 아씨들과 혼인에 성공하면 동서지간이 되니 친하게 지냅시다.
허숙현	예, 형님.
윤부겸	(목례만 하고 가려는데)
김집	(윤부겸에게) 특히 그쪽은 어려운 일 있으면 기탄없이 말씀하십시오. 혼인하면 내가 맏사위 아닙니까.
윤부겸	네… (마지못해 대답하고 돌아서는데 예진과 눈이 마주친다)!

김집과 허숙현은 신경 쓰지 않고 이야기를 하며 객주를 나간다.

예진	(손에 오색실을 든 채) 오라버니, 늙은 아씨들 하고 혼인해요?
윤부겸	…응. 나도 이제 장가가야지.
예진	(오바하여 반색) 너무 잘 됐다. 난 오라버니가 노총각으로 늙어 죽으면 어떡하나 완전 걱정했는데. 신부는 어느 집 아가씨야? 아 맞다, 늙은 아씨들이라고 했지.

윤부겸   ···

씬46.   홍월객주 / 객실. 낮

문에 몸을 숨긴 채 마당에 서 있는 예진과 부겸을 보는 순덕.

"둘이 아는 사인가?" 의아해하는데.

정우   무엇을 숨어서 보는 것이냐? (순덕이 보는 마당을 보면)

예진은 객주를 빠져나갔고 윤부겸만 우두커니 서 있다.

마치 순덕이 윤부겸을 몰래 본 것 같은 상황.

순덕   전 급한 일이 있어서 먼저 가보겠습니다. (급히 뛰어나간다)

정우   아니… (이미 객주를 빠져나간 순덕) 하여간… 바람 같군.

가체장   (가져온 물건을 챙기는데)

정우   (슬쩍 다가가) 그 배코치기… 나도 좀 할 수 있겠나? (손으

로 마당의 윤부겸을 가리키며) 저 선비처럼…

씬47.   저잣거리. 낮

순덕, 어느새 쓰개치마 쪽으로 바꿔 쓰고, 터덜터덜 걷는 예진

옆에 가서.

순덕	아가씨?
예진	(화장한 얼굴에 긴가민가) 언니? 그 눈 밑의 점 진짜 별론 거 알아요?
순덕	(옆의 지게꾼 물통에 수건을 적셔 화장 지우며) 다들 괜찮다던데… 근데 객주에서 말하던 선비는 아는 사람이에요?
예진	(긴장하며) …누구? (순덕이 빤히 보자, 손에 들린 오색실을 보여주며) 이 실 어디서 샀냐고 물어본… 선비를 말하나? (딴청)
순덕	아~ 장명루 만들 오색실 사러 객주에 간 거구나. 누구 주려고요?
예진	… 단오에 정혼자 만나게 해준다고 해서 그때 선물로 주려고요.
순덕	뭐야? 안 만난다더니. 그래도 기대하고 있었구나.
예진	늙은 아씨들 중매 잘 되어가요?
순덕	그럼요, 누가 중매를 서는데.
예진	신랑은 누구로 정해졌어요?
순덕	누군지 말하면 아가씨가 알아요?
예진	…
개동이	[E] 늙은 아씨들이 누구와 혼인하는지 알아보라고요?

씬48. 좌상 집 일각. 낮

개동이와 은밀하게 대화를 주고받는 예진.

예진	응. 새언니가 정한 배필이 누구누군지 첫째부터 셋째까지 알아봐 줘.
개동이	아씨! 제가 무슨 삼월어민 줄 아세요? 사람 뒷조사를 하게. (예진이 손에 돈을 쥐여주자) 언제까지 알아보면 돼요? 바쁜 거죠?

씬49.   백초방 / 마당. 밤

도승지와 동행한 가마가 의원 마당까지 들어온다.

마루에서 약을 짓던 유의원, 도승지를 알아보고 바로 다가간다.

유의원	(가마를 보며) 기별을 하시면 제가 왕진을 갈 텐데 어찌 여기까지…
도승지	상태가 위중한 환자부터 옮기고 들어가서 이야기하세.

씬50.   백초방 / 치료실. 밤

문이 벌컥 열리고 정우, 다급히 들어온다.

안쪽에 동궁전 궁녀가 의식 없이 누워 있고,

유의원은 여러 의서를 보고 있다.

정우	공주와 같은 증상의 환자라니, 자세히 말해보게.
유의원	공주마마의 증상이 나와 있다는 의서 가지고 오셨죠?

정우, 소매에서 의서(세의득효방, 世醫得效方)를 꺼내
금잠고독(金蠶蠱毒) 편을 펴서 보여준다.

유의원   (의서를 보더니, 맞구나 하는 얼굴로) 이쪽으로 와보십시오.

유의원은 동궁전 궁녀의 쇄골뼈 아래 누런 반점을 정우에게
보여준다.

유의원   8년 전 공주마마 역시 쇄골뼈 아래 같은 반점이 있었습니
         다. 당시 병과 무관한 피부병이라 생각하고 넘겼는데…
정우   그것 역시 의서에 나온 금잠고독의 증상 중 하나군.
유의원   맞습니다. 세자저하가 남긴 음식을 먹고 갑자기 병을 얻
         은 궁녀라, 공식적으론 사망 처리하고 궐에서 비밀리에
         치료했던 모양입니다. 이 의서에 나온 방법으로 치료를
         해서 효험이 있다면 이 궁녀도, 공주마마도 금잠고독
         중독일 가능성이 큽니다.
정우   (불현듯 짚이는 데가 있다!)

[INS] 3화 21씬.
/ 같은 약재 봉투를 품에 넣고 나가는 건장남.

정우   세자저하의 음식에 넣은 금잠고독을 누가 구했는지 알 것
         같네.

씬51.   궁궐 / 임금의 처소. 밤

잠자리에 들려는 임금 앞에 정우가 앉아 있다.

임금   (피곤한 얼굴로) 무슨 급한 일이길래 이 시간에 굳이 찾아
         온 것이냐?
정우   세자저하의 안위에 관한 일입니다.
임금   ! (정색하고 정우를 본다)

         [CUT TO]

임금   금잠고독이라…
정우   소신이 명나라 상인에게 금잠고독을 구입한 자의 얼굴을
         기억하니 그자를 조사하면 독의 출처를 알 수 있을 것입
         니다.
임금   (내관에게) 지금 당장 의금부 도사를 들라 해라.

씬52.   의금부 / 고신실. 아침

의금부 도사(손에 용모화 들려 있다)와 함께 고신실로 들어오는
정우.

정우   찾으라는 자는 안 찾고 어찌 날 이곳으로 다시 데려온 겁
         니까?

| 의금부도사 | 대감께서 말한 명나라 상인은 자취를 감춘 상태고, (건장 남 용모화를 보여 주며) 독을 사 갔다는 이 남자가 저자인지 확인을 부탁드립니다. |
| 정우 | 벌써 그자를 찾은 것입니까? |

하고 의금부도사가 보는 곳을 보면, 시신 한 구가 누워 있다.
정우, 헉 놀라는데 의금부도사, 시신 쪽으로 가서 얼굴 덮개를
젖혀 정우에게 보여준다.

의금부도사	어제 아침, 약초꾼이 발견한 시신입니다.
정우	(보면 건장남이다!) 이자가 맞습니다. 누가 죽인 것입니까?
임금	세자를 납치 사주한 자들이 죽였겠지, 입을 막으려고.

보면, 도승지를 대동하고 임금이 와 있다.

씬53.   좌상 집 / 사랑채 누마루. 낮

누마루에 모여 앉은 조영배와 김문건, 박복기.

조영배	그래서 그 시신이 의금부 쪽으로 갔단 말입니까?
김문건	익위사 복장에 호패까지 가지고 있어서 그리된 것 같습니다.
조영배	(박복기에게) 자넨 어찌 그리 일 처리가 모자라는가? 복장

과 호패를 없앨 생각을 못 하는가!

박복기   (욱하여) 손 하나 까딱 안 하는 양반들이 말만…

조영배   뭐라고요?

박복기   이미 죽지 않았습니까? 말을 못 하는데 뭐가 문젭니까?
우리가 걸릴 일은 없습니다. 걱정들 마세요.

씬54.   의금부 / 고신실. 낮

탁자에 마주 앉아 이야기 중인 정우와 임금.
도승지와 의금부 도사는 한발 물러 서 있다.

정우   세자저하에게 독의 증상이 없는 것으로 미뤄볼 때 동궁전
궁녀는 세자저하가 남긴 음식을 먹고 탈이 난 것이 아니라

[INS] 4화 50씬.
세자의 처소에서 야식 상을 들고 나오는 동궁전 궁녀. 주위를
살핀 후 세자가 남긴 쑥구리단자를 먹고, 기름종이 안의
금잠고독을 입에 털어 넣는다.

정우   스스로 독약을 먹은 것 같습니다. 세자를 사가로 내보내
기 위해.

임금   과인의 생각도 그렇다. 사가에 나간 세자가 잘못되더라고
그 책임은 사가로 보낸 중전에게 있으니.

정우	그 정도 계획을 세울 인사라면…(좌상측 아닌가? 말을 아끼는데)
임금	(정우의 말뜻은 알지만) 심증 아닌 확실한 증좌가 필요하네.
정우	이제 남은 단서는 동궁전 궁녀뿐이니 제가 반드시 치료하여, 누가 그 독을 주었는지 알아보겠습니다.

씬55. 궁궐 일각. 낮

처소로 이동하는 임금과 도승지.

도승지	경운재 의빈을 믿으십니까?
임금	8년 동안 공주의 죽음을 알아보고 있었다지 않느냐. 아비도 잊고 살았는데…

씬56. 좌상 집 / 안채 / 대청마루. 낮

박씨부인과 순덕, 예진은 산 같이 쌓인 그릇을 닦고,
낡은 것이나 상한 것을 골라내는 작업을 하고 있다.

예진	(설렁설렁하며) 어머니, 시집으로 들어갈 때 그릇도 해가고 싶어요.
박씨부인	(고개 끄덕이며) 첫아이 날 때까진 집에 머물 것이니, 지금부터 네 맘에 드는 것으로 골라 맞추도록 하자꾸나. (순덕

을 보면)

순덕   (예진이는 걱정하지 말라는, 자기가 알아서 하겠다는 제스처)

삼월어미, 광에서 제기 가져와 대청마루에 내려놓고 같이
닦는다. 순덕, 그릇 바닥 굽에 살짝 이가 나간 대접을
박씨부인에게 보여주며

순덕   어머니, 이것도 빼놓을까요?
박씨부인   (고개 끄덕이며) 소작인들 주는 쪽에 빼놓아라.

다들 그릇 닦는데 열중한 사이, 슬그머니 대청마루를
빠져나오는 삼월어미.

씬57.   좌상 집 / 별채 / 순덕의 방 (교차) 별채 마당. 낮

/ 순덕의 방. 삼월어미, 여기저기 뒤진다.

삼월어미   걸음이 빨라서 뭘 하는지 알기도 쉽지 않고… 방안엔 뭔
          가 있겠지.

방안에 별것 없자 삼월어미, 난감한 얼굴로 둘러보다가 병풍에
눈길이 간다. 병풍 뒤를 보자, 그곳에 여주댁 행세할 때 쓰는
봇짐이 숨겨져 있다.

삼월어미	(눈이 반짝) 여기 있었군.

/ 별채 마당. 어깨를 두드리며 별채 안으로 들어오는 순덕,
마루에 오르며 "아이고 다리야… 너무 앉아 있었어…" 앓는
소리를 낸다.

/ 순덕의 방. 삼월어미 봇짐을 꺼내는데 "마님의 사생활"
三편을 비롯한 미혼금소설책이 떨어지고… 밖에서 순덕의
인기척 소리 들리자 당황한다.

/ 순덕의 방. 방에 들어 선 순덕, 방안을 살피며

순덕	이상하다… (열린 뒤 창문을 보고) 내가 창문을 열어놓고 나
	갔나?

씬58.   좌상 집 / 안채 / 안방. 낮

박씨부인 앞에 앉아 있는 삼월어미, 둘 사이엔 "마님의
사생활"이 놓여 있다.

박씨부인	소설 대여 일을 한다고?
삼월어미	예. 병판대감께서 그놈의 소설 때문에 얼마나 고초를 당
	하셨는데… 아씨가 그리 미혼금소설을 읽으시는 것도 작

은 마님 탓인 듯합니다. 생각해보면 작은 마님이 시집와서도 노상 도련님에게 소설책만 읽어주시고 그러셨잖습니까?

박씨부인   …

[INS] 5년 전 과거(2화 24씬)
약탕을 들고 별채로 들어가려던 박씨부인, 발걸음을 멈춘다.
햇볕 아래 순덕의 무릎을 베고 누워 있는 인국.
순덕이 소설책을 읽어주고 있다.
미소를 지으며 순덕과 이야기하는 아들의 모습을 보는
박씨부인.

박씨부인   근석 어미에 대해 알아보는 건 그만하면 됐다.
삼월어미   아닙니다, 조금만 더하면 확실한 현장을 잡을 수 있습니다.
박씨부인   (무서운 눈빛) 내, 두 번 말하게 하지 말게.

[INS] 안채 일각. 걸레를 들고 안채 청소하던 개동이,
안방에서 박씨부인과 삼월어미의 이야기를 듣고 놀란다.

씬59.   좌상 집 / 별채 / 순덕의 방. 밤

순덕   (놀라는 얼굴) 어머니가 아셨다고?

개동이	삼월어미가 다 일러바쳤어요.
순덕	(바로 병풍 뒤를 보자, 봇짐이 엉망이다) 어쩐지 느낌이 싸하 더니…

이때 밖에서 삼월어미, "작은 마님, 마님께서 안채로
건너오시랍니다" 고한다.

개동이	(한걱정) 작은 마님, 이제 쫓겨나는 거 아니에요?
순덕	…

씬60. 좌상 집 / 안채 / 안방. 밤

긴장한 얼굴로 안방으로 들어오는 순덕, 박씨부인 앞에 앉는다.
굳은 표정의 박씨부인, 잠시 순덕을 물끄러미 보더니
장부와 곳간 열쇠를 순덕 앞으로 밀어준다.

순덕	(야단맞을 각오를 하다가 뭐지? 하는 얼굴로 보는데)
박씨부인	광 열쇠와 소작인들의 명부다. 이제부터 소작인과 집안 곡식 관리는 네가 맡아서 해보거라.
순덕	(박씨부인의 예상외 반응에 당황하여) 제가요?
박씨부인	너도 집에서 바느질만 하는 것이 답답하지 않으냐. 김서 방에게 말해두었으니, 이제부터 집안 논도 돌아보고, 소 작인들 상태도 수시로 알아두어라. 주인이 직접 돌보지

않고 맡겨만 두면 제대로 돌아가지 않는 법이다.

순덕	제가 맡기엔 좀 이른 것 같습니다.
박씨부인	그 논의 절반은 시집올 때 친정에서 가지고 온 것이라, 나는 시집에 와 살면서부터 관리를 했으니 너도 충분히 할 수 있다. 너도 이제 조씨 가문의 안주인이 될 준비를 해야지.
순덕	(장부를 보며) 네⋯ 어머니.
박씨부인	("마님의 사생활" 책을 그제야 꺼내 놓으며) 삼월어미가 별채 뒷마당에서 주웠다고 나에게 가지고 왔더구나.
순덕	! (올 것이 왔구나 싶어⋯ 긴장하는데)
박씨부인	너도 이제부터 사람들을 네 편으로 만드는 노력을 해야 한다.
순덕	⋯
박씨부인	사람들은 대체로 감사할지 모르고 변덕스러우며, 위험은 피하려 하면서 자신의 이익을 포기하지 못하는 법이다. 그러니 근석어미 네가 두렵고, 자신에게 혜택을 준다고 믿으면 사람들은 언제나 너의 편에 설 것이다. 명심하거라.

씬61. 좌상 집 / 별채 마루. 저녁

마루에 걸터앉아 박씨부인에게 받은 "마님의 사생활" 책과
소작인 장부, 곳간 열쇠를 보는 순덕.

순덕	(초조하다) 야단을 안 치시니 도리어 불안하네.

인국	〔E〕 어머니는 당신에게 시간을 준 겁니다.

순덕, 돌아보면 인국이 살아 있을 때처럼 옆에 앉아 있다.

인국	어머니는 슬기롭고 사리에 밝은 당신을 처음부터 좋아한 거 알죠?
순덕	알죠, 저도 어머님을 좋아합니다.
인국	어머니에게 당신이 있어서 안심됩니다.
순덕	(인국을 물끄러미 보며) 당신도 내가 중매 일 하는 거 싫군요.

씬62.   좌상 집 / 별채 / 순덕의 방. 밤

문득 잠에서 깬 순덕, 일어나 왠지 낯선 어두운 방 안을 멍하니 본다.

씬63.   북촌 전경. 낮

씬64.   청계천 광교 남단. 낮

순덕, 약속 장소로 향하다 걸음을 멈춰 나무 밑에 서 있는 정우를 본다. 새삼 멋있어 보이는 정우를 한동안 보고 있는데, 정우, 무심코 고개를 돌려 순덕을 발견하고 미소를 지으며 천천히 다가온다.

순덕	(두근, 설레는 마음으로 다가오는 정우를 보고만 있다)
정우	(미소 띤 얼굴로) 늘 먼저 오는 법이 없구나.
순덕	(번뜩 정신 차리고) 오늘은 갈 곳이 많으니 바쁘게 움직여야 합니다. (휭하니 앞장서 빠르게 움직이자)
정우	누가 보면, 내가 늦은 줄. (순덕을 쫓아간다)

씬65. 도성 그네 터. 낮

나란히 두 개의 그네가 서 있다.

순덕   하나아가씨는 그네 타는 것을 즐기니, 12호님에게 단옷날 반드시 그네를 타라 이르십시오.

정우   알았다.

순덕   그냥 타시는 정도면 안 됩니다. 3년 연속 그네뛰기 우승자인 하나아가씨에게 밀리면 안 되니, 죽기 살기로 연습하라 하십시오.

순덕과 정우 둘뿐인 언덕이 순간 단오를 즐기는 사람들로 가득 찬다.

[INS] 빈 그네는 그림 같이 그네를 타는 하나와 김집으로

바뀐다. 주변엔 구경하는 사람들이 "선남선녀네", "보기 좋네" 라고 한마디씩 한다. 하나와 막상막하의 높이를 자랑하던 김집이 먼저 앞에 걸린 종을 찬다. 하나와 김집, 공중에서 서로 보며 웃는다.

순덕   (그런 하나와 김집을 올려다보며) 선화사 첫눈맞기의 '우연' 이 이곳에서 '인연'으로 완성될 것입니다.

순덕의 상상 속 단오 풍경은 사라지고 언덕 위에 정우와 순덕만 남는다.

씬66.   저잣거리 / 씨름 터. 낮

단오 축제를 위해 인부들, 씨름 모래판을 정비 중이다.

순덕   두리아가씨는 씨름 구경을 할 예정이니 24호님은 씨름 시 합에 참여하여, 반드시 순위에 들어 상품을 받으라 하십 시오.

정우   둘째가 씨름 잘하는 남자를 좋아하는 줄은 몰랐구나.

순덕   씨름 잘하는 사내를 싫어하는 여인도 있습니까?

정우   (!) 너도 씨름 잘하는 남자가 좋은 것이냐?

순덕   (그런 정우를 심상하게 보며) 제가 좋아하는 것이 뭐가 중요 합니까?

씬67.   산길 → 계곡 위 언덕. 낮

순덕이 앞장서고, 정우가 뒤따라 산길을 오르고 있다.

정우   (힘겹게 쫓아가며) 셋째는 수성동 계곡에서 머리를 감는다고
       하지 않았느냐? 근데 우린 왜 산을 오르고 있는 것이냐?

순덕   여깁니다.

       순덕이 도착한 곳에서 아래를 내려다보면, 수성동 계곡이 훤히
       보인다.

순덕   선화사에서 첫눈맞기를 못한 삼순아가씨가 머리감기를
       택했습니다.

정우   (아래를 내려다보면)

       [INS] 아무도 없는 계곡 아래는 이내 고운 옷의 처자들이
       바위마다 다소곳이 앉아 머리를 감고 있는 모습으로 바뀐다.
       처자 중에 삼순이 머리를 감다가 문득 위를 올려다보면,
       어느새 정우와 순덕 옆에 앉아 계곡을 내려다보는 허숙현과
       눈이 맞는다.

순덕   이곳이야말로 아는 사람은 다 아는 명당자리니, 단옷날
       새벽부터 자리를 맡으셔서 23호님을 앉혀 놓으십시오.

정우   우리 여기에서…

순덕	이제, 마지막 사용원으로 가겠습니다.
정우	좀… 쉬었다 가면… 안 되는구나. (앞서가는 순덕을 쫓아 간다)

씬68.   홍월객주 / 마당. 낮

객주 안으로 들어오는 안동건,

보부상들이나 손님들, 안동건의 험악한 외모 탓에 시선이 간다.

안동건	(맨 먼저 눈에 띈 보부상에게) 여기에 도화분을 파는 여주댁 이란 자가 있소?
보부상	(안동건 얼굴의 흉터에 쫄아서) 여주댁이요?

세책방에서 의서 두세 권을 들고 나와 객주를 빠져나가려던

오봉은 여주댁이란 말에 돌아본다.

안동건	(품 안의 족자를 펴, 보부상에게 여주댁 용모화를 보여주는데)
오봉	(어느새 다가와 용모화를 보고는 헉) !!

안동건, 어느새 코앞에 다가온 오봉을 보고 놀라 물러나다

족자의 한쪽을 놓쳐 확 펼쳐지는데… 용모화는 현상수배

전단에 있는 그림이었다!

오봉	(놀라 펼쳐진 족자의 한쪽을 들고 자세히 보자)
안동건	(인상 굳어, 족자 뺏으며 오봉에게) 아는 자인가?
오봉	(도리도리) 첨 보는데요.
보부상	나도 여기가 처음이라… 안에 들어가 행수에게 물어보시오.

성큼성큼 안으로 들어가는 안동건을 보고, 오봉 서둘러 객주를 빠져나온다.

씬69.   홍월객주 / 행수 방. 낮

홍천수, 여주댁의 용모화 부분만 펼쳐놓은 안동건의 족자를 보여주면 방 한쪽에서 놀고 있는 복희, 다가와 엄마의 용모화와 안동건을 빤히 본다.

홍천수	우리 객주에서 도화분을 파는 여주댁이 맞는 것 같은데… 워낙 들쑥날쑥하여 나도 언제 오는지는 모르겠소.
안동건	여기 오긴 한단 소리군. (족자를 챙겨 나간다)
복희	엄마 찾는데 왜 거짓말해요? 엄마 함경도 갔잖아요.
홍천수	딱 보기에 나쁜 사람 같은데, 알려주기 그렇잖아.
복희	무서워 보여서 그렇지, 나쁜 사람 아닌데.
홍천수	네가 그걸 어떻게 알아?
복희	사람 눈을 보면 알 수 있거든요… 겁먹은 눈이었단 말이에요.

씬70.   사옹원 / 뒷마당. 낮

툇마루가 있는 작은 뒷마당엔 담을 따라 봉선화꽃이
흐드러지게 피어 있다.

순덕   23호 나리에게 머리를 감고 나오는 삼순아가씨를 이곳으
         로 모시고 와 봉숭아 물을 들여주라 하십시오. 삼순아가
         씨는 낭만적인 사건을 꿈꾸는 분이니, 봉숭아 물이면 연
         분도 커지고, 혼인 전 두 분에게 잊지 못할 추억이 될 것
         입니다.

정우   삼순낭자는 꽃가루에 재채기를 하는 체질이 아니냐?

순덕   그걸 다 기억하시어요? (정우보다 먼저) 맞다, 머리가 좋으
         시지. 봉선화꽃은 괜찮다고 확인했으니 걱정 마십시오.

정우   … 한번 해보거라.

순덕   네?

정우   내가 어찌하는 줄 알아야, 신랑 후보에게 숙지시킬 수 있
         지 않느냐.

씬71.   사옹원 / 뒷마당 툇마루. 낮

툇마루에 마주 앉은 순덕과 정우.
넓은 돌에 꽃잎을 찧는 순덕, 정우 가만히 그런 순덕을
바라본다.

第八話

순덕	손가락 하나만 내미십시오.
정우	(당황) 봉숭아 물은 여인이 들이는 것이지 않느냐?
순덕	시범을 보이려면 제가 제 손가락에 할 수 없지 않습니까?
	어서요, 시간 없습니다.

정우가 손을 내밀자 순덕, 새끼손가락을 잡아 으깬 꽃잎을
올리고 나뭇잎으로 묶으며.

순덕	첫눈 올 때까지 손톱에 물이 남아 있으면, 사랑이 이루어
	진다는 전설이 있습니다.
정우	(심쿵! 순덕을 보는데)
순덕	라고 아가씨에게 말해주라고 신랑 후보님께 알려주십시오.
정우	그리 연애에 대해 잘 알면서, 너는 어찌 과부로 지내는 것
	이냐?
순덕	(흔들리는 눈빛) …
정우	중이 제 머리 못 깎는 그런 경운가?
순덕	먼저 떠난 서방님과 부부로 산 세월은 반년도 안 되지만
	그동안 너무나 큰 사랑을 받아 마음에 다른 사람을 좋아
	할 자리가 없습니다.
정우	…
순덕	[E] 돌이켜 생각하면 이 말을 하는 순간 이미 난 경운재대
	감에게 마음을 내주었다는 걸 알고 있었던 것 같다.

씬72. 백초방 / 치료실. 밤

의식 없이 앓아누운 동궁전 궁녀의 맥을 보는 정우,

옆에 유의원은 봉숭아 물을 들인 정우의 새끼손가락을 본다.

정우　　　처음보다 맥이 좀 잡히는군.

유의원　　이대로 계속 차도를 보인다면, 수일 안에 기력을 찾을 것
　　　　　같습니다.

정우　　　역시 금잠고독에 의한 것이었군.

이때, 벌컥 치료실 문이 열리고, 보면 오봉이다.

오봉　　　대감마님, 큰일 났어요!

씬73. 백초방 / 일각. 밤

오봉은 정우를 치료실 밖, 아무도 없는 곳으로 데리고 온다.

정우　　　무슨 일이길래 이리 수선이냐?

오봉　　　제가 여주댁에 대해 알게 된 게 있는데요… 너무 놀라지 마
　　　　　십시오. 여주댁이 좌상집 첫째 아들을 죽인 살인자랍니다.

정우　　　(생각지도 못한 말에 황당해서) 지금 내가 잘못 들은 것이냐,
　　　　　네가 잘못 말한 것이냐? 알아듣게 설명해라.

오봉　　　제가 객주에서 여주댁을 잡으러 다니는 추노를 만났어요.

[INS] 8화 69씬.

현상수배 전단(여주댁 용모화)를 놀란 눈으로 보는 오봉.

오봉   〔E〕죄목이 평양부 서윤 살해, 여주댁 이름은 태란이고…

오봉   (흥분) 하여간 여주댁 얼굴이 그려진 현상수배 전단이었
       어요. 대감마님께서는 공주마마 상중이어서 이 사건을 잘
       모르시겠지만 당시 팔도사람 중에 모르는 사람이 없는 극
       악무도한 사건이었거든요.

정우   (굳은 얼굴, 믿기지도 믿고 싶지도 않다) 어찌 그런 흉악한 사
       건의 범인이 한양에서 장사치로 돌아다닌단 말이냐…

오봉   한양이니까 가능하죠. 전국에서 어중이떠중이 다 몰려드
       는 곳 아닙니까.

정우   …내 직접 만나서 확인해 봐야겠다.

씬74.   나루터 일각. 낮

순덕, 나루터 초입에 서 있는 정우와 오봉을 발견하고 잠시
결심의 심호흡을 하고 다가간다.

순덕   이번엔 또 무슨 일이시길래 이런 곳에서 보자고 하신 겁
       니까?

오봉은 순덕이 오자 자리를 비켜주고, 둘 사이에 어색한 침묵이

흐른다.

정우   (어렵게 입을 연다) 네 이름이 순덕이고, 5년 전 병으로 남편을 잃어 과부가 됐다고 나에게 했던 말… 사실이냐?

순덕   (그걸 갑자기 왜 묻지?) 네, 사실입니다.

정우   정녕 한 치의 거짓도 없는 것이냐?

순덕   (질문의 의도를 몰라 망설이는데)

정우   (그런 순덕을 보고) 언제까지 네 정체를 속일 수 있다고 생각했느냐?

순덕   ('들켰구나!' 하는 생각에) …어찌 아셨습니까?

정우   끝까지 아니길 바랬는데… (차가운 얼굴로) 넌 나에게 크나큰 배신감을 줬다.

순덕   (가슴이 철렁) !

정우   우리의 중매 계약은 이 시간부로 깨졌다.

순덕   대감님, 제가 설명을…

정우   무슨 설명? 살인자 주제에 변명거리가 있다는 것이냐!

순덕   (살인자라니 무슨 말이지? 당황한데) …

분노에 찬 정우와 당황하는 순덕에서…

八話終

二권에서 계속됩니다.

혼례대첩 ❶

초판 1쇄 인쇄 2023년 12월 20일
초판 1쇄 발행 2023년 12월 27일

지은이 하수진
펴낸이 김선식

경영총괄 김은영
콘텐츠사업본부장 임보윤
책임편집 박하빈 **디자인** 윤신혜 **책임마케터** 권오권
콘텐츠사업2팀장 김보람 **콘텐츠사업2팀** 박하빈, 이상화, 채윤지, 윤신혜
마케팅본부장 권장규 **마케팅3팀** 이고은, 배한진, 양지환 **채널2팀** 권오권
미디어홍보본부장 정명찬 **브랜드관리팀** 오수미, 김은지, 이소영
뉴미디어팀 김민정, 이지은, 홍수경, 서가을, 문윤정, 이예주
크리에이티브팀 임유나, 박지수, 변승주, 김화정, 장세진, 박장미, 박주현
지식교양팀 이수인, 염아라, 석찬미, 김혜원, 백지은 **브랜드제휴팀** 안지혜
편집관리팀 조세현, 백설희 **저작권팀** 한승빈, 이슬, 윤제희
재무관리팀 하미선, 윤이경, 김재경, 이보람, 임혜정
인사총무팀 강미숙, 지석배, 김혜진, 황종원
제작관리팀 이소현, 김소영, 김진경, 최완규, 이지우, 박예찬
물류관리팀 김형기, 김선민, 주정훈, 김선진, 한유현, 전태연, 양문현, 이민운

펴낸곳 다산북스 **출판등록** 2005년 12월 23일 제313-2005-00277호
주소 경기도 파주시 회동길 490
대표전화 02-704-1724 **팩스** 02-703-2219 **이메일** dasanbooks@dasanbooks.com
홈페이지 www.dasanbooks.com **블로그** blog.naver.com/dasan_books
종이 신승지류 **인쇄·제본** 한영문화사 **후가공** 평창 P&G
ISBN 979-11-306-4954-2 (03680)